Une nouvelle économie (2.0) pour sauver le Cameroun !

Études africaines
Collection dirigée par Denis Pryen

Dernières parutions

Célestin M'PEYA, *L'alibi colonial se consume*, 2014.
Boureïma N. OUÉDRAOGO, *Droit, démocratie et dévelop-pement en Afrique*, 2014.
Angèle Christine ONDO, *Mvett Ekang : forme et sens*, 2014.
Didier AMELA, *Place et problématique de la nouvelle en Afrique noire francophone*, 2014.
Clotaire MESSI ME NANG, *Les chantiers forestiers au Gabon. Une histoire sociale des ouvriers africains*, 2014.
Bruno KOFFI EHUI, *Qu'est-ce qu'une O.N.G ?*, 2014.
Roger Mawuto AFAN, *Éléments de psychologie politique africaine, Rite initiatique et socialisation politique*, 2014.
Romaric Franck QUENTIN DE MONGARYAS (dir.), *L'école gabonaise en débat*, 2014.
Patrice MOUNDZA, *Le chemin de fer Congo Océan et le département de la Bouenza*, 2014.
Yassine KERVELLA-MANSARE, *Pulaaku, Le code d'honneur chez les Peuls*, 2014.
Hamadou ADAMA (dir.), *De l'Adamawa à l'Adamaoua, Histoire, enjeux et perspectives*, 2014.
Mahamadé SAVADOGO, *Philosophie de l'action collective*, 2013.
Abou KANATE, *Radiographie du droit foncier en Côte d'Ivoire*, 2013.
Abou KANATE, *Le droit de la promotion immobilière en Côte d'Ivoire*, 2013.
François LAGARDE, *Mémorialistes et témoins rwandais*, 2013.
Gilchrist Anicet NZENGUET IGUEMBA (dir.), *Hommages à Pierre N'Dombi – Université Omar Bongo (Libreville)*, 2013.
Nathalie CASANOVAS, *Une destination pour un autre tourisme pour l'Afrique de l'Ouest*, 2013.
Georgin MBENG NDEMOZOGO, *La protection animale au Gabon*, 2013.
Djibril MAMA DEBOUROU, *BiƆ GƐra, entre mythe et réalité : le sens de son combat pour la liberté (1915-1917), La guerre coloniale au Nord du Dahomey*, 2013.
Mahamadou DANDA, *Niger, une décentralisation importée. Une comparaison avec la France*, 2013.
Miki KASONGO, *Repenser l'école en Afrique entre tradition et modernité*, 2013.

Alfred Ngaffi Nguepi

UNE NOUVELLE ÉCONOMIE (2.0) POUR SAUVER LE CAMEROUN

L'Harmattan

5-7, rue de l'Ecole-Polytechnique, 75005 Paris

http://www.harmattan.fr
diffusion.harmattan@wanadoo.fr
harmattan1@wanadoo.fr

ISBN : 978-2-343-01883-6
EAN : 9782343018836

Je dédie cet ouvrage à mon père Jean-Baptiste qui servit le Cameroun de bien des façons et surtout en qualité d'officiel contribuant à la réforme foncière et à l'urbanisation harmonieuse de cette jeune nation en construction, quelques années seulement après les Indépendances ; il fut mon miroir d'apprêt, c'est-à-dire celui contre qui et pour qui j'ai construit ma personnalité, comme dans la lutte de Jacob.

Sommaire

Liste des tableaux et schémas

Prologue

Mon Cameroun !

Je suis issu de la classe moyenne camerounaise, ai une expérience en Occident et mon modèle de société idéale c'est un Cameroun où la majorité des familles accèderont au niveau de vie de mes parents qui, après un parcours académique impeccable en France pour mon père et au pays pour ma mère, ont su, dans un Cameroun pauvre mais juste, car fraîchement souverain et donc en manque de citoyens qualifiés, profiter des nombreuses opportunités qui leur ont été proposées, en leur seule qualité de citoyen, pour créer et conserver un patrimoine familial ainsi que pour prendre soin de leurs familles au sens large !

Sans les opportunités il n'y aurait pas eu de patrimoine, mais sans l'effort, sans le génie, le résultat n'aurait pas été le même.

C'est donc la parfaite adéquation entre opportunité et effort (qui sous-entend le talent), autrement dit la capitalisation efficiente de l'opportunité qui détermine le résultat : le patrimoine !

La différence fondamentale entre le Cameroun de mes parents et l'actuel, c'est la perversion des valeurs, c'est l'absence d'opportunités pour ceux qui réussissent (winners !) et l'inflation d'opportunités pour ceux qui échouent (losers !) ; c'est donc la décadence mais celle-ci arrive alors que le Cameroun n'a jamais connu la prospérité ! Or, dans un cercle vertueux la décadence suit la prospérité !

La présente situation dans notre pays est due notamment à l'absence totale de direction et de stratégie cohérente. L'action gouvernementale c'est en réalité toujours de la réaction et le système politique mis en place au lendemain des Indépendances constituait une régression fondamentale dans le modèle de gouvernance qui ramena progressivement le Cameroun à son statut précolonial de juxtaposition d'ethnies, voire de tribus cadenassées par une constitution, seul héritage effectif de la période coloniale en matière d'administration.

En effet, si le Cameroun postcolonial avait su s'approprier le génie des colons notamment en termes de création de richesses, le pays aurait prospéré et non régressé, mais avec le départ de ces derniers, et comme si souvent en Afrique, ce sont le pillage et la destruction de cet héritage qui se sont produits, à l'instar d'un oléoduc perforé de toutes parts dont chaque villageois des alentours, plutôt que d'essayer d'en colmater les brèches, s'approche seau ou calebasse à la main pour puiser du produit dont il ne sait souvent pas l'utilité et qui finit par s'enflammer sous l'effet de la chaleur créant une catastrophe humanitaire.

La pauvreté en est la cause ! me direz-vous, tandis que moi j'affirme que c'est la mal-gouvernance qui est ici incriminée !

Pourquoi avoir renvoyé le pays à son modèle de gestion ancestral alors que la colonisation s'était attelée à le déconstruire avec le succès que personne ne conteste ?

Ce qui était en question au moment des Indépendances n'était pas la création de richesses, le développement des infrastructures, l'eau courante ou l'électricité (et le cinéma !), mais plutôt la question de l'intégration des autochtones qui souhaitaient davantage participer à tous ces progrès incontestables !

Alors la question demeure de savoir pourquoi avoir déconstruit le modèle étatique des colonies au profit du modèle ethnique précolonial au péril de la nation ? La réponse c'est l'incompétence de nos gouvernants à diriger le pays dans le sillage des colons et ce malgré le parrainage de ces derniers.

Car une meilleure appréhension du mode de gouvernance de ces derniers aurait permis de relever les défis auxquels nous faisions face aux lendemains des Indépendances.

Le paradigme de la juxtaposition de la structure gouvernementale étatique et de la structure administrative traditionnelle est illustratif des carences du pouvoir central qui de fait n'existe pas au Cameroun.

Or, l'ingéniosité des colons aura été de déconstruire subtilement ce pouvoir traditionnel pour le remplacer progressivement par un nouvel ordre économique et politique, à savoir l'Etat du Kamerun.

L'exécution par les Allemands de Douala Manga Bell, prince de la côte et petit-fils du signataire du traité de protectorat de 1884, témoigne de l'instauration de ce nouvel ordre qui sera progressivement confirmé par l'émergence d'une nouvelle classe sociale constituée de fils de paysans ordinaires qui accédèrent à l'éducation et contribuèrent à l'administration allemande d'abord puis française et/ou anglaise ensuite, par renversement des hiérarchies ancestrales.

Tel est en effet le prix d'un ordre nouveau, de la modernité, le changement passe par la destruction des modèles anciens qui ont montré leurs limites !

Forte de cette évidence, la structure administrative idéale aurait dû depuis les Indépendances, réduire progressivement le poids de l'administration traditionnelle et ancestrale au profit d'un Etat central fort et libre de tous liens étrangers à ses objectifs. Or, encore aujourd'hui, chacun sait l'importance des clans, tribus et autres ethnies dans le jeu politique national et par conséquent dans l'administration du pays.

Les auxiliaires d'administration, qui virtuellement s'interposent entre l'Etat et les citoyens, représentent un archaïsme et une incongruité quant à l'avènement de la nation, ou simplement à la bonne gouvernance, dont ces premiers ne sont pas familiers.

La conséquence de cette juxtaposition inappropriée, de l'aveu même du gouvernement en ces termes : « le droit positif est venu se superposer au droit traditionnel[1]», c'est l'absence de stratégie au niveau national puisque le véritable pouvoir repose dans les mains des chefs tribaux, le pouvoir central jouant simplement un rôle d'intermédiaire, ayant charge de synthèse et devant assurer les compromis entre ces derniers.

---

[1] In *Cameroun Vision 2035* (Version 2009) p.52 : de la Division de la Prospective et de la Planification Stratégique du Ministère de l'Economie, de la planification et de l'aménagement du territoire.

Là réside l'inefficience fondamentale de l'Etat camerounais qui de facto n'est pas propriétaire des ressources naturelles et humaines de la nation, mais en est simplement l'intendant prudent et parfois indélicat, à l'instar du chef de l'Etat qui incarne ce modèle. Ce qui n'est en outre pas sans rappeler le mode traditionnel de gouvernance dans la région dont il est issu.

D'ailleurs, les officiels de l'Etat sont souvent pratiquement tous titulaires de titres traditionnels qui en font des chefs tribaux pour ainsi paradoxalement légitimer leur pouvoir administratif républicain ; ce qui démontre à suffisance le caractère tribalisé de l'Etat et l'insuffisance de la nation qui demeure une notion abstraite et non une réalité concrète. Ainsi, l'accession aux Indépendances a marqué le retour sur la scène publique de certaines chefferies, qui représentent en réalité les éléments constituants de la gouvernance du pays, condamnant de la sorte l'Etat à l'immobilisme résultant du conflit entre des modèles antagonistes de gouvernance (pouvoir héréditaire de droit divin d'une part contre le pouvoir issu du suffrage universel d'autre part), voire de philosophie (animisme hypocrite contre matérialisme).

L'absence de véritable gouvernance centrale se traduit notamment dans le domaine agricole, économie par excellence du pays, qui traîne la jambe; et pour cause, une stratégie agricole implique une réforme foncière et par conséquent une pénétration directe par l'Etat du jardin privé des chefs tribaux. Or, à ce jour, l'Etat se contente d'être une plateforme de collaboration entre lesdits chefs tribaux.

J'en veux pour preuve la désastreuse situation économique du cacao camerounais, dont un exemple récent illustre le désarroi, à savoir : le refoulement de 2000 tonnes de cet or brun camerounais aux portes de l'Europe pour insuffisance qualitative[2]. La réaction du gouvernement aura été de distribuer des bâches pour le séchage de la fève, modifiant ainsi sa politique antérieure de répression des paysans usant du bitume à cet effet, parce que lassés de n'obtenir aucun soutien dans ce domaine[3].

---

[2] In *Ouest Littoral* du 24 janvier 2013 : Affaire des 2000 tonnes de cacao refoulées : fumée ou accident climatique ? Par Georges Semey.

[3] In *Cameroun Tribune* du 24 janvier 2013 : Des bâches distribuées aux producteurs pour sécher le cacao ! Par Josiane Tchakounté.

Outre le ridicule des mesures prises après coup c'est le caractère réactionnel des politiques qui choque et les exemples sont légion.

La gestion par réaction en lieu et place de la pro-action et la prospective stratégique est le modèle de gouvernance au Cameroun ! D'ailleurs, le gouvernement reconnaîtra formellement son échec dans ce domaine comme l'atteste cette affirmation officielle : « A l'évidence, la multiplicité des cadres de référence de l'action économique fonctionnant sans une vision commune et cohérente constitue l'une des lacunes majeures de notre politique économique. Il s'ensuit d'importants dysfonctionnements, une absence d'arbitrage rationnel dans la sélection des programmes, un déséquilibre dans l'aménagement régional, un impact de l'investissement public fortement réduit et une faible appropriation d'outils d'évaluation, de coordination et de réorientation des appuis financiers extérieurs [4] ».

Ainsi, le laxisme dans le domaine agricole illustré par les performances médiocres du cacao, du café, de l'huile de palme, de la banane, du coton ou de l'hévéa camerounais, pour lesquels le Cameroun n'est toujours qu'un petit producteur insignifiant, est un scandale indéniable, et ce d'autant plus qu'il existe des opportunités dans ce domaine, du fait de l'élasticité aux revenus et aux prix du cacao (0,5) ou de l'hévéa (1,7)[5] ,par exemple, ainsi que de la nature de la concurrence qui, à l'instar du champion mondial du cacao, la Côte d'Ivoire, n'est supérieure ni par la taille ni par la puissance économique au Cameroun.

Dès lors, cette situation lamentable est le résultat d'une absence de vision à long terme dans la gestion, puisque, comme l'illustre la figure ci-dessous, le marché mondial est accessible aux plus compétitifs, étant donné que les gros producteurs finissent toujours par devenir trop capricieux ou trop gourmands dans l'optimalisation du prix, brisant ainsi l'équilibre fondamental et contraignant la demande à rechercher

---

[4] In *Cameroun Vision 2035* (Version 2009) p.viii : de la Division de la Prospective et de la Planification Stratégique du Ministère de l'Economie, de la planification et de l'aménagement du territoire.

[5] In La croissance économique et les perspectives de la demande de matières premières : le caoutchouc naturel et le cacao; Free University Amsterdam à la Conférence sur l'avenir des cultures pérennes à Yamoussoukro, 5 au 9 novembre 2001.

ailleurs un prix d'équilibre à qualité comparable dans de nouveaux marchés qui à terme récupèrent la position dominante, comme ce fut le cas lors de la transition entre l'Amérique latine et l'Afrique entre le 19e et le 20e siècle.

Figure 1[6] *: Cycle du commerce international du cacao*

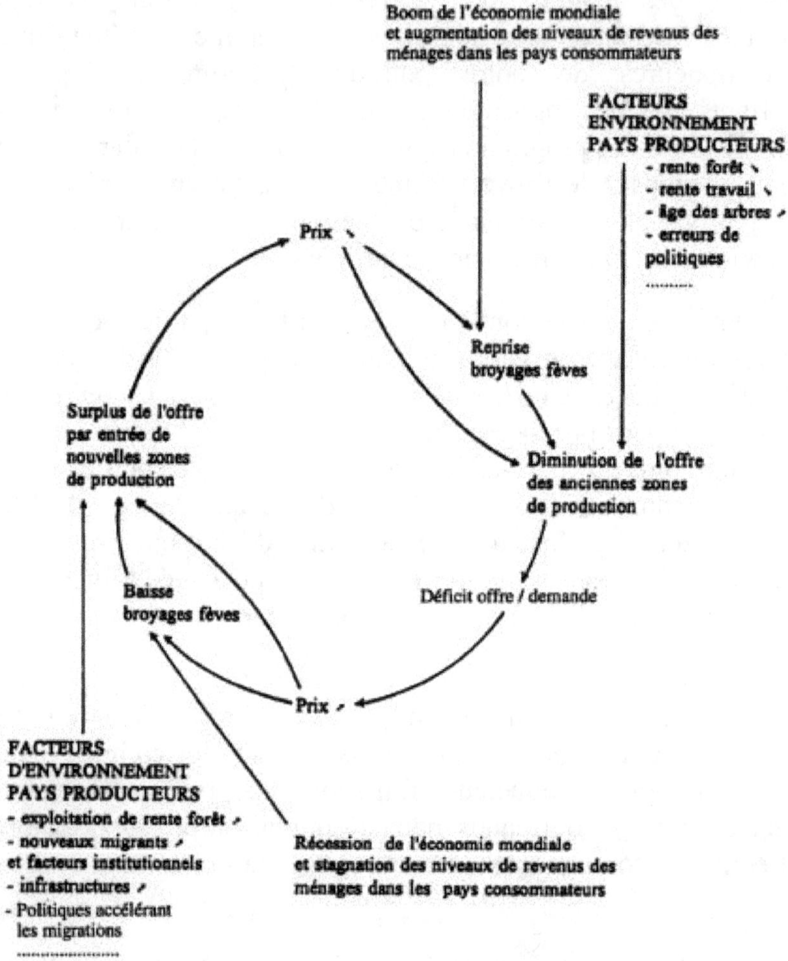

Représentation schématique des cycles du prix, de l'offre et de la demande de cacao sur le marché international.

---

[6] In *Boom et Crises du cacao les vertiges de l'or brun* par François Rufin (Ed Khartala).

Ainsi, il est établi que l'accession à la modernité des institutions, préalable à la croissance économique, impose une redéfinition des schémas directeurs de gouvernance notamment par la centralisation du pouvoir entre les mains de l'Etat et la prise en charge directe des populations par ce dernier, au détriment des hiérarchies traditionnelles de droit divin, des clans et des familles ainsi que par la définition et l'implémentation d'une stratégie économique ambitieuse et viable ; puisque même l'administration actuelle fait le constat des difficultés liées à l'insuffisance de l'Etat, dans les termes suivants : « de l'extériorité sociologique de l'Etat découlent les difficultés d'une expression politique extraite de son substrat ethnique car les choix dits démocratiques manquent d'une chose essentielle : l'individualité de l'électeur et le choix en fonction des programmes politiques.[7] »

Ces réformes sont rendues nécessaires avec plus d'acuité compte tenu de la structure sociologique d'un pays où plus de 50% (proportion qui pourrait atteindre 75% dans une trentaine d'années [8]) d'une population, qui a quintuplée depuis les Indépendances, s'est emparé des zones urbaines, grands centres de l'administration coloniale de jadis, précisément pour s'en approprier les modes de vie, et qui plus est, où plus de 85% de la population à l'horizon 2030 aura moins de 45 ans ; autrement dit une génération née après les Indépendances mais n'ayant jamais connu que la crise économique et la déliquescence morale.

Bref, pour bien gouverner, créons les structures et faisons moins de politique mais plus d'économie !

---

[7] In *Cameroun Vision 2035* (Version 2009) p.53: de la Division de la Prospective et de la Planification Stratégique du Ministère de l'Economie, de la planification et de l'aménagement du territoire.

[8] Ibidem p.iv.

Introduction

La présente situation au Cameroun, 50 ans après les Indépendances, requiert la contribution de chacun de ses citoyens ainsi que de ses partenaires économiques et sociaux. C'est dans ce cadre qu'intervient cet ouvrage qui ambitionne d'apporter un éclairage supplémentaire dans la compréhension des difficultés économiques et politiques qui mettent en péril jusqu'à la survie de l'Etat camerounais qui, dans ses contours physiques et sa constitution, procède de la colonisation, et n'a jamais présenté les caractéristiques d'une véritable nation ; qui plus est dans un contexte mondial où les nations sont des espèces en voie de disparition, comme en attestent les unions plus larges rendues nécessaires notamment en raison de la compétition économique féroce que se livrent les grandes puissances mondiales.

Pareil contexte géopolitique et socio-économique de libre circulation accélérée des biens et des personnes au sein d'espaces économiques de plus en plus grands et entre ceux-ci, facilitée par les nouvelles technologies de communication, véritables fenêtres sur le monde, les moyens de transports sophistiqués et bientôt hypersoniques, les télécommunications de nouvelle génération, place au cœur du débat la question de l'attractivité et de la compétitivité individuelle de chaque ordre juridique territorialement compétent intégré ou en voie d'intégration dans un plus large ensemble régional, voire mondial.

Ainsi, plus que jamais, la volonté de vivre ensemble sera déterminante pour la pérennisation de l'Etat, tant il est aisé aujourd'hui de « divorcer » et de refaire sa vie ; les Nations Unies étant dans un monde largement pacifié ou en tout cas sous contrôle de la seule superpuissance militaire (qui sera peut-être rejointe par la Chine sur cette estrade) reléguées au rang de chambre d'enregistrement des aspirations des peuples, telles qu'exprimées par leurs représentations légitimes. Mais le maintien de cette volonté a son prix, à savoir : l'intérêt bien compris de chacun dans l'utilité du « nous ».

Cette notion même d'intérêt varie naturellement en fonction de chacun des constituants de la communauté et en général il est admis que, lorsque la majorité ou la minorité la mieux organisée, outillée, armée, n'y trouve plus son intérêt de synthèse, elle provoque l'avènement d'un nouvel ordre politique.

Le Cameroun actuel se trouve dans cette situation critique, caractérisée par une paupérisation de sa population et par un niveau élevé d'inégalités et d'injustices sociales criantes, fruits de la déliquescence morale généralisée, où il est impératif de redéfinir d'urgence les conditions du vivre ensemble afin de préserver et d'assurer la promotion de l'union nationale.

Dans ce contexte, l'inéluctable alternance politique au sommet de l'Etat sera un test décisif imposé à la nation et il convient pour le réussir de s'y préparer convenablement afin d'éviter le triste sort des malheurs et de la souffrance que connaissent les zones de conflits, qui une fois introduites dans le cycle vicieux de la violence n'en sortent généralement plus.

Jusqu'ici le Cameroun a été préservé des calamités qui ont si durement éprouvé nos voisins les plus immédiats dont le Tchad et la République Centrafricaine, situation imputée à raison à la transition politique réussie de l'année 1982, mais toutefois précaire comme en témoignent les innombrables soulèvements populaires dans les années 1990 ou plus récemment en février 2008, réprimés dans le sang et ayant sans doute coûté la vie à environ 450.000 personnes.

Ces évènements de triste mémoire, mais si vifs dans nos esprits, tout comme l'existence sur le territoire national d'un mouvement sécessionniste, constituent une mise en garde explicite contre tout échec transitionnel.

Le Cameroun n'a pas les moyens de rater ce rendez-vous avec l'histoire, la conséquence serait trop lourde et probablement définitive compte tenu de la capacité d'absorption des pays environnants aux populations plus homogènes.

Il y a alors fort à parier que d'îlot de stabilité au sein de l'Afrique centrale, le pays deviendrait une zone d'instabilité permanente et durable, dont le conflit de Bakassi serait un triste prélude.

De fait l'intégrité du territoire n'est pas acquise et ne l'a jamais été, comme nous l'indique l'histoire du pays, et par conséquent celle-ci ne peut être garantie que par la convergence des intérêts de ses populations ou mieux par la bonne intégration de chacune de ses composantes au sein de la nation face au danger bien réel de désintégration par rattachement aux pays environnants.

En conséquence, le salut du Cameroun passera par la recherche effrénée de la satisfaction des intérêts individuels et collectifs, qui est tributaire de la croissance économique équitablement répartie et de son corolaire, le progrès social.

Or, à ce jour, si au lendemain de la dévaluation de l'année 1994, le Cameroun a retrouvé une croissance arithmétique, après une décennie de récession, confortée ultérieurement par les performances des exportations de pétrole, le niveau de vie de ses habitants est toujours problématique avec un revenu moyen au plancher des revenus dits intermédiaires depuis les Indépendances.

Dans un contexte mondial d'accélération des progrès dans tous les domaines technologiques et scientifiques, d'enrichissement sans commune mesure historique des pays développés et émergents, depuis nos Indépendances, cette situation économique s'avère de plus en plus anxiogène, car les standards de vie mondiaux n'ont jamais été si paradoxalement accessibles, désirés et éloignés de nos populations ; rendant la satisfaction des besoins, sans cesse évolutifs, plus difficile.

C'est ainsi que ceux qui le peuvent s'en vont vers des cieux plus généreux y proposer leurs services mieux rémunérés, c'est la fuite des capitaux intellectuels qui fait suite à la fuite des capitaux financiers, des années de détournements de fonds publics tous azimuts à l'aube du régime du renouveau, qui, profitant de la confiance dont il jouissait et des espérances qu'il portait, en abusa pour privatiser l'Etat et le spolier.

En effet, la responsabilité de l'opportunité manquée de développer le pays incombe principalement au régime de 1982 car si les premières années des Indépendances étaient des années de consolidation de la nation, certes, par le développement économique mais surtout par l'affirmation de l'autorité de l'Etat sur l'ensemble du territoire comme en attestent les massacres de nationalistes anti-néocoloniaux de l'UPC, l'instauration du parti unique en 1966 et la constitution de 1972, le passage constitutionnel du pouvoir entre le président Ahmadou Ahidjo et son premier ministre Paul Biya, consacrait le passage à la phase de développement économique accélérée menée par un technocrate au cursus impeccable.

Malheureusement le bilan est un échec cinglant ; l'avènement du régime du renouveau dans le faste marquera dans les faits le début d'une récession longue et douloureuse qui précipitera les évènements de la fin de décennie contraignant le gouvernement à accorder la démocratie aux masses ; la croissance économique quant à elle sera artificielle d'abord puis accidentelle par la suite et de toutes les façons insuffisante ; et pour cause, depuis les évènements d'avril 1984, le Président semble avoir substitué l'agenda de développement économique à celui de pérennisation de son pouvoir et de préférence ethnique dans une nation à laquelle il ne croit manifestement plus.

Le paradigme de l'enrichissement illicite et instantané se répand dans le pays, les élites régionales lésées soutiennent les mouvements insurrectionnels des années 1990, dont le succès contraint le président à leur accorder leurs parts du gâteau national plutôt que de souscrire définitivement à l'impératif de développement économique.

C'est ainsi qu'est né un nouvel ordre économique au Cameroun, celui de la rente pour les « barons » régionaux et de la misère pour le peuple « trop nombreux » muselé par ses semblables, comme à l'époque précoloniale. Ordre dont le régime se fera le champion et le garant dès la réélection du président Paul Biya en 1997, subséquente à la nouvelle constitution de janvier 1996, sans la moindre résistance significative contrairement à la précédente échéance.

La logique semble être qu'il y en aura toujours pour les barons, véritables propriétaires terriens d'un sol et surtout d'un sous-sol riches de ressources minières diverses, ainsi que d'une côte à la fois riche en ressources et stratégiquement vitale aux pays de l'hinterland virtuellement vassalisés ; alors à quoi bon développer, d'autant que l'effort requis nécessiterait une réduction du train de vie de l'Etat, entendez essentiellement des puissants.

En effet, l'intérêt géostratégique évident du Cameroun en Afrique centrale suffit à assurer la rente pour une poignée de personnes de l'élite de façon durable. Mais l'éducation des masses promue par l'aide étrangère, comme les missionnaires qui éduquaient bénévolement les indigènes pendant la colonisation, remet en cause ce modèle économique.

De fait, la démocratisation de la connaissance, sous la pression et grâce à l'aide des pays développés, couplée à la conscience d'une paupérisation durable dans un contexte de fracture et d'injustice sociales, constitue une poudrière qui ne demande qu'à exploser, comme en attestent les émeutes de la faim de février 2008.

La seule issue c'est le développement économique effectif et l'élaboration d'une stratégie aux fins de démultiplier la croissance et de mieux répartir les richesses.

Conscient de cette réalité, et ayant les coudées franches depuis l'allègement de la dette extérieure consécutive à l'atteinte du point d'achèvement de l'Initiative Pays Pauvres Très Endettés (IPPTE) en 2006, le gouvernement encadré par les bailleurs de fonds a mis en œuvre plusieurs initiatives dans l'objectif d'identifier et de quantifier les inefficiences, d'en analyser les causes et de proposer des solutions dans le cadre d'une redéfinition des processus décisionnels et pour un meilleur emploi des ressources notamment dans le cadre des investissements pour un avenir meilleur.

Ainsi se sont multipliés les mémorandums pseudo-stratégiques essentiellement dérivés des OMD et portant des intitulés suggestifs tels que *Document de Stratégie de Réduction de la Pauvreté* (DSRP) ou encore *Document de Stratégie pour la Croissance et l'Emploi* (DSCE) devant assurer au pays le statut d' « émergent » à l'horizon 2035.

Mais, cependant, les Camerounais ne sont pas dupes et savent qu'une nouvelle politique nécessite un nouveau management au plus haut niveau de l'Etat ; autrement dit : les mêmes ne peuvent produire du différent ou les anciens du neuf !

Les nécessaires efforts requis de la population pour réaliser l'émergence du Cameroun supposent une adhésion forte des masses, qui ne peut être réalisée que par l'infusion d'un nouveau souffle à la nation. De la sorte la bonne stratégie économique pourra être élaborée et implémentée certes dans la douleur mais également dans la sérénité.

Contrairement donc à la démagogie ambiante indifféremment des partis politiques considérés (pouvoir ou opposition), il n'est pas question de dissimuler les réalités économiques aux Camerounais en se répandant en promesses électorales sans lendemain donnant ainsi l'illusion que le bout du tunnel est proche et que la prospérité pour tous sera réalisée par le seul changement de régime. Mais au contraire de démontrer que si une meilleure gouvernance, nécessairement nouvelle, est indispensable elle ne produira les effets escomptés qu'après une inéluctable traversée du désert qui mènera une écrasante majorité de la population et non pas seulement une poignée de personnes de l'élite vers de plus verts pâturages.

Il s'agit donc clairement d'un projet d'économie politique dont la clef de voûte bidimensionnelle est d'une part l'affectation optimale des ressources disponibles à de multiples projets de développement, dans le cadre d'une véritable stratégie de croissance soutenue par la confiance restaurée des masses, et d'autre part la répartition équitable de l'effort sous-jacent entre les générations dans une tentative d'accession sur la scène internationale au statut de pays émergent en l'espace d'un septennat reléguant la pauvreté au statut de phénomène résiduel.

La situation politique

Originellement, le Kamerun circonscrit par les Allemands suite au traité de 1884 passé entre ceux-ci et les rois Bell et Akwa, était essentiellement une zone d'exploitation économique, d'ailleurs l'appellation péjorative de république bananière attribuée aux colonies africaines des puissances européennes témoigne de l'objet de la création de ces pseudo-Etats qui en réalité étaient et sont demeurés des « Territoires d'Outre-Mer », autrement dit des appendices à la métropole.

A cet égard il est intéressant de noter que, suite au mandat de la Société des Nations en 1922, la première institution administrative suprême du pays était désignée sous l'appellation de Conseil d'Administration, ce qui évoque, dans l'esprit de tout individu familier du monde des affaires, l'organe de gestion des entreprises commerciales.

Cette trajectoire donnée dès l'origine aux colonies africaines ne s'est jamais démentie de sorte que les Etats qui en sont issus perpétuent cette orientation ou ce dessein initial de zones d'exploitation diverses et variées.

Quoique cette déplorable réalité soit quelque peu fâcheuse pour le citoyen qui au fond comme ses semblables du « nouveau monde » à la même époque n'était en fait qu'un esclave non pas importé mais endogène d'où le terme propre à l'administration coloniale française d'indigène.

Il importe de comprendre cette origine de nos pseudo Etats-nations et leurs évolutions subséquentes car ce retour aux sources fournit les clés nécessaires à la compréhension des différentes crises que connaissent nos pays africains. S'il est évident pour chacun d'entre nous que les arrangements territoriaux initiaux et subséquents des grandes puissances européennes, dont celle de Berlin en 1885, ont arbitrairement créé des barrières administratives entre des peuples pour les rattacher par le même moyen à des étrangers, parfois des ennemis, au sein d'ensembles disparates mal assortis et problématiques au final , il apparaît moins clairement à la majorité d'entre nous que nos Etats étaient et sont malheureusement demeurés des zones d'exploitation économique en priorité.

Cette domination originelle de la dimension économique sur le socio-culturel est en soi une aberration qui relève de la crise et en ce sens notre pays le Cameroun est le fruit d'un mauvais arbre ; de sorte que la nation dont nous rêvons est un défi qu'il n'est pas aisé de réaliser, contrairement à la propagande des autorités qui, sans résoudre le problème fondamental, essayent par des artifices communicationnels et par des actions dérisoires d'instiller l'idée que la nation est déjà parfaite ou presque.

Cette posture qui sert la protection des intérêts immédiats et la pérennisation de la minorité gouvernante est à la fois irresponsable et dangereuse car elle couve une guerre civile inéluctable, à l'instar de nos voisins, lorsque cet arrangement initial contre nature mais dicté uniquement par des intérêts économiques deviendra caduque.

Ce jour redouté ne peut être daté précisément mais son avènement ne tient qu'à des détails superficiels, à l'erreur stratégique inenvisageable. Ainsi le déclencheur pourrait être une mauvaise transition entre l'actuel arrangement porté par le Président Biya et le suivant. La moindre erreur dans ce processus agirait comme un détonateur qui réduirait le Cameroun à sa plus simple expression de zone, voire de zones, d'exploitation économique.

Il faut reconnaître que l'actuel « arrangement » du point de vue de sa stabilité a plutôt bien marché mais son prix est très élevé et se traduit par la paupérisation de la population et l'exclusion des jeunes puisque l'arrangement en question concerne une poignée d'anciens qui ont bien connu l'époque coloniale. Cette dernière observation est plus criante lorsqu'on considère les relevés démographiques issus du dernier recensement de 2005 qui présente une concentration importante de la population entre 0 et 35 ans (plus de 75%), et compte tenu de l'espérance de vie très limitée, la tendance va se renforcer.

C'est donc que cet arrangement est critiqué, voire décrié, et a, dès son origine, été mis à mal notamment par la tentative de coup d'Etat d'avril 1984 qui elle-même faisait suite à l'accusation de haute trahison portée dès septembre 1983 par le nouveau régime du renouveau contre l'ancien régime dont il est issu. Le renvoi du premier ministre nordiste et la démission subséquente du président du parti unique constitutionnel Ahmadou Ahidjo ont constitué la forte crise du Cameroun postcolonial qui a véritablement été secoué jusque dans ses fondations.

La survie miraculeuse de l'élu constitutionnel Biya n'a tenu qu'à un rejet massif par le grand Sud du Cameroun de l'arrangement néocolonial porté par Ahmadou Ahidjo, auquel le Sud ne souhaitait plus souscrire.

A cette époque le « New Deal » porté par Biya est très attrayant pour les populations des anciennes provinces du centre-sud de l'est de l'ouest du « Southern Cameroons » et du littoral qui soutiennent ce jeune technocrate, grand orateur qui promet dans ces discours enflammés de créer une nouvelle nation camerounaise conforme notamment aux aspirations des leaders nationalistes de l'UPC assassinés par le tandem franco-camerounais Foccart-Ahidjo.

D'une certaine façon, le pouvoir d'Ahmadou Ahidjo procédait de sa trahison vis-à-vis d'André-Marie Mbida, élite centriste vouée à présider au destin de son pays, mais empêchée par sa maladresse politique instrumentalisée par l'Union Camerounaise d'Ahidjo pour s'emparer du pouvoir au sein de la toute nouvelle Assemblée Législative. De la même manière sa destruction procède de la trahison de son dauphin constitutionnel, Biya, qui rejettera son statut de marionnette officielle ; le Sud est chrétien ; c'est du qui tue par l'épée périra par l'épée ; le peuple exulte et loue son libérateur.

La prospérité économique artificielle et trompeuse, qui suit l'avènement de Paul Biya le 6 novembre 1982, grâce aux nombreux décrets présidentiels signés dès les premiers balbutiements de son régime, est de nature à ravir le peuple.

C'est du grand théâtre typique du renversement d'un régime autoritaire, le tyran décrié est chassé, le héros lui tranche la tête et la présente au peuple.

Le grand Nord est maté, séquestré, divisé, le grand Sud exulte de joie, mais très vite fort de ce succès et de cette popularité celui qui n'en est pas moins un autocrate met lui aussi à son tour à l'œuvre un régime copié sur le seul qu'il ait jamais connu et dont il est issu, c'est-à-dire un régime dictatorial qui s'avèrera pire que le précédent puisque comme toutes les copies il ne retient que les vices et pas les vertus.

C'est ainsi que des détournements de fonds à une échelle sans précédent, dont ceux de la CNPS et des grandes banques parapubliques[9], prennent cours suite à la mobilisation populaire massive en faveur du locataire d'Etourdi, ce qui pour des spécialistes du monde des affaires ferait humer le pillage d'une entreprise en déconfiture avant sa mise officielle en faillite.

En effet, l'artifice majeur de l'illusionniste Biya c'est le crédit, l'endettement public pour les dépenses sans lendemain explose, à l'instar du fils qui souhaite jouir de l'effort paternel et qui a oublié les contraintes liées à la croissance du capital, le dauphin constitutionnel installe son gang à la tête de l'Etat et pille le pays ; mais perspicace il laisse faire la haute et la petite administration dans son ensemble, qui se sert dans l'épicerie pendant que le gang dévalise le supermarché, c'est ainsi que s'installent durablement la concussion et la corruption dans tout le pays. Le gouvernement reconnaîtra d'ailleurs les carences du régime du renouveau dans un document qui pourrait servir de bilan du régime dans les termes suivants : «Au niveau opérationnel, de multiples faiblesses des capacités ont empêché le Cameroun d'optimiser ses aptitudes et ses potentialités pour trouver des solutions adéquates et s'organiser en conséquence. Parmi ces difficultés, figurent en bonne place : (i) le mimétisme ; (ii) la profusion des cadres et des structures ; (iii) la faible réactivité du système sociopolitique ; (iv) l'inertie des services publics et ; (v) la corruption et les

[9] La BEAC a estimé à 1023 milliards de CFA les coupures récupérées par elle auprès de la Banque de France et de la BCEAO entre 1983 et 2003 ; cf. Evasion de capitaux, in la Lettre du Continent du 18/01/96.

comportements déviants[10] » et encore plus clairement dans ceux-ci : « Sur le plan administratif, les défaillances se perçoivent à travers le mode de recrutement et de dévolution des postes, la négligence des agents publics, l'indifférence vis-à-vis des biens publics, la corruption et le détournement des compétences, la confusion des rôles, l'inertie des services, la lourdeur des procédures, la profusion et le cloisonnement des institutions, les choix peu rationnels dans l'affectation des ressources publiques[11]. »

Très vite donc, les paysans et les petites gens qui représentent à l'époque entre 70 et 80% de la population sont asphyxiés mais l'armée est aux petits soins (à crédit !).

La crise économique de 1985 due aux mauvaises performances de la balance commerciale, principale source de revenus du pays, vient gâcher la fête. Les garanties exigées par les bailleurs de fonds bilatéraux et multilatéraux, publics et privés sous la houlette du FMI et de la Banque Mondiale, mettent le Cameroun à la diète. Le triptyque stabilisation, redressement, ajustement, tant redouté et déjà à l'œuvre dans les républiques bananières d'Afrique de l'ouest, s'abat telle une chape de plomb sur le pays.

Le Cameroun est groggy, les recrutements dans la fonction publique sont gelés, le modèle de l'Etat providence camerounais est remis en cause, la rigueur budgétaire et les privatisations s'annoncent.

Dans ce contexte économique difficile le soutien au chef de l'Etat s'étiole, l'euphorie s'achève, la gueule de bois est passée, les vraies questions sont posées et les bons mots ne prennent plus.

La réélection de Biya en 1988 est moins euphorique et dès l'année 1990 le Cameroun connaîtra la deuxième remise en cause majeure l'arrangement porté par Biya.

---

[10] In *Cameroun Vision 2035* (Version 2009) p.7 : de la Division de la Prospective et de la Planification Stratégique du Ministère de l'Economie, de la planification et de l'aménagement du territoire.

[11] Ibidem p.10 .

Le Cameroun entre alors dans une phase de convulsions qui durera 6 ans.

Il faut dire que cette fois c'est une erreur stratégique qui met le feu aux poudres puisque le Cameroun s'embrase de façon prévisible par la quasi-stigmatisation d'un groupe clairement identifié et marginalisé, qui servira de noyau à la contestation du régime en polarisant les oppositions. Mais y a-t-il seulement encore des stratèges dans le nouveau régime ? L'on gère au mois, à la semaine, au jour, bref à la prochaine échéance de paiement ; les plans quinquennaux, probablement politiquement trop sensibles dans un pays à la croissance démographique débridée, sont relégués aux oubliettes.

C'est ainsi que les « Anglos », qui ont pourtant accueilli le premier congrès du Rassemblement Démocratique du Peuple Camerounais en 1985, suite à la dissolution de l'UNC parti unique sous le précédent régime depuis 1966, prendront la tête de la contestation par le SDF de Ni John Fru Ndi soutenu par l'ancien Premier ministre fédéral John Ngu Foncha, désabusé.

En effet, en cette fin de décennie 80, une écrasante majorité des contempteurs du régime du renouveau , qui n'aura en définitive produit que de l'ancien, se mobilise autour d'un mouvement politique porté par les anglophones du Nord-Ouest et dénommé « Social Democratic Front », entendez Front Social-Démocrate, comme à l'époque du combat nationaliste de Ruben Um Nyobé, Félix Roland Moumié, Ernest Ouandjié, Abel Kingué, Ossendé Afana et bien d'autres illustres inconnus assassinés pour cause de nationalisme, le nouveau parti se pose en leader populaire, jouit d'une popularité incontestable dans tout le pays et pour le coup on n'avait pas vu ça depuis longtemps. Dans toutes les provinces, aux quatre coins du pays c'est l'affluence aux meetings, les émeutes s'ensuivent et très vite les morts. On estime à 300 le nombre de morts suite aux manifestations de l'année 1990 et des villes mortes de 1991.

Qu'importe, la dynamique a changé de camp, Biya est au sommet de l'impopularité et inversement pour Ni John Fru Ndi surnommé le « Chairman » dans tout le pays. Les mensonges d'Etat sont trop flagrants, plus personne ne croit en l'avenir, les pillages et le laisser-faire sont patents. Les villes de Bamenda et de Douala tiennent le haut du pavé de la contestation, qui prend un tour dramatique car les actes de vandalisme qui émaillent les manifestations s'attaquent à tout ce qui représente l'Etat et aux riches. C'est ainsi que les bâtiments publics sont démolis, les bus publics saccagés et les grosses et belles voitures rutilantes cassées, voire brûlées, le petit peuple tient sa revanche et se venge de cette classe dirigeante qui accumule les richesses alors que lui s'appauvrit.

Il est vrai que les cibles des dégâts, qui se chiffrent en milliards de CFA, sont tous ces biens et services auxquels les gens d'en bas, de plus en plus nombreux dans les grandes villes, n'ont pas droit.

La fracture sociale explose avec la croissance démographique, plus personne ne contrôle rien et l'avenir semble de plus en plus morose.

Le SDF donc prend le leadership de l'opposition aux côtés de l'UNDP, de l'UDC, de l'UPC du MDR pour ne citer que les principaux partis nés suite à la loi de décembre 1989 instaurant le multipartisme, qui elle-même donnait suite aux évènements de l'année 1989, dont l'arrestation du bâtonnier maître Yondo Black qui avait fait le choix de l'opposition aux lendemains de la réélection de Biya en 1988, seul candidat à sa propre succession dans un contexte de parti unique comme aux temps qu'on pensait révolus.

Le masque tombe donc, certains commentateurs estiment que Biya a changé suite à la tentative de coup d'Etat de 1984 et instaure un régime autoritaire et dictatorial, tandis que d'autres n'y voient qu'un prétexte pour mettre en œuvre un agenda caché, qui consiste à assujettir l'Etat à une tribu ; lecture entre les lignes du soutien explicite du président de la République au régime de parti unique, tel qu'exprimé en 1987 dans son unique ouvrage (*pour le libéralisme communautaire*) où il affirme que ce mode de gouvernance est propice à l'avènement d'une nation ; alors que dans les faits le régionalisme est la règle au sein du parti unique et que même au niveau des scrutins nationaux, aucun des candidats investis par le « parti » ne l'est dans une autre région que sa région d'origine, rendant ainsi impossible l'élection par une région donnée d'un citoyen étranger à cette dernière[12] ; en tout cas jusqu'à l'émergence de figures nationales dans le contexte des insurrections de la fin de la décennie 1980 et du multipartisme subséquent. Preuve s'il en faut que la régression fondamentale au régionalisme ou à l'indigénisation de la politique était la véritable stratégie du « nouveau » parti unique, qui n'a du reste jamais usé d'instrument tel que le scrutin proportionnel plurinominal pour permettre à des candidats jouissant de sympathies en dehors de leurs régions d'origine de recueillir des suffrages externes et ainsi d'émerger sur la scène politique nationale.

Le mot est lâché, l'ennemi c'est le tribalisme, c'est le gang au pouvoir qui, pour s'alimenter dans un contexte de crise économique, se sert de plus en plus sur la part des associés de second rang, la petite administration, et pour cause le gâteau national se réduit inexorablement.

La concussion et la corruption à cette époque s'apparentent à du racket, à de l'extorsion de fonds, après le « golden hello »,la tournée générale du début de règne où chacun était invité, c'est l'heure de la petite politique, de la division, de la désignation des boucs émissaires, l'Etat, et plus spécifiquement l'armée, est tribalisé, l'ethnie au pouvoir truste les postes les plus juteux, à gros budgets et à la trésorerie renflouée. La révélation ultérieure de la Banque des Etats de l'Afrique Centrale, publiée dans « Evasions de Capitaux » de la lettre du continent du 18.01.96 qui chiffre à 1023 milliards de CFA les sommes récupérées auprès de la banque de France et de la Banque Centrale des Etats de l'Afrique de l'Ouest représentant les valeurs disséminées à l'étranger entre 1983 et 1993, sur 11 ans donc, donne un aperçu de l'échelle des détournements et des fortunes colossales frauduleuses qui se sont créées avec et autour de Biya.

Le slogan du SDF « sofa don't finish ! » en pidgin est repris en chœur dans tout le pays, avec la marginalisation de l'ancien « Southern Cameroons » absorbé par la république du Cameroun dans une OPA hostile, pour ceux-là c'est clair le nouveau régime est pire que

[12] A l'instar des affectations dans l'administration qui ne tiennent pas compte de l'ethnie d'origine du fonctionnaire et dans une tentative de professionnalisation même partielle de la politique.

l'administration coloniale puisqu'il les exploite et les brutalise en réduisant sans cesse leurs moyens d'expression.

Il n'est en effet pas anodin de constater qu'une des figures historiques de l'indépendance du Cameroun occidental, à savoir John Ngu Foncha lui-même, soutient les opposants portant la bannière SDF ; preuve s'il en est que le désamour est consommé et le ras le bol à son paroxysme.

L'insurrection viendra donc du Cameroun anglophone, souffre-douleur désigné de la nation, qui fut d'abord négligé par les colons anglais qui lui préféraient le Nigéria et leurs autres colonies d'Afrique de l'Ouest pour les investissements d'utilité publique, de sorte qu'au terme de la tutelle onusienne celui-ci se retrouve dans un piètre état en comparaison de son cocontractant francophone et de fait est réduit, contre son gré et au mépris de sa démographie dans un carcan institutionnel, au second rang, même si le discours officiel lui fait la part belle, la réalité du terrain est, chacun le sait, que les « Anglos » sont déconsidérés et marginalisés, relégués au rang de serviteurs puisqu'ils ont été achetés !

L'argument économique a permis de vassaliser le Southern Cameroons trahissant ainsi les aspirations des « pères fondateurs » de la nation qui souhaitaient retourner au Kamerun allemand. La suppression progressive de l'Etat fédéral d'octobre 1961 par l'instauration du parti unique de 1966 et puis par le référendum de 1972 et enfin par le décret de 1984 qui, modifiant les structures de gouvernance du pays, lui attribue le nom de République du Cameroun, retire le poste de premier ministre, réduit les possibilités d'accession aux plus hauts degrés de l'Etat, donc la représentation des populations du Cameroun anglophone et in fine la défense efficace de leurs intérêts.

Elle est loin l'époque de la présidence francophone et de la vice-présidence anglophone de l'Etat fédéral, les entités fédérées ayant chacune leur propre exécutif.

La suppression du poste de Premier ministre et par conséquent la présidentialisation du régime achèvent de convaincre les plus sceptiques que la république du Cameroun une et indivisible a un chef souverain. La mauvaise trajectoire est définitivement prise ; la concentration des pouvoirs entre les mains d'un seul ou au mieux d'une poignée c'est l'Etat par l'individu, le culte de la personnalité, la monarchie, bref ce n'est plus la république mais bien son contraire. En tout cas pas celle issue de la révolution de 1789. A moins que ce soit l'empire, mais Biya en a-t-il les attributs ?

Cette réalité de l'exercice du pouvoir par un individu seul, le magistrat suprême aidé par des sbires choisis dans la tribu, se consolide entre 1984, l'année du coup d'Etat des Nordistes progressivement exclus du pouvoir, et 1990, l'année du soulèvement populaire et incidemment du multipartisme.

On peut établir un parallèle avec la chute du mur de Berlin et le nouvel ordre mondial qui s'ensuit « décrété » par un G.W. Bush senior à la veille de l'invasion de l'Iraq en 1991, ayant les coudées franches car débarrassé de son rival soviétique et imposant désormais son agenda libéral, donc « démocrate » au monde oppressé de l'ancien bloc soviétique et des non-alignés.

Le contexte mondial auquel notre république bananière à économie extravertie et depuis peu pétrodollar-dépendante est confrontée est au bilan post-guerre froide en vue de l'établissement d'un nouvel ordre global.

Ainsi, le modèle occidental du monde dit libre mené par les Etats-Unis, qui au demeurant ne sont pas significativement « stake-holder » et/ou « shareholder » au Cameroun mais entendent le devenir notamment en raison des réserves pétrolières du Golfe de Guinée et de leurs ambitions impérialistes, vient contrarier les projets de Biya qui s'acheminait probablement vers un « empire » déjanté à l'instar de celui du Centrafricain Jean Bedel Bokassa (évincé du pouvoir pour crimes humanitaires).

L'heure est donc aux droits de l'homme, à la démocratie et au free-market, entendez ultralibéralisme.

La planète est sous le contrôle du « big brother » comme raconté dans le roman prémonitoire de Georges Orwel, « 1984 », le Cameroun aussi, par les satellites géostationnaires et puis ultérieurement par la révolution internet qui fait fureur chez « l'oncle Sam » à la même époque.

Biya doit négocier un « New Deal » pour sauver sa tête, et on n'est guère surpris que ce soit un parti issu du Cameroun anglophone lié par l'histoire aux Anglo-Américains qui porte les idéaux occidentaux au cœur du débat camerounais.

Les Camerounais savent que le SDF a l'oreille de l'unique superpuissance mondiale (la Chine monte mais ne pèse pas encore), celle qui fait et défait les dictateurs dans les régions d'intérêts stratégiques, le Cameroun en Afrique centrale joue ce rôle, notamment vis-à-vis des pays sans littoral ; personne n'imagine que les évènements sont étrangers à la volonté des grandes puissances, d'ailleurs à l'époque une tentative d'assassinat du « chairman » le contraint à se réfugier à l'ambassade des Etats-Unis, l'ambassadeur de France est le dernier de la communauté diplomatique accréditée à Yaoundé à le visiter[13].

Alors l'on jase, Paul Biya est le candidat des Français et Ni John Fru Ndi celui des Anglo-Américains qui auraient compris l'intérêt stratégique du Cameroun sur le tard. La guerre est larvée, le pays semble basculer.

Les élections présidentielles, puis législatives de 1992, s'annoncent difficiles. Les villes mortes de 1991 ont été un succès total avec une mobilisation des masses inégalée dans toutes les grandes villes à l'exception de Yaoundé, ce qui fait dire au Président que : « quand Yaoundé respire le Cameroun vit ! » ou encore « me voici donc à Douala ! », tançant ainsi Douala la prospère rebelle instrumentalisée veut-il croire par tous ces commerçants qui honnissent le pouvoir bureaucratique et corrompu de Yaoundé. Les petites phrases fusent, la désinformation est poussée jusqu'au ridicule, la toute nouvelle presse privée s'en fait les choux gras et le peuple se délecte.

Le gouvernement annonce, par la bouche de son porte-parole, caricaturé dans les nombreux tabloïds, qu'il y a eu « zéro mort » alors que la société civile et la presse privée dénoncent 300 morts à

---

[13] In le *Messager* du 08/11/1993.

Bamenda, à l'aube de la contestation dès 1990 et beaucoup d'autres pendant les villes mortes.

Le sang des Anglos a coulé comme celui des nationalistes sous l'autonomie interne et au lendemain de l'indépendance, le Cameroun populaire prend fait et cause pour ceux-ci et entend demander des comptes. C'est ainsi que germe l'idée d'une conférence nationale souveraine pour faire le bilan public de l'ère Biya ; ailleurs, ça s'est mal passé, notamment au Zaïre ; Biya est un ami personnel du dictateur Mobutu Sesse Seko, il résiste et fin politique il la dénonce comme étant, selon ses propres termes, « sans objet » en regard de la constitution et propose une tripartite entre le gouvernement, l'opposition et la société civile dont le clergé, ce qui n'est pas sans rappeler la structure étatique féodale comprenant la noblesse, le clergé et le tiers-état. Le SDF refuse d'y aller et maintient ses positions mais les autres partis d'opposition y vont pour constater qu'elle aussi, à l'initiative du gouvernement, est sans objet ! Mais qu'importe, le gouvernement est sonné, Biya en danger.

Ce dernier, sorti de sa torpeur ou plutôt de ses velléités monarchistes, s'active en coulisses, nomme un premier ministre nordiste en 1990 : Sadou Hayatou ; remédiant ainsi au renvoi de Bello Bouba Maïgari en 1983, mais la thérapie ne prend pas. Ce sont les Anglos qui donnent le ton de la contestation, alors très vite, dès 1992, est nommé Simon Achidi Achu, un anglophone sans envergure voire ridicule par certains aspects, qui pourrait faire penser au docile Biya d'Ahidjo de 1975, dans une tentative de distribution ethnique du pouvoir ou plus précisément des hautes fonctions, parfois sans consistance réelle ; politique qui deviendra la marque du régime, comme au temps de l'Etat fédéral.

Mais avant, malgré les multiples tentatives de l'opposition pour présenter un candidat unique à la présidentielle, celles-ci échouent et tous les grands partis y vont, et ce sans avoir obtenu la réforme essentielle du mode électoral que l'opposition souhaite à deux tours comme c'est le cas en France notamment.

Nonobstant le rejet de ladite réforme par le pouvoir, la première élection présidentielle multipartite du Cameroun s'avère très serrée, se joue dans un mouchoir de poche et, malgré les irrégularités dénoncées par les observateurs internationaux, Ni John Fru Ndi se classe second derrière Paul Biya à un dérisoire écart de voix. D'ailleurs, certains observateurs dont les Américains publient des chiffres qui donnent le « chairman » vainqueur de Biya avec une avance de plus de 3 points, soit 39% contre 36%[14], constations confortées par la démission du gouverneur de la province de l'Est, Georges Achu Mofor, provoquée par une objection de conscience face aux instructions immorales de sa haute hiérarchie le contraignant à assurer la victoire du président sortant par tous les moyens y compris illicites[15].

Qu'à cela ne tienne, la proclamation par la cour suprême des résultats en faveur de Biya ne laisse pas moins un goût amer au pouvoir qui l'a échappé belle.

Le SDF quant à lui appelle à la contestation des résultats par la violence s'il le faut, s'ensuivent des émeutes dans tout le pays qui très vite virent à l'affrontement ethnique, chacun étant prié de rentrer chez lui, la machette servant d'argument d'autorité notamment dans certaines villes de la province du sud.

Les manifestations sont réprimées dans le sang, le « chairman » s'autoproclame président mais cela ne dure pas car l'armée reste fidèle au régime.

La vérité c'est que le Cameroun, « Afrique en miniature » est un patchwork d'ethnies (250 au total), qui ne se sont jusque-là jamais intégrées dans le cadre d'une nation. Ainsi le cadre institutionnel du Cameroun est parfois en décalage, c'est-à-dire trop en avance sur la réalité socioculturelle et économique du pays, les mariages interethniques sont encore très mal perçus, bref le commerce entre les tribus passe souvent par une hostilité affichée.

C'est ainsi que la politique camerounaise ne peut être perçue à l'époque que sous le prisme ethnique, de sorte que chacun a un fief, sa

---

[14] *Recherches internationales*, n° 80, octobre-décembre 2007, pp. 23-36.

[15] Resignation Letter of Georges Achu Mofor, elections in Cameroun by the National Governor of East Province, in An Assessment of the October 1992 Democratic Institute for International Affairs, p.109.

tribu au sens large et donc que l'absence d'un compromis peut signifier la guerre civile.

Dès lors, les grandes puissances à l'œuvre en sous-main dans les chancelleries calment le jeu, l'élection législative sera peut-être l'occasion de corriger les errements, mais le SDF boycotte ces élections de 1993 conduisant ainsi l'UNDP parti nordiste à se tailler la part du lion côté opposition et le RDPC à négocier sa majorité avec le MDR de Dakolé Daïssala.

Cette attitude déroutante du SDF à l'époque qui étourdit ses partisans pourrait s'expliquer avec le recul par un accord tacite entre les grands partis d'opposition nordiste et du grand ouest/littoral afin de se partager les deux branches du pouvoir soumises au suffrage universel direct mais ceci reste de la spéculation, à défaut de confirmation.

Toujours est-il que le SDF, après avoir manqué d'un rien la présidence de la république, malgré son soutien populaire sans doute plus élevé mais moins stable que celui de Biya plus installé et mieux organisé, manque de nouveau l'opportunité quasi certaine de défier le RDPC dans l'hémicycle par une performance qui aurait pu conférer la majorité à une coalition de l'opposition, contre un exécutif aux abois depuis sa douloureuse expérience de l'élection présidentielle.

Qu'importe, Paul Biya s'en sort de justesse par les hasards de la politique plus que par stratégie ? Par brutalité plus que par séduction ? Peut-être ! Mais il reste aux commandes et après la distribution des strapontins ministériels consolide son pouvoir même au Nord-Ouest, dont est issu le chef du gouvernement Simon Achidi Achu et divise partout y compris et surtout au grand Nord qu'il gratifie de plusieurs maroquins ministériels.

D'une certaine façon il est revenu à la raison et a décidé de renouer avec un certain fédéralisme tribal tacite, au lieu de s'obstiner à confier à son seul gang tribal les postes qui comptent. Il s'agit en fait d'un « New Deal » qui ne dit pas son nom mais qui marque la république autant qu'une réforme constitutionnelle qui d'ailleurs ne tardera pas à venir.

Le modification de la durée du mandat présidentiel, que, dans un souci démocratique, Biya, dauphin constitutionnel, ramène à 4 ans au lendemain de son accession au pouvoir, puis à 7 ans par la constitution de janvier 1996, témoigne d'un changement de vitesse dans la république.

Biya vieillit et le Cameroun s'agite, alors il temporise en rallongeant sa propre carrière et par là même l'échéance du bilan (de la conférence nationale souveraine ?).

Ainsi la constitution de janvier 1996 consacre à l'époque le « New Deal » des années de braises, de la première moitié de la décennie 1990. En effet, on y décèle, outre une volonté manifeste d'atermoyer pour calmer le jeu et épuiser l'opposition, plusieurs réformes qui font écho aux revendications des citoyens telles qu'exprimées par les partis d'opposition qui, le pouvoir le sait, représentent une majorité certaine mais divisée par des ambitions individuelles et par la suspicion ethnique.

C'est donc une véritable récupération de la volonté populaire dans un contexte où Biya seul est capable de mobiliser sa minorité sous la bannière RDPC alors que l'écrasante majorité des opposants qui pourrait s'élever à plus de 70% compte tenu de la structure sociodémographique du pays (environ 70% de paysans, donc de pauvres qui ont peu d'intérêt dans la préservation du pouvoir bureaucrate-bourgeois[16] de Biya) est divisée ou empêchée de s'exprimer par toutes sortes de difficultés économiques, de

---

[16] La mise en œuvre du sénat en avril 2013, annoncée depuis la constitution de janvier 1996, donc postposée pendant 17 ans, probablement en raison de la crise économique qui sévit depuis lors, est révélatrice de l'obédience du régime actuel aux élites au détriment du peuple majoritairement pauvre, dans un contexte où la situation économique du pays, notamment en regard des indicateurs de pauvreté (Cf. OMD, infra.), n'a pas significativement évolué pendant les 17 dernières années. De plus, étant donné l'imminence du changement de régime en raison de l'âge avancé du président actuel, l'on peut également y voir le parachèvement de l'œuvre d'alignement des institutions camerounaises sur le modèle français ; ce qui, si cela s'avérait exact, serait une singerie institutionnelle de plus ou de trop, révélatrice de l'agenda secret d'un président trop politique, trop mimétique, toujours englué dans des revendications civiques anachroniques et n'ayant définitivement pas l'économie comme priorité.

tracasseries administratives, d'intimidations, voire de brutalité si nécessaire.

Le pays profond est pauvre et enclavé ayant un accès limité aux agglomérations ou aux zones urbaines où la contestation pourrait se concentrer et s'exprimer, bref les gens restent chez eux ou vaquent à leurs occupations habituelles afin de se procurer le minimum vital, par le jeu des contingences matérielles et sans qu'il soit nécessaire de décréter un état d'urgence.

Malgré tout lorsque les citoyens surmontent ces difficultés comme lors des villes mortes de 1991, alors l'état d'urgence est décrété et l'armée, minoritaire mais équipée de toutes sortes d'outils de répression extrêmement efficients, est déployée.

Alors c'est le retour du colonialisme, de la poignée de Blancs armés de fusils et de canons contre les hordes sauvages armées de flèches et de boucliers ou au mieux de sabres et de chevaux.

A cette différence près que le petit peuple, les anciens sauvages ou indigènes du Cameroun, n'a même plus les flèches de ses ancêtres, tandis que le pouvoir possède des kalachnikovs, des pistolets mitrailleurs à rafales, des hélicoptères, des véhicules blindés, des bombes lacrymogènes (qui firent fureur pendant les villes mortes de 1991), etc. Ainsi l'avantage numérique de la population est vite anéanti, les pertes chez les forces antiémeutes sont minimes, les insurgés comptent de nombreux morts.

L'amour de la vie reprend le dessus, les gens rentrent chez eux ! Alors le magistrat suprême, « étranger » aux exactions de son armée, de sa gendarmerie et de sa police, feint de se ranger du côté du peuple, récupère la contestation et implémente les réformes bénignes à son crédit. Le peuple se déteste mais aime le bon prince qui incarne la nation !

C'est ainsi que, comme Ahmadou Ahidjo qui récupéra le nationalisme de l'UPC, en créant la République Unie du Cameroun, après avoir fait assassiner ses principaux leaders, Biya récupéra les aspirations légitimes du peuple en matière de démocratie et ultérieurement de bonne gouvernance, dont il s'attribuera le crédit intégral ; comme en témoigne cette phrase lâchée aux journalistes de France 24 en 2008 : « je voudrais que l'histoire retienne de moi l'image de l'homme qui a apporté la démocratie et la prospérité au Cameroun[17] ».

C'est donc sous ce prisme qu'il faut comprendre la réforme constitutionnelle de janvier 1996, dont les principales réformes concernent : la déclaration des biens de la haute administration, des membres du gouvernement et du président de la République (c'est le fameux article 66), la mise sur pied d'un sénat et d'un conseil constitutionnel, le mandat présidentiel (rallongé de 3 ans mais une seule fois renouvelable).

Mais il est vrai que cette réforme porte également des mesures impopulaires et fondamentalement antidémocratiques comme l'institution d'un délégué du gouvernement qui supervise l'activité et les budgets des mairies en zone urbaine.

Cette énième provocation de Biya ne passe pas, car le pouvoir subit une déconvenue relative et prévisible, cédant à l'opposition bon nombre de mairies stratégiques du pays, même dans les métropoles ; confirmant ainsi l'analyse sociodémographique qui veut que l'opposition soit majoritaire localement mais peine à transposer cette majorité au niveau national notamment par la suspicion ethnique qui rend plus difficile l'alignement sur un leader « étranger » et donc plus risqué que l'apathique un peu bonhomme Biya, qui il faut le reconnaître, est passé maître dans l'art de la communication et dans la gestion de son image.

Afin de neutraliser l'effet de cette contre-performance électorale prévisible, le délégué du gouvernement sert de verrou constitutionnel des élections locales, d'empêcheur de tourner en rond des élus locaux, de dépositaire virtuel du pouvoir confié aux conseillers municipaux par les citoyens. Certains n'hésitent pas à qualifier le phénomène de hold-up constitutionnel !

La contestation est émaillée de manifestations, l'année est difficile pour le gouvernement, car chacun voit venir l'élection présidentielle de 1997, et l'opposition, forte du succès local, veut conserver la

---

[17] *Cameroun Tribune* célèbre l'ère Biya : 5/11/2012.

dynamique jusqu'aux prochaines échéances nationales ; le SDF veut sa revanche !

Mais insidieusement le régime du renouveau consolide son emprise sur le pays, l'œil du cyclone des premières années de la décennie est passé sans emporter Biya, qui semble s'être adapté à la situation et est de plus en plus perçu comme un gage de stabilité sur le plan national et international.

La crise économique, la réduction de 70% des salaires des fonctionnaires (payés sur l'Aide Publique au Développement et grâce aux crédits accordés par la France, dont le gouvernement conservateur et non plus socialiste se distance[18] ; c'est un Français qui dirige le trésor camerounais[19]) et la dévaluation de 50% du CFA en 1994 ; pour booster des exportations alors que la production ne suit pas à cause d'une exploitation inappropriée, de rendements insuffisants, du faible niveau d'industrialisation et de la vétusté de l'outil de production ; le gel des emplois dans la fonction publique , les réductions des effectifs dans le parapublic en vue de privatisation, tous ces fondamentaux du package de l'ajustement structurel avec en point de mire la décision puis l'achèvement de l'Initiative Pays Pauvres Très Endettés du FMI ou encore du Contrat Désendettement Développement (C2D) du club de Paris à un moment où le service et l'amortissement de la dette extérieure représentent 60% [20]des recettes de l'Etat, étourdissent le pays, groggy par K.O. ou chaos économique.

Miraculeusement, Biya y survit malgré l'épisode douloureux des élections municipales de 1996 ; le Camerounais est débrouillard, il semble en définitive privilégier la stabilité car, espère-t-il, le meilleur

---

[18] Selon une source bancaire, « l'époque à laquelle le Trésor [camerounais] pouvait s'attendre à profiter d'un versement mensuel de 10 milliards de francs CFA [200 millions de FF, en aide publique française « hors projet »] pour couvrir les salaires de l'administration et combler les déficits budgétaires est terminée [...]. In *dossiers noirs de la politique africaine de la France N°7* par Agir-Ici Survie chez l'Harmattan.

[19] Cité par Africa confidential, éd. française, 20/03/1995. De 1990 à 1993, le Trésor camerounais a été dirigé par un Français, Emile Finateu.

[20] CERED-Forum, etc., Etude macro-économique sur le Cameroun après la dévaluation, 02/1995, rapport cité, p.9-15. In *dossiers noirs de la politique africaine de la France N°7* par Agir-Ici Survie chez l'Harmattan p.32.

dans l'arène l'emportera toujours, pourvu donc que les jeux continuent ! D'où cette tolérance étrange vis-à-vis d'un individu qui incarne de plus en plus une nation que chacun sait fragile et ce marché que tous veulent préserver.

La contestation, qui visait à parfaire la république pour la rendre idéale et conforme aux aspirations des pères fondateurs du nationalisme, se mue en corruption morale, Biya a imposé son modèle de société, le Cameroun est déclaré champion du monde de la corruption par Transparency International[21] . C'est l'époque de la débrouille généralisée, le président constate : « le Cameroun, c'est le Cameroun ! » lors d'un discours où tançant l'opposition il l'invite à fournir les preuves de ses allégations de détournements de fonds.

Désormais Biya n'a plus peur il mène la danse, toute l'administration est infestée de corrompus qui arrondissent leurs fins de mois sur le dos des petites gens, les agents du service public le privatisent officieusement, rares sont les intègres, la chasse aux sorcières est inversée. Beaucoup ont des choses sur la conscience et sont malgré eux complices de Biya et donc promoteurs de la pérennité de son régime.

Quelques téméraires en feront les frais dont Titus Edzoa ex-tout-puissant du régime, intime du premier cercle, membre du bureau politique du RDPC, ex-secrétaire général de la présidence de la République qui, pour avoir tenté de défier le souverain, finira en prison, concomitamment à d'autres barons tels que Pierre Désiré Engo (ex-CNPS) ou encore Mounchipou Seidou ex-ministre des postes et télécommunications.

« Popol », comme le surnomment les Camerounais, tient tous ceux qui comptent (les chefs de clans et tribus !), ils ont tous vendu leur âme au diable, même le très respecté Ni John Fru Ndi du SDF refusera quelques années plus tard de déclarer sa fortune, alimentant les rumeurs selon lesquelles il a monnayé son poids politique, en catimini.

Les intègres de la trempe de Jean-Michel Nintcheu, chef du SDF au littoral, qui déclarera ses biens contrairement au « chairman », sont

[21] In Le Cameroun champion du monde de la corruption : *Slate Afrique* 22/11/2011.

désormais une espèce en voie de disparition menacée par la décrépitude morale ambiante.

Les chancelleries occidentales le savent[22], il est désormais très difficile de trouver des Camerounais qui font l'unanimité et qui pourraient assurer la transition paisible tant Biya fait partie du paysage et tel Dieu le père a façonné le peuple à son image.

L'accession du Cameroun au Commonwealth en 1995 et plus tard la résolution pacifique par les Nations Unies (où les Etats-Unis font la pluie et le beau temps au sein du conseil de sécurité) du conflit frontalier au sujet de la péninsule, aux réserves pétrolières considérables de Bakassi en 2002 , en faveur du Cameroun contre le puissant voisin nigérian (au moins 8 fois plus peuplé que le Cameroun), consacrent l'image d'homme d'Etat respecté et écouté par la communauté internationale. Victoires importantes en matière de politique extérieure mais surtout intérieure, plusieurs années après l'inscription de la réserve de la faune du Dja au patrimoine mondial de l'humanité en 1987 (département d'origine du président).

C'est officiel l'individu Biya a réussi à incarner la nation camerounaise et reçoit des gratifications internationales.

Ainsi le pays bénéficie de l'allègement de la dette et des crédits associés à l'accession au statut de Pays Pauvre Très Endetté (aval donc du FMI !) puis ultérieurement touche le solde de l'allègement en 2005 lors de l'achèvement des efforts requis. Le pays peut souffler ! Le service et l'amortissement de la dette diminue drastiquement, les copains peuvent être récompensés. Le clientélisme repart de plus belle et, en ces temps difficiles, les candidats sont nombreux donc dociles !

C'est donc une évidence pour chacun, Biya est devenu incontournable pour la communauté internationale et nationale, plus personne de sérieux ne cherche à le renverser, tous semblent attendre la mort du souverain, selon les traditions qui veulent que le chef de village meure avant que la succession soit ouverte et surtout dans un contexte traditionnel qui ne reconnaît pas l'abdication du chef, seule sa mort peut engager la transition.

---

[22]http://*wikileaks*.org/cable/2009/10/09YAOUNDE867.html.

Si cette analyse est exacte, elle n'en est pas moins déplorable car elle induit que le Cameroun, un cinquantenaire après les Indépendances, n'aura toujours pas atteint la maturité démocratique qui se résume en l'existence d'un ou de plusieurs pouvoirs, d'un ou de plusieurs contrepouvoirs et de l'alternance.

L'équilibre qui procède d'un individu est instable, celui qui procède des institutions est stable. Autrement dit, la mort du souverain pourrait constituer la fin de l'arrangement et la balkanisation de l'Etat. En conséquence, tant la nation que la communauté internationale devraient plus activement, ou en tout cas, plus sensiblement travailler au renforcement des contrepouvoirs et à l'avènement de l'alternance démocratique, notamment en récréant une opposition digne de ce nom. C'est le prix de l'équilibre durable qui est infiniment préférable à l'actuelle stabilité précaire !

D'ailleurs, malgré l'apparente stabilité actuelle qui confère le sentiment que le régime est définitivement installé et finalement accepté par les populations et l'ensemble des élites, les évènements précédant l'élection présidentielle de 1997 témoignent de la précarité du système Biya qui repose non pas sur des institutions démocratiques incontestables mais sur une communauté d'intérêts ainsi que sur la culpabilité de toutes ces élites qui, pour maintenir leurs trains de vie pendant la crise économique et financière des années 1990 se sont compromis dans toutes sortes de malversations.

Malgré cette déchéance morale qui annihile les velléités des présidentiables du régime, la poignée de courageux, qui se sont manifestés, au nombre desquels Titus Edzoa, témoigne de l'instabilité intrinsèque du régime du renouveau.

Il faut dire qu'à la veille de l'élection présidentielle de 1997, et forts de la piètre performance du pouvoir aux communales, beaucoup croyaient en la possibilité d'un imminent changement de régime, 15 ans après l'évènement de 1982.

C'est ainsi que les langues issues du sérail se déliaient, notamment celle de l'ancien directeur général de Société Camerounaise de Banque qui, accordant un entretien aux journalistes Blaise Pascal

Talla et Célestin Monga [23]du magazine *Jeune Afrique* Economie, dévoilera avec la précision du financier les malversations financières auxquelles s'était livré le clan présidentiel, notamment concernant les possessions de celui-ci au village natal de Mvoo' Meka (palais, piste d'atterrissage, parcours de golf, plantations, usines, etc.) ou encore plus ahurissant concernant les allers-retours de valises de CFA par milliards entre le palais et la banque (la fiction défie la réalité !).

Certes, à ce jour, cet épisode reste la plus importante fuite dans l'entourage présidentiel, et l'unique impliquant personnellement Biya, mais celle-ci pourrait en inspirer d'autres et en ce sens la fin de règne, si souvent annoncée il est vrai, pourrait s'avérer terrible ; les luttes de pouvoir et autres règlements de comptes prenant alors des proportions inédites.

Par précaution, il importe donc de favoriser l'émergence de contre - pouvoirs aussi puissants que l'opposition du début de la décennie 1990 afin de garantir une alternance stable et durable.

Par favoriser j'entends la création d'une véritable opposition institutionnelle dotée de moyens au moins équivalents à ceux du parti au pouvoir tant au niveau infrastructurel, que structurel et financier.

D'ailleurs, pour se convaincre de la nécessité d'un soutien important à l'émergence d'une opposition institutionnelle, il suffit d'observer que le monopole anglophone sur l'opposition, jusqu'à l'effondrement humiliant du « Social Democratic Front » sur la place publique par toutes sortes de tractations occultes avec le pouvoir et l'impopularité sans cesse croissante de son leader « naturel ? » soupçonné de crimes financiers et même de l'élimination physique et politique de dissidents, procédait de la position historique de ces régions dans le cadre de l'Etat fédéral.

Ce sont en effet les tête-à-tête entre John Ngu Foncha et Ahmadou Ahidjo qui ont créé l'Etat fédéral du Cameroun en 1961, autrement dit la juxtaposition de deux entités distinctes jouissant de leurs propres structures de gouvernance, de leurs propres moyens financiers et de

---

[23] *Jeune Afrique* Économie (N° 155) en mai 1992.

soutiens internationaux différents et si souvent antagonistes, à savoir la francophonie et le Common Wealth.

Cependant, pareille structuration de la scène politique camerounaise a de manière prévisible montré ses limites, et pour cause : l'arrangement entre le Cameroun occidental et le Cameroun oriental réservait aux anglophones la seconde place et non la première.

D'où il ressort qu'il existe un biais consubstantiel dans une opposition qui se grefferait sur des revendications des régions anglophones, puisque celle-ci ne saurait mener à une alternance politique, mais au mieux à un ajustement de la distribution des hautes fonctions de l'Etat, comme ce fut le cas suite aux insurrections des années 1990 ayant mené à la réinstauration du poste de Premier ministre, occupé dès les élections de 1992 par l'anglophone Simon Achidi Achu et maintenu jusqu'à ce jour dans le giron anglophone.

Ainsi, le noyau de l'opposition s'est délité et l'activisme anglophone du SDF a perdu de sa substance, voire sa raison d'être, entraînant ainsi l'opposition nationale dans l'errance, puisqu'elle est désormais réduite à sa plus simple expression et virtuellement atomisée.

Chacun au sein de la majorité actuelle, de l'opposition et des investisseurs internationaux par le truchement de leurs ambassades à Yaoundé devrait trouver un intérêt à l'alternance puisque nul ne bénéficiera du chaos potentiel qui résulterait d'une guerre civile/ethnique, d'une décentralisation définitive du pouvoir, d'un délitement du Cameroun.

Le scénario de l'implosion pourrait se traduire par l'émergence d'un bloc ouest, d'un bloc sud et d'un bloc nord, avec le risque de perdre les anglophones, partis menés par le Southern Cameroons National Council rejoindre le Nigéria !

Personne n'aurait intérêt à voir ainsi le Cameroun se balkaniser car inévitablement pareille situation résulterait dans des pertes considérables en vies humaines, dans une paupérisation généralisée de la population et dans une régression dans toutes les avancées en matière de développement et de droits humains.

L'économie sous-régionale ne manquerait pas d'en être affectée et les pays voisins les plus instables, dont le Tchad et la République centrafricaine, pourraient être entraînés dans un chaos politique durable.

Ainsi, contrairement donc à l'idée reçue, la stabilité du Cameroun ne peut être garantie par le maintien artificiel au pouvoir d'un individu, incarnant la nation mais par l'instauration d'une alternance politique reposant sur un tandem pouvoir/contre-pouvoir viable, qui au demeurant est la marque d'une démocratie mature, à laquelle les Camerounais comme les autres ont droit !

Ce sera peut-être aussi le signe de l'émergence non pas uniquement économique mais également démocratique à l'horizon 2035.

La situation économique

Les chiffres utiles à la compréhension de l'évolution économique de la République du Cameroun ne sont disponibles qu'à partir de la colonisation allemande. On sait cependant que les différentes régions du territoire, qui sera circonscrit par les Allemands et nommé Kamerun au lendemain des accords de Berlin de 1885, étaient constituées d'agriculteurs, d'éleveurs, de chasseurs, de cueilleurs, de pêcheurs, et d'artisans notamment dans l'ouest et le nord.

Toutes ces activités économiques étaient toutefois exercées essentiellement pour la survie de ceux qui les pratiquaient et en l'absence d'un véritable commerce élaboré, notamment par l'existence de marchés et de monnaies convertibles.

Ainsi, l'arrivée des colons se traduira par une exploitation à grande échelle et ultérieurement industrielle des ressources du territoire, notamment par le commerce des esclaves (traite négrière), des défenses d'éléphants et du bois d'ébène que ceux-ci obtenaient contre diverses denrées et produits manufacturés.

Au Moyen-Age, ce commerce alors pacifique entre les commerçants européens disposant de comptoirs africains et les populations autochtones touchait également à l'agriculture et c'est ainsi que le manioc, le plantain, la tomate, les haricots verts, les noix de coco, le piment et le maïs auraient été importés sur le continent tandis que s'exportaient le riz, les ignames, les cacahuètes et les pois[24].

Quoique la part du Cameroun dans pareil commerce soit difficile à préciser, il ne fait aucun doute que ces échanges ont modifié la diversité agricole du Cameroun.

---

[24] In *culture and customs of Cameroon* by John Mukum Mbaku; p132. From Harry R. Rudin (1938) p. 249.

Très vite et plus spécifiquement dès la signature des traités de protectorat passés entre les explorateurs allemands et les rois Bell et Akwa de la côte camerounaise, ce commerce de base s'est développé et diversifié en une colonisation des territoires incluant une exploitation agricole extensive notamment par les Gesellschaft Süd-Kamerun et Gesellschaft Nordwest-Kamerun dès 1898.

C'est ainsi que les Allemands, notamment par les firmes C. Woermann and Jantzen & Thormählen[25] développeront les plantations (ainsi que les chemins de fer d'exportation) de l'actuel sud-ouest au pied du mont Cameroun, que les Anglais nommeront Commonwealth Development Corporation pendant la tutelle tandis que les Français créeront l'usine de traitement d'alumine à l'actuel Edéa (AluCam).

Des archives d'époque permettent d'établir qu'en 1914 les plantations allemandes du Kamerun occupaient une surface de 264.000 hectares et qu'en 1913, 58 plantations privées étaient détenues par 195 planteurs tous européens qui occupaient 17.827 locaux, forcés de participer à ces exploitations extensives puisque ne disposant plus de surfaces agricoles disponibles[26], contre un salaire de 6 à 9 marks le mois.

Une route commerciale entre Yaoundé et Kribi de 200 km est créée par l'ouvrage de plus de 80.000 porteurs locaux (hommes, femmes et enfants).

En raison de la pénibilité et de la rémunération, le travail pour compte des Allemands reste impopulaire au point que ceux-ci établissent un impôt individuel forfaitaire sur le revenu payable en marks uniquement, qui malgré tout ne change pas la donne mais enrichit l'administration coloniale qui en 1914 perçoit ainsi 2,8 millions de marks tandis que les prestations compensatoires sont évaluées à 150.000,00 marks[27].

---

[25] Dès 1896 Cf. *culture and customs of Cameroon* by John Mukum Mbaku; Chronologie XXIV.

[26] In *culture and customs of Cameroon* by John Mukum Mbaku; p24. From Harry R. Rudin (1938) p. 249.

[27] Ibid; p 26; Harry R. Rudin (1938) pp; 339 -344.

Suite à la défaite des Allemands lors de la Première Guerre mondiale et à la tutelle franco–britannique du Cameroun oriental et occidental, ces deux territoires connaîtront des fortunes différentes, puisque le Cameroun oriental est intégré à l'Afrique Equatoriale Française et reçoit des investissements massifs de la France qui entend durablement s'y installer tandis que le Cameroun occidental ne sera jamais vraiment intégré aux autres territoires sous contrôle anglais dont le Nigéria et le Ghana à l'ouest du continent.

Cette situation résultera dans une fracture économique majeure entre le Cameroun oriental où les Français avaient développé une industrie et instauré un niveau de vie dont ne jouissait pas le Cameroun occidental délaissé par les Anglais même en ce qui concerne l'exploitation des plantations de la CDC qui sera renommée Cameroon Development Corporation après l'indépendance du 1er Octobre 1961.

De manière générale, sous la colonisation allemande jusqu'en 1914, de nombreuses plantations, chemins de fer (400 Km) dont celui reliant Victoria (Buéa) à la côte ou celui reliant Douala à travers le pont du Wouri à Nkongsamba ou encore celui couvrant Douala, la Sanaga et le Nyong , des ports dont celui de Douala de Kribi de Campo ou de Tiko-Victoria, des routes, des ponts et divers bâtiments administratifs et résidentiels, qui contribuent encore significativement à l'économie du pays, ont été réalisés.

Cette nouvelle économie, basée sur l'exploitation agricole intensive des territoires, qui a nécessité le développement d'infrastructures de locomotion, a également radicalement transformé le contexte socioculturel du Kamerun, notamment par l'émergence d'une nouvelle élite indigène éduquée et culturellement métissée qui occupait des fonctions administratives, toutes choses qui tranchaient avec les modes de vie de leurs ancêtres.

Au lendemain de la Première Guerre mondiale et de fait dès la prise de Douala par les alliés qui marque le début du condominium en mars 1914, la France et l'Angleterre se partagent le Kamerun allemand, les accords franco-britanniques de partition du Kamerun seront ensuite entérinés par les mandats de la Société des Nations concernant le Cameroun oriental et le Cameroun occidental.

Cette partition du Kamerun se traduira également dans les stratégies de gestion des territoires.

Ainsi, les Français optèrent d'abord pour une assimilation des populations indigènes et l'intégration des colonies à la métropole, puis ultérieurement pour une dissociation entre la métropole et les territoires mais une gouvernance s'appuyant sur une élite indigène instruite assurant l'intermédiation avec les populations, d'où la naissance d'une classe administrative locale et subalterne à la hiérarchie française.

Toutefois, les principes allemands de gouvernance sont maintenus dont celui du travail forcé et d'un impôt individuel et universel dont l'assiette ne repose plus sur le travail/revenu.

Les Anglais, quant à eux, étaient moins favorables à une intégration des indigènes à la métropole, ce qui se traduisit par une gestion laxiste du Cameroun occidental ; de sorte qu'au lendemain du mandat de la Société des Nations de 1922, la vente publique à Londres des possessions allemandes au Cameroun occidental aura moins de succès que celle du Cameroun oriental qui trouvera des acquéreurs français, anglais et camerounais.

Ce premier échec de 1922 aboutira en 1924, grâce à l'intermédiation d'un courtier anglais, à la récupération, par les Allemands dépossédés de leurs possessions du Cameroun occidental ; de sorte qu'en 1931, le Cameroun occidental comptait trois fois plus d'Allemands que de Britanniques[28]. Cette situation entraînera une forte sympathie de la population locale pour la cause allemande, étant donné les investissements massifs des Allemands dans les plantations et en infrastructures, comme en témoigne la situation économique du Cameroun occidental qui en 1931 présente la répartition suivante : sur un total de 155.432,00 marks d'exportation la part britannique s'élevait à 6.341,00 marks contre 15 fois plus pour les Allemands, à 109.603,00 marks[29]. De même, en 1937, le poids allemand dans les importations se chiffrait à 47,57% contre 11,9% pour les Anglais

[28] In: *culture and customs of Cameroon* by John Mukum Mbaku; p28. From Victor T. Lévine(1964).
[29] Ibid ; p.29.

tandis que les données d'exportations affichaient 79,75% pour les Allemands contre 6,9%[30] pour les Britanniques qui au demeurant présentaient un déficit de leur balance commerciale, contre un excédent pour les Allemands.

Confirmant ainsi le faible intérêt des Anglais pour le Cameroun occidental, caractérisé par une absence d'investissements publics britanniques et par une absence d'incitation du capital privé britannique à l'investissement au « West Cameroons » du Commonwealth britannique, probablement lié au moins partiellement à la crise mondiale de la fin des années 1920 qui s'est traduite par un effondrement des prix des matières premières.

Il ressort donc clairement de ces données statistiques que l'économie camerounaise jusqu'à l'entame de la Seconde Guerre mondiale de (1939-1945) reposait essentiellement sur l'agriculture diversifiée des plantations allemandes, françaises et britanniques et depuis l'implantation des Français en 1914, sur un minuscule patronat camerounais, du fait de la politique d'assimilation puis ultérieurement d'association par l'émergence d'une élite indigène, partenaire privilégiée de l'administration coloniale française.

De manière générale, le tournant décisif dans les rapports entre Français et indigènes du Cameroun oriental, procède du soutien des autochtones aux alliés durant la Seconde Guerre mondiale. Ainsi, la conférence de Brazzaville de janvier 1944 accorde diverses concessions aux indigènes engagés sur le long chemin vers l'indépendance. Ces évolutions positives comprendront notamment une représentation des territoires au sein des institutions de la quatrième République française et la jouissance de nombreux droits civiques semblables à ceux des populations françaises de la métropole d'où la naissance du syndicalisme camerounais, première forme légale d'organisation indigène.

Le premier syndicat camerounais issu de ces réformes sera l'Union des Syndicats Confédérés du Cameroun (USCC), parrainé par la Confédération Générale du Travail (CGT), syndicat français

[30] Ibid; p.29 from Victor T. Lévine (1964) and Claude E Welch- *Dream of Unity: Panafricanism and Political Unification in West Africa (1966)*.

d'obédience communiste. Les premières grèves à Douala de ce syndicat seront violemment réprimées par les forces de l'ordre.

Quelques années plus tard, les élections à suffrage censitaire direct de 1952, ouvertes aux seuls lettrés en français ou en arabe, permettent d'estimer à 500.000 le nombre de Camerounais instruits[31], soit un taux d'alphabétisation d'environ 18%.

Le Cameroun occidental, quoique moins développé, du fait du désintéressement britannique, comprend également un patronat camerounais constitué de planteurs indépendants de l'époque allemande qui ont su développer leurs entreprises sous le mandat britannique et ultérieurement après l'indépendance.

C'est le cas de la famille Mukete dont le patriarche Abel N. Mukete créa en 1910 une ferme qui se développa et se diversifia dans la culture du palmier à huile, de l'hévéa et du cacaoyer autour de 1928 (A Mukete & Sons plantations) et qui à partir de 1970, notamment grâce à un prêt français de la Caisse Centrale de Coopération Economique Française, prendra une nouvelle dimension sous l'impulsion du premier diplômé africain de l'université de Yale, Godfrey Mbe Mukete[32]. Cette famille compte aujourd'hui parmi ses membres le PCA de la Camtel, le PCA de MTN Cameroun, le chef de la division réformes économiques et financières de la BAD ainsi que le vice-président de la Chambre de Commerce et d'Industrie, des Mines et de l'Artisanat du Cameroun. Elle possède également des intérêts dans la communication notamment grâce à une régie publicitaire (Spectrum) et deux chaînes de télévision (STV1 et STV2).

D'autres personnalités de la communauté camerounaise des affaires pendant la période coloniale pourraient également être citées tant au Cameroun occidental qu'au Cameroun oriental mais toutes ces grandes fortunes nées de l'intégration des autochtones aux affaires des puissances coloniales n'ont véritablement connu une expansion fulgurante qu'à partir de l'autonomie interne, comme c'est le cas de

---

[31] In: *culture and customs of Cameroon* by John Mukum Mbaku; p31.

[32] In *Jeune Afrique* Economique du 12/07/2011 : Les grandes familles du Cameroun par Clarisse Juompan-Yakam.

Fotso Victor, de Kadji Defosso, de Claude Juimo Monthé ou encore des Fadil et ce grâce au soutien de l'Etat.

Ceci atteste de ce qu'une certaine nationalisation économique au Cameroun dans le cadre des Indépendances a permis l'émergence d'indigènes tant à l'Ouest anglophone qu'à l'Est francophone du pays.

Comme nous l'avons vu, au lendemain de la Deuxième Guerre mondiale, une certaine main tendue de l'autorité de tutelle vis-à-vis des populations est perceptible qui sera caractérisée par des réformes importantes dans la gouvernance des colonies tout au long des années 1950 et aboutira au début des années 1960 aux Indépendances.

Ainsi, cette période se révèle d'un intérêt majeur car elle marque une transition, sensible dans l'économie politique des colonies, vers l'indépendance.

Les chiffres dont nous disposons montrent qu'en 1951 la production du Cameroun occidental et oriental affiche des taux annuels nominaux de croissance de 7% et 5% respectivement[33].

Dans cette période, outre la croissance plus forte que connaît l'économie francophone, celle-ci est plus de 5 fois plus importante que celle du Cameroun occidental contre un rapport de populations inférieur à 4, puisque celle du Cameroun oriental était de 3.300.000 habitants contre 826.000 habitants pour le Cameroun occidental en 1961[34].

Les données de production ainsi fournies ne comprennent pas le pétrole, uniquement en phase de prospection à l'époque mais incluent les minerais de rutile, cassitérite et or ; la production industrielle, notamment de l'alumine (ALUCAM), de la bière, des bicyclettes, de savons et autres détergents (Complexe Chimique Camerounais), du tabac (Juan Bastos), du bois (Scierie Coron) en plus de la production agricole qui se chiffre à 74.400 tonnes de cacao,

---

[33] In *Cameroun états des lieux et perspectives d'avenir* par Bernard Puepi ; p69 : tiré de Situation du secteur agricole camerounais depuis 1960 de Hervé Bella.

[34] Idem; p 70: tiré de West African Directory 1967-1968 (London and Company Ltd, 1968; p 4/ Data for West Cameroon for 1955-1961: statistical annual report for West Cameroon; p 72.

41.500 tonnes de café (Robusta et Arabica), 29.200 tonnes de coton et 138.300 tonnes de bananes entre 1960 et 1961[35].

De la population totale on retient 2000.000 d'actifs (plantations, industrie, commerce, administration) comprenant 155.000 salariés au Cameroun oriental et 45.000 salariés au Cameroun occidental[36], ce qui permet de déduire un taux de chômage sensiblement supérieur à 50%. Or, il est admis que les personnes qui ne disposaient pas d'un contrat de travail étaient vraisemblablement occupées dans l'agriculture de subsistance ou de rente, voire dans les activités séculaires de chasse, pêche et cueillette artisanale.

Ceci pose dès l'origine de la nation la question du poids de l'économie informelle (activités non prises en compte, non économiques et assimilées), qui comme on le voit était plus ou moins équivalent à l'économie formelle.

Il est en effet aberrant que pareil volume d'activité ne soit pas intégré dans la comptabilité nationale pour être régulé de manière appropriée et éviter la dichotomie entre économie traditionnelle et moderne qui engendrera ultérieurement la dichotomie entre l'économie souterraine et l'économie officielle créant ainsi un biais important dans l'analyse opérationnelle et ultimement dans la prise de décision.

De plus un recensement récent de la population l'estime à 19,4 millions comprenant 70% de chômeurs dont 40% de pauvres, et aboutit à une estimation de l'économie souterraine de 4 à 9 fois plus élevée que l'économie officielle[37].

Ce qui démontre incontestablement que, 50 ans après les Indépendances, l'on ne s'est toujours pas approprié l'économie coloniale qui demeure l'apanage d'une minorité largement soutenue

---

[35] Idem; p 70: tiré de Ministry of National Economy: West Cameroun Digest of Statistics (Ydé 1963/64) et Direction de l'Agriculture du Cameroun oriental; Statistiques Agricoles (Ydé 1963/1964).

[36] Idem; p70: tiré de Marchés Tropicaux et Méditerranéens : The Cameroon Market (Press 1966) p.10.

37 In *Cameroun Vision 2035* (Version 2009) p.19 : de la Division de la Prospective et de la Planification Stratégique du Ministère de l'Economie, de la planification et de l'aménagement du territoire.

par l'étranger. La croissance virtuelle au rythme annuel nominal de 3% (à peine supérieure à la croissance démographique estimée à 2,8%) de l'économie formelle atteste d'une régression importante vers une économie sauvage, et donc d'un retour à la case départ.

Toutefois, il s'agit d'une nouvelle économie sauvage qui se démarque par la nature des activités exercées de celle de nos ancêtres d'il y a 100 ans seulement ! Qui plus est, cette nouvelle économie sauvage est souvent immorale, illégale, voire criminelle, et en tous les cas pernicieuse. Elle marque l'échec de l'Etat, car pour ceux qui la pratiquent l'Etat c'est le bâton et non la carotte !

De plus, ces chiffres permettent d'établir un taux de 10% de personnel administratif en 1961, qui ne cessera de croître hors de proportion.

Au niveau des infrastructures les chiffres disponibles permettent d'établir une situation en 1961[38] se déclinant en 480 km de voie ferrée, ce qui est à comparer aux 400 Km de voie ferrée construits à la période allemande, soit une augmentation de 20% en 50 ans qui se traduit essentiellement par un prolongement sur Yaoundé , Bertoua et Garoua auquel s'additionnent 6.033 Km de routes au Cameroun oriental et 1.005 Km de routes au Cameroun occidental.

Sur le plan énergétique le barrage hydroélectrique d'Edéa exploité par la société ENELCAM produisait 1000 MGWH dont 93% étaient consommés par ALUCAM tandis que, dans le Cameroun occidental la société POWERCAM, exploitant des centrales thermiques, produisait 8 MGWH consommés à 50% pour le commerce et à 37% pour l'industrie.[39]

Les tableaux suivants illustrent la situation économique du Cameroun à l'indépendance[40] :

---

[38] In *Cameroun états des lieux et perspectives d'avenir* par Bernard Puepi ; p72.
[39] Ibidem.
[40] Idem p73 : tiré de Min de la Coopération, économie et plan de développement (Paris 1962).

Graphique 1. *Comparatif du Cameroun occidental et oriental*

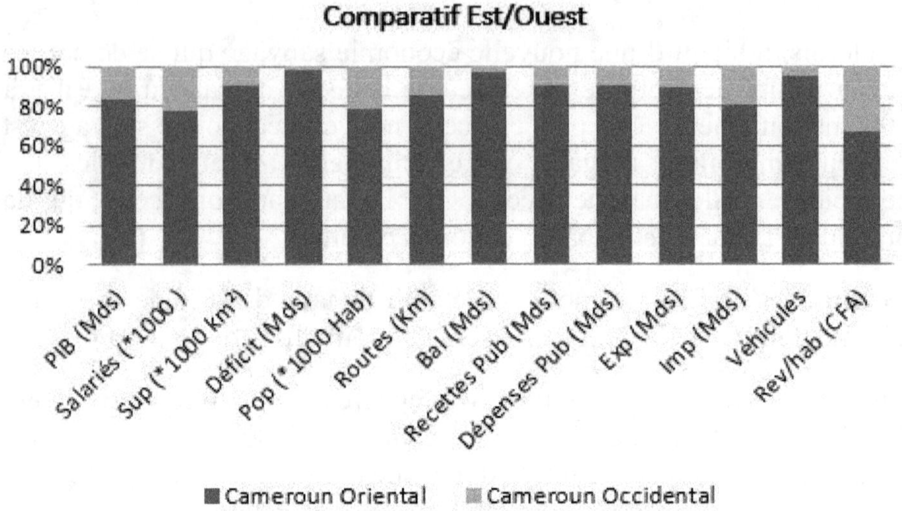

De ce premier tableau, il ressort clairement que la situation économique du Cameroun oriental était largement meilleure que celle du Cameroun occidental à tous égards. Les points d'attention importants sont toutefois les exportations et les recettes qui sont à plus de 90% générées par le plus grand ensemble tandis que sa population représente seulement environ 80% du total. Le rapport des importations s'avère toutefois conforme au rapport des populations.

Ainsi le rapprochement, toutes proportions gardées, de toutes ces données atteste clairement d'un dynamisme économique plus marqué au Cameroun oriental, du fait essentiellement de l'impulsion française plus significative que celle des Britanniques au « West Cameroons ».

Quelques indicateurs supplémentaires, dont ceux des prêts et de l'aide au développement, amplifient le clivage, puisque le Cameroun oriental aurait reçu de sa métropole 18.000.000.000,00 CFA entre 1955 et

1960 contre 1.150.000.000,00 CFA pour le Cameroun occidental de la part de la Grande-Bretagne au titre de l'aide au développement[41].

La gestion de l'économie camerounaise par des Camerounais n'intervient qu'avec les Indépendances de sorte que l'évaluation de la gouvernance du Cameroun par les nationaux peut être analysée à partir du 1er Janvier 1960 sous la présidence d'Ahmadou Ahidjo en ce qui concerne le Cameroun francophone.

Les données disponibles à cet égard font état de l'existence d'un plan quinquennal de développement dont les principaux enjeux étaient :

- L'amélioration du niveau de vie des citoyens
- Une plus grande justice sociale
- L'intégration économique et politique, à partir du rattachement du Southern Cameroons dans le cadre de son indépendance le 1er Octobre 1961.

Le gouvernement entendait faire doubler en 20 ans le revenu par habitant d'une population estimée à 3.265.000 habitants et contenir la croissance de celle-ci à un rythme annuel nominal d'environ 1,1 % de sorte que celle-ci atteigne 4000.000 d'habitants en 1980.

Or, la réalité économique sur la période de projection sera décevante et le gouvernement n'obtiendra qu'un taux de croissance dérisoire de 1,2% contre un objectif nominal de 5%[42]. Ce résultat médiocre peut être rapproché pour les besoins de l'analyse de celui obtenu entre 1951 et 1959 par l'administration coloniale qui affichait alors une croissance annuelle nominale de 7% pour le Cameroun oriental (voir supra).

En outre ce premier quinquennat verra la création de la Banque de Développement du Cameroun (1962), de la Société Nationale d'Investissement (1963), d'une usine de production de plastique, d'une usine de fabrication de chaussures (BATA), d'une tannerie

[41] In *Cameroun états des lieux et perspectives d'avenir* par Bernard Puepi ; p74 : tiré de Ndonko W. Johnson (1970) : The Cameroon Federation ! Baltimore Hopkins University Press.
[42] Idem; p.75

(TaniCam), d'une usine de production d'allumettes (UNALOR), d'une usine de textile (CICam), d'une usine de production de sucre (SoSuCam ; 1964), d'une entreprise d'électronique (équatorial électronique ; 1964) ainsi que d'une usine de production de tôles (Alubassa)[43] .

Le second plan quinquennal, tout aussi ambitieux malgré les déconvenues du premier terme présidentiel, tablait sur une croissance annuelle nominale de 5,6% afin de rattraper le retard dans l'atteinte de l'objectif de doublement du revenu à l'horizon 1980. L'accent est mis là aussi sur l'agriculture et de manière générale sur les agro-industries et la structure de l'économie à l'époque comprend 50% pour le tertiaire, 30% pour l'agriculture et 20% pour l'industrie.

La période verra la création de la CoCam (Contre paquets ; 1966) ; de la SNEC (1967), ainsi que de la SoCaPalm en 1966.

Le deuxième quinquennat connaîtra également une croissance spectaculaire des investissements publics dans les domaines de l'infrastructure, des industries, du social ainsi que des divers qui tripleront en moyenne.

Ceci étant une remarque importante sur l'économie politique de cette époque est le constat tiré de l'assistance de la métropole au Cameroun oriental entre 1946 et 1958 qui se chiffre à 159.426.000,00 FF dont 94.847.000,00 d'Aide Publique au Développement et 64.579.000,00 de prêts soit un rapport Aide/Prêt de 60/40[44].

Cette situation, compte tenu d'un revenu intérieur en 1960 estimé à 96 milliards de CFA et de recettes publiques représentant environ 17% de ce PIB à 16,860 milliards de CFA, permet de conclure que les investissements publics considérables du premier puis des quinquennats subséquents sont réalisés grâce à l'Aide Publique au Développement et aux prêts probablement dans des proportions

---

[43] In *Cameroun états des lieux et perspectives d'avenir* par Bernard Puepi ; p76 : tiré de P-J M. Tedga (1990).

[44] In *Cameroun états des lieux et perspectives d'avenir* par Bernard Puepi ; p74 : Ndonko W. Johnson (1970).

similaires à celle qui prévalait sous le mandat onusien jusqu'à la veille de l'autonomie interne.

Les données à notre disposition[45] indiquent la ventilation suivante pour les dépenses publiques (y compris les investissements) :

Graphique 2. *Évolution des dépenses publiques*

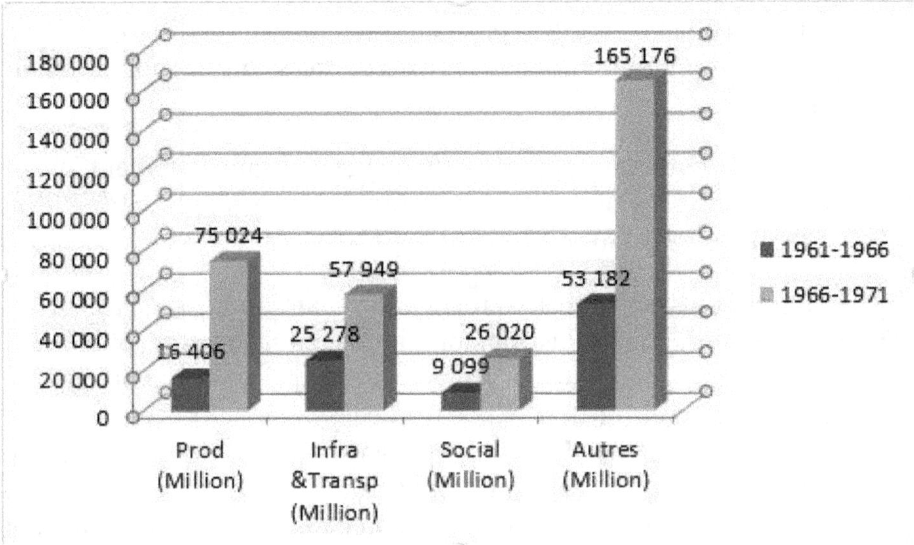

Dans ce tableau, le terme « Prod », entendez production, comprend l'agriculture, l'élevage, la pêche, la forêt, le commerce, l'énergie, les mines et la recherche pétrolière, les travaux publics, l'industrie et l'artisanat.

Le terme « Infra & Transp » regroupe les routes et ponts, les chemins de fer, les ports, les aéroports, la météorologie, les postes, les télécommunications, le transport routier.

---

[45] In *Cameroun états des lieux et perspectives d'avenir* par Bernard Puepi ; p78 : Ministère des Finances et du Plan, premier plan de développement économique et social (Yaoundé 1961) et deuxième plan quinquennal de développement économique et social, juillet1966-1971 (Yaoundé, 1966).

Le terme « Social » inclut l'éducation, le vocational training, la jeunesse et les sports, la santé, l'urbanisme, l'habitat.

Le terme « Autres » comprend l'information et l'équipement des administrations.

De la synthèse des données ainsi fournies, il vient que les dépenses publiques ont atteint 104 et 324 milliards de CFA sous les premier et second quinquennats, ce qui représente plus que la totalité du PIB de 1960 pour le premier quinquennat et plus de trois fois ce montant pour le second.

Ainsi, compte tenu du rapport APD/Dette d'immédiatement avant l'autonomie interne, l'on peut estimer que la dette représente environ 40% de l'aide entre 1960 et 1965 et plus 120% entre 1966 et 1971.

Certes, les besoins en investissement d'un Cameroun très pauvre et très enclavé à l'époque justifiaient pareils engagements publics, a fortiori dans un contexte où l'investisseur privé camerounais ne dispose ni du capital, ni de l'expertise nécessaires au développement de l'infrastructure et de l'industrie camerounaises. Ce qui implique également la mise à contribution à la fois des prêts et des investissements étrangers, notamment ceux des Français qui ont organisé l'indépendance.

D'une certaine façon ces investissements auront des incidences fortes sur l'économie camerounaise, comme en témoignent les nombreuses sociétés industrielles et commerciales créées, les infrastructures développées (voir infra), la diversification de l'agriculture et ultimement l'aboutissement des prospections pétrolières en plein choc pétrolier.

Ceci étant, l'efficience des investissements réalisés demeure douteuse notamment au regard des évolutions de la croissance qui n'explosera réellement qu'avec les premières exportations de l'or noir (le PIB le plus élevé date de 1986 et correspond à une excellente tenue des cours pétroliers suite aux deux chocs de 1973 et 1979).

Quoi qu'il en soit, le bilan des quatre premiers plans quinquennaux au début des années 1980 est très mitigé puisque les objectifs du gouvernement tablaient sur une croissance de la population de 1,2% à 4000.000 d'habitants, or, la réalité du recensement général de la population à cette échéance fait état d'une population de 7000.000 d'habitants, ce qui signifie un résultat 75% supérieur aux attentes qui couplé à une conjoncture mondiale décevante, va neutraliser la croissance camerounaise.

A la même époque également, le phénomène de l'exode rural commence à prendre une tournure préoccupante et non anticipée par les plans de développement urbain (voir infra). Dans ce contexte, plusieurs initiatives pour juguler ce phénomène sont entreprises notamment par la création de la Société Nationale de Participation au Développement (ONPD) censé promouvoir auprès de la jeunesse rurale les activités d'agriculture, d'élevage et d'artisanat. Cette initiative sera largement infructueuse tant l'attrait de l'économie moderne (secondaire et tertiaire) florissante des grands centres urbains est fort.

En conséquence, le dernier plan quinquennal de 1981-1986 sera destiné à rattraper les erreurs de planification des précédents mais son exécution sera interrompue tant les indicateurs conjoncturels s'avèreront décevants, dont la détérioration du terme de l'échange par effondrement des prix sur les marchés mondiaux.

Ainsi, l'indicateur-clé de la croissance démographique, mal appréciée et trop encouragée par la politique de natalité qui récompensait les familles nombreuses[46], constituera l'effet pervers majeur de sorte que les résultats obtenus dans le développement des différents secteurs économiques s'avèreront insuffisants à assurer la prospérité de l'ensemble des Camerounais.

Entraînant ainsi un dérapage dans la gestion des finances publiques puisque les dépenses ne sont plus supportées par les retours sur investissements mais par l'emprunt, d'où l'accumulation de la dette publique intérieure, dont les échéances ne sont plus honorées, et

[46] In Africa Atlases : Cameroon ; éditions du JA p.82 : les femmes ayant plus de 10 enfants recevaient des décorations.

extérieure qui devient accablante et culminera à 60% des recettes de l'Etat à la fin de la décennie1990[47].

C'est l'époque de la stabilisation, du redressement et de l'ajustement des finances publiques menés essentiellement par le Fonds Monétaire International, pour compte de l'ensemble des bailleurs de fonds bilatéraux et multilatéraux dans le cadre d'une réorientation des activités du fonds après l'abandon de l'étalon or.

Dans l'ensemble, la croissance démographique trop rapide et son corollaire l'exode rural dans un contexte de faible ou très lent développement urbain et ce malgré la création de la MAETUR (conception et stratégie immobilières), de la SIC (promotion immobilière) et du crédit foncier, démontrent l'insuffisance ou le dévoiement, voire la mauvaise conception des plans quinquennaux initiaux qui n'atteignirent jamais des objectifs peu réalistes mais orientant la politique de l'Etat.

La politique de natalité, dont les effets nécessiteront ultérieurement la mise en œuvre d'une sensibilisation au planning familial sur l'ensemble du territoire dès la fin de la décennie 1980, est l'illustration même d'une gestion irresponsable donc peu rationnelle de l'Etat.

Certains développements auraient pu être mieux intégrés par les stratèges économiques, notamment par une planification par scénarios, qui, quoique peu porteuse sur le plan politique car impliquant une perspective pessimiste, aurait eu le mérite d'assurer un développement harmonieux de l'Etat.

C'est donc celle-là la situation à l'accession de Paul Biya à la magistrature suprême le 6 novembre 1982, dans le cadre d'une « chaise musicale » institutionnelle. Les perspectives économiques moroses de l'époque, couplées à l'impopularité croissante d'un régime trop autoritaire, pourraient justifier ce changement constitutionnel de régime.

---

[47]CERED-Forum, etc., Etude macro-économique sur le Cameroun après la dévaluation, 02/1995, rapport cité, p.9-15. In *dossiers noirs de la politique africaine de la France N°7* par Agir-Ici Survie chez l'Harmattan p.32.

En effet, peu après son accession au pouvoir, la crise de la dette et la mauvaise conjoncture internationale entraîneront la prise en main de l'économie camerounaise par les institutions de Bretton Woods, qui conduira à une réorientation stratégique de l'économie politique camerounaise dans le sens d'un désengagement progressif de l'Etat, selon les théories néolibérales portées par Milton Friedman entre autres.

De fait, au niveau mondial, si les théories interventionnistes keynésiennes ont dominé la période entre les deux conflagrations mondiales, et spécialement celle d'après la grande dépression, c'est le « free-market » qui domine la période post-reconstruction marquée par les 30 glorieuses. Avec un certain retard, inhérent aux échanges économiques et politiques entre le Nord et le Sud et tout spécialement entre l'Europe et l'Afrique, ces écoles économiques classiques et néoclassiques affecteront tour à tour le Cameroun.

La politique économique d'Ahmadou Ahidjo se voulait à la fois social-démocrate et libérale, mais en réalité procédait de l'économie planifiée ; celle de Paul Biya se prononcera en faveur du libéralisme-communautaire, qui, au-delà du jeu de mots mal assortis et contradictoires, reflétait un non-alignement sur le déclin ; mais ne sera jamais réellement mise en œuvre étant donnée l'intervention des bailleurs de fonds par le truchement du FMI et de la Banque Mondiale, qui souhaitaient assainir les finances publiques d'un pays en banqueroute virtuelle.

De plus, s'il était concevable pour tout « homo économicus » qu'un pays aux infrastructures très limitées eu égard à ses ambitions de souveraineté, se dote des moyens de sa politique par un recours extraordinaire à l'emprunt, afin notamment d'assurer la prospérité à son peuple, il devenait impérieux de reconnaître que cette dette accumulée représentait une menace pour le développement même du pays étant donné les rendements peu satisfaisants en regard des objectifs.

Par ailleurs, cet interventionnisme, compréhensible pour un Etat sans structures ni capacité réelle à assumer sa souveraineté, ne pouvait être définitif à moins de constater l'instauration d'un régime communiste au Cameroun.

Ainsi le désengagement des pouvoirs publics au profit de la communauté nationale et internationale des affaires était acquis dès les premiers investissements. C'est d'ailleurs dans ce processus que nombre de grandes fortunes camerounaises se sont constituées, aux côtés d'investisseurs étrangers, dans la logique selon laquelle l'Etat développe l'infrastructure mais en confie la gestion à des professionnels des affaires qui savent mieux que lui créer de la richesse.

Les impératifs politiques ont sans doute contraint l'administration à repousser l'échéance de cette vérité désagréable que le Cameroun était un pays pauvre qui devait fournir beaucoup d'efforts et non vivre au-dessus de ses moyens grâce à l'emprunt.

Les institutions de Bretton Woods auront porté la mauvaise nouvelle dégageant ainsi le pouvoir politique de la charge de faire la leçon au peuple dans un contexte où leur légitimité était remise en cause.

C'est donc clairement un pays en faillite virtuelle qui échoit à Paul Biya (situation à laquelle s'ajoute une conjoncture défavorable dont la détérioration de 50% des termes de l'échange entre 1985 et 1993[48]), qui s'est évertué à repousser l'échéance de la cessation de paiement par la continuation d'une politique irresponsable d'emprunts destinés à entretenir le personnel administratif et l'armée.

Les détournements de fonds astronomiques concomitant à l'entrée en scène du régime du renouveau attestent sans doute d'une situation précaire et désespérée.

C'est du sauve qui peut la police arrive !

Cependant, après la fête le Cameroun aura la gueule de bois ! Dès l'année 1993 une réduction des salaires dans l'administration allant jusqu'à 70% est décrétée et en début d'année 1994, le coup de grâce est porté par la dévaluation de 50% du CFA censé doper les

---

48 In *dossiers noirs de la politique africaine de la France N°7* par Agir-Ici Survie chez l'Harmattan p.31.

exportations, mais qui paupérisera la population puisque la production agricole est en baisse dans une économie fortement tertiaire et à balance commerciale déficitaire.

Comme en témoignent les augmentations du prix du pain de 30% à Yaoundé et de 50% à Douala en 1996 ainsi que les augmentations des prix du bœuf et du poisson, de l'huile de palme et de la banane plantain qui progressent respectivement de 33% et plus de 22%[49].

L'économie camerounaise est de nouveau sous tutelle et sa haute administration reçoit ses ordres de Paris et de Washington[50].

C'est le néocolonialisme à découvert ou pire le retour à la cession de souveraineté du territoire par les rois de la côte en 1884.

Dès lors, en plus des licenciements massifs dans le parapublic et du gel des recrutements dans la fonction publique, les privatisations des secteurs d'activités porteurs suivent, dont ceux de la Camrail (ex RégiFerCam) en 1999 (le groupe Bolloré et un groupe sud-africain en achètent la concession pour 35 ans), des terminaux en zone portuaire, des grandes plantations (Socapalm), ainsi que de la Sonel et de la Snec, pour ne citer que ceux-là.

Ainsi, les Camerounais sont réduits à leur plus simple expression de consommateurs nets (le Cameroun aurait dépensé 540 milliards de CFA en importation de produits alimentaires en 2009[51]) livrés au bon vouloir des puissances industrielles.

Mais, tel un virus qui mute en fonction de l'hostilité de l'environnement, le Camerounais, plutôt que de se résigner à travailler sérieusement et à enfin produire des richesses, souscrit aux mirages de l'enrichissement illicite ; c'est ainsi que les phénomènes sociaux-économiques de corruption et de « feymania » connaissent un essor considérable et de façon générale, que la criminalité et le grand

---

[49] In *dossiers noirs de la politique africaine de la France N°7* par Agir-Ici Survie chez l'Harmattan p.32 : tiré de CERED-Forum, etc. : études macroéconomiques sur le Cameroun après la dévaluation, 2-95, rapport cité p.6-7.

[50] Africa confidential, éd. française, 20/03/1995. De 1990 à 1993, le Trésor camerounais a été dirigé par un Français, Emile Finateu.

[51] In *Cameroun états des lieux et perspectives d'avenir* par Bernard Puepi ; p.89.

banditisme se développent ; de sorte que les criminels en col blanc et/ou les criminels de rue prospèrent (parfois de connivence) alors que le peuple crève !

La perspective d'un allègement du service et de l'amortissement de la dette à terme dans le cadre de l'initiative Pays Pauvre Très Endetté du FMI et du contrat désendettement-développement (C2D) du club de Paris qui aboutit en 2006, ainsi que le projet dans les années 2000 d'oléoduc tchado-camerounais, suite à une prospection fructueuse, qui aboutira en 2003, ne suffit pas à ramener la confiance, transformant simplement à terme le Cameroun en un pays de plus en plus rentier et de moins en moins ouvrier. Or, le Golfe de Guinée n'est pas le Golfe persique et l'Afrique centrale n'est pas le Moyen-Orient !

Le problème de l'agriculture face à une croissance temporaire des revenus du pétrole et des industries extractives

Les problèmes de l'agriculture au Cameroun sont de natures diverses, le principal à mon sens étant celui du leadership dans la production. En effet, contrairement à la Côte d'Ivoire qui est incontestablement le champion de la production de cacao dans le monde (voir figure 3 ci-après) que l'Afrique domine incontestablement (la Côte d'Ivoire, le Ghana et le Nigéria assurant près de 2/3 de la production mondiale), le Cameroun malgré et peut-être en raison de sa diversité agricole liée à sa variété géologique et climatique, ne se distingue dans aucune des cultures qui font sont agriculture d'exportation à savoir, pour l'essentiel, la banane, l'huile de palme, l'hévéa, le café, le coton et le thé dans une moindre mesure.

Graphique 3. *Distribution mondiale des matières premières*

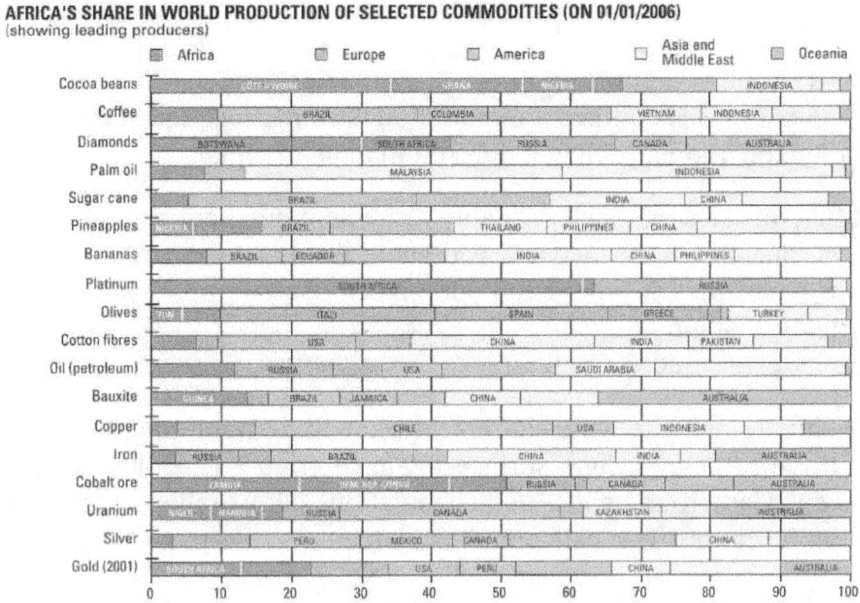

Cf. Africa Atlases / Cameroon p.27 – Les éditions du J.A.

La production agricole camerounaise fin 2005 s'établissait comme suit :

- *Huile de palme :* 50.000 tonnes cultivées sur 180 hectares dont 120 hectares de grandes plantations industrielles et 60 hectares de plantations modestes (dont 40 hectares seulement sont productifs).
- *Cacao :* 162.220 tonnes contre 110.000 en 2000
- *Café :* Arabica 4.569 tonnes contre 9.369 tonnes en 2001 / Robusta 34.613 tonnes contre 60.276 tonnes en 2001
- *Bananes :* 257.510 tonnes uniquement par la compagnie fruitière de Marseille et la CDC.
- *Coton :* 3004.053.000 tonnes sur 215.027 hectares de plantations (le Mayo Rey et la Bénoué assurant 50% de la production).

Les chiffes à l'exportation montrent d'une part une chute de 16% de la production en 2002 et d'autre part le cacao et le café comptent pour 28% des exportations hors pétrole[52].

Ces observations confortent la conclusion selon laquelle l'absence de leadership dans les cultures d'exportation présente un risque certain du fait de l'exposition aux fluctuations du marché mondial.

En effet, le cacao et le café, cultivés essentiellement au Sud et à l'Ouest, qui pèsent de façon considérable dans nos exportations hors pétrole, voient leurs productions dominées par une poignée de pays dans une situation quasi monopolistique qui met en péril les petits producteurs tels que le Cameroun.

Cette situation résulte donc clairement d'un choix politique puisque la Côte d'Ivoire possède une surface totale inférieure (322.000 km2) à celle du Cameroun pour une population comparable autour de 20.000.000 et un PIB sensiblement équivalent.

Ainsi, la spécialisation de la Côte d'Ivoire dans la production d'une denrée à fort potentiel relève d'un choix judicieux de politique agricole puisque ce dernier associé au Ghana et au Nigeria assure environ 66% de la production totale mondiale, faisant ainsi du cacao le produit agricole africain par excellence.

L'Afrique grâce à ce trio est en position dominante dans ce domaine.

Ce qui, dans un contexte de division internationale du travail et de spécialisation des pays sur des « core business », résulte dans les faits en la répartition suivante à laquelle chacun pourra opiner : l'Occident (Japon inclus) produit les technologies et la conception, l'Asie manufacture, l'Amérique latine produit les denrées, l'Afrique et le Moyen-Orient les matières premières.

Or, cet ordre mondial qui correspond davantage à la situation entre la fin de la Deuxième Guerre mondiale et la chute du mur de Berlin n'est pas immuable et connaît des évolutions importantes puisque certaines régions du monde, dont l'Asie, ont su tirer profit d'un

52 In Africa Atlases : Cameroon ; éditions du JA p.86.

transfert de technologie qui les rend de moins en moins dépendantes de l'Occident dans ce domaine , même si l'innovation en est encore largement l'apanage, tandis que ce dernier s'est désindustrialisé au profit de l'Asie essentiellement ainsi que de l'Amérique latine dans une moindre mesure et notamment dans le cadre des accords de libre-échange au sein du NAFTA des années 1990.

L'Asie, et singulièrement la Chine apparaît comme la super puissance émergente puisque elle seule a su maintenir son avantage stratégique dans la manufacture tout en gagnant du terrain dans les technologies, tandis que toutes les autres régions du monde se sont cantonnées dans leurs activités principales qui sont même, dans certains cas, sur le déclin.

Le paradigme de l'Afrique et plus particulièrement du Cameroun est éloquent puisque, comme nous l'avons expliqué, à la détérioration des termes de l'échange (jusqu'à 50% entre 1985 et 1989) succèdera une chute de la production qui culminera à 12% au début du millénaire.

Certes, dans la même période, les revenus du pétrole progressent et ce d'autant plus grâce à l'oléoduc tchado-camerounais, mais les réserves camerounaises au rythme de production annuelle de 5 millions de tonnes en 2002 devraient être épuisées dans une trentaine d'années, compte tenu des réserves exploitées (Rio del Rey, Limbé et Lokélé) et estimées à 200-900 millions de barils dans le bassin Douala-Kribi-Campo et à 100-300 millions de barils dans le Logone-birni[53].

Or, le secteur de la production pétrolière lui aussi est dominé par l'Arabie Saoudite, la Russie et les Etats-Unis, d'où l'exposition là aussi du Cameroun, qui ne fait par ailleurs pas partie de l'OPEP au contraire du Nigéria voisin, aux fluctuations des prix sur les marchés mondiaux.

Force est donc de constater que la nécessité de dominer à terme un domaine de production dans le cadre d'une division internationale du travail devrait être la priorité stratégique du Cameroun.

[53] Ibidem.

Or, compte tenu des réserves minières relativement dérisoires en comparaison d'autres pays ainsi que de l'écrasante supériorité technologique du duo Occident-Asie, notre seul objectif réaliste c'est la compétition avec l'Amérique latine (Equateur pour la banane, Colombie pour le café, etc.) et certains pays asiatiques (Malaisie, Indonésie pour l'huile de palme, Vietnam pour le café, etc.) pour la suprématie dans le domaine agricole.

A l'heure actuelle ni le café, ni la banane, ni l'huile de palme, ni le coton, qui constituent des cultures dont nous maîtrisons les fondamentaux, même si dans l'imaginaire populaire ces denrées sont parfois perçues comme l'apanage de l'Afrique, ne jouent ce rôle pour le continent (Cf. figure 3.)

Nos productions, quoique considérables à notre échelle, restent dérisoires à l'échelle mondiale. Phénomène qui pourrait être maîtrisé par une plus grande efficience et par une expansion des cultures en question sur un territoire qui est largement inexploité.

Il est certes vrai que la Côte d'Ivoire, au péril de l'écologie, a déboisé une grande partie de son territoire de sorte que la forêt primaire représente actuellement environ 2% du territoire (soit une réduction de la zone forestière de plus de 60% depuis les Indépendances, passant de 16 millions d'hectares à moins de 10 millions d'hectares). Mais cette stratégie semble s'inscrire dans un remplacement de la rente forestière par des revenus agricoles plus traditionnels.

L'abattage aux fins agricoles est une pratique courante dans l'Ouest du Cameroun, qui gagnerait peut-être à être étendue à l'ensemble du territoire, même si les théories du réchauffement climatique et de la préservation de la biodiversité incitent à une certaine prudence, sans cesse rappelée par les nombreuses organisations écologistes.

De cette observation, il vient que le second problème de l'agriculture lié au premier est celui de son exploitation trop limitée, compte tenu notamment des nombreuses terres en friches ou en forêt.

L'exploitation de ces espaces vierges est compromise par l'intérêt économique que représente l'agriculture pour les Camerounais ainsi que par sa perception sociale.

En effet, l'agriculture avec l'élevage, la pêche et la cueillette est perçue comme la « vieille » économie ou l'économie traditionnelle, alors que les jeunes sont attirés par la modernité des activités des grands centres urbains et quittent les campagnes en masse de sorte que la population des zones urbaines est estimée équivalente à celle des zones rurales ; la réalité cependant est sans doute plus accablante.

Ce phénomène d'exode rural, qui a pris une ampleur considérable, jamais démentie depuis les Indépendances, est alimenté par le fossé économique qui sépare les paysans des citadins.

La ville est perçue comme un eldorado d'opportunités alors que la campagne est vécue comme un mouroir.

Ce paradoxe fondamental de l'économie camerounaise, qui repose essentiellement et historiquement sur son agriculture mais où les agriculteurs sont plus pauvres que les autres professions économiques relève de l'aberration économique.

La question de la part du paysan dans la chaîne de valeurs est ainsi clairement posée et doit être résolue pour garantir une croissance soutenue et durable de l'économie camerounaise.

Le tableau ci-dessous donne une idée de l'ampleur consternante du phénomène :

Tableau 1. *Incidence et contribution à la pauvreté par groupe socio-économique en zone rurale en 1996 (en %)*

	Rural forêt		Rural Hts plateaux		Rural Savane	
	Incidence	Contrib	Incidence	Contrib	Incidence	Contrib
Cultivateurs produits d'exportation	64	49	74	74	64	46
Cultivateurs produits vivriers	61	49	43	14	53	49
Autres ruraux (non cultivateurs	23	2	62	12	38	5
Ensemble	64	100	66	100	57	100

Source : Enquête camerounaise auprès des ménages, 12/1997, Direction de la Statistique et de la Comptabilité Nationale

La réponse est évidente, les paysans, à moins d'être organisés en coopérative ou autre structure d'association, n'ont jamais bénéficié de l'amélioration des termes de l'échange ; principalement parce que ces derniers, privés d'accès au marché mondial et tributaire pour cet accès des grandes structures étatiques des années 70 dont l'ONCPB, censé commercialiser la production et réguler les prix, ont été spoliés par l'expansion bureaucratique excessive résultant en une perversion fondamentale de l'allocation des recettes.

Le paysan indépendant n'est pas un ouvrier mais reçoit à terme la part plus ténue de l'ouvrier et découragé cesse de produire pour l'exportation et se recentre sur les cultures vivrières ; ainsi peut être résumé le cercle vicieux dans lequel est piégée l'économie camerounaise.

En conséquence, le problème de l'agriculture avec ses offices de commercialisation et autres caisses de stabilisation destinés à réguler les recettes d'exportations mais qui, par pression excessive sur la part revenant aux paysans, rendront l'agriculture impopulaire et l'administration très attrayante, selon le schéma classique des luttes de classes, c'est le statut de l'agriculteur et notamment son accès au capital ! Bref c'est la stratégie nationale agricole !

Le paradigme de la SODECAO qui avec d'autres entreprises : « a longtemps été géré comme la caisse noire des présidences »[54], entendez les clans et réseaux présidentiels et plus généralement les élites ethniques, est éloquent à ce sujet.

Le magazine *Jeune Afrique* Economique rapportera les conclusions des experts de la Banque Mondiale qui mettaient en évidence les malversations au sein de la SODECAO qui s'appuyait sur un réseau de fournisseurs fictifs, sur des surfacturations excessives pouvant atteindre 300%, sur des commandes irrégulières, sur des recrutements fantoches etc.[55]diminuant d'autant la part des paysans.

---

[54] In *dossiers noirs de la politique africaine de la France N°7* par Agir-Ici Survie chez l'Harmattan ; p.16 : tiré de A Glaser et S. Smith: L'Afrique sans Africains, Stock 1994, p;98 et 99.

[55] *Jeune Afrique* Economique du 25/01/96 p. 53.

L'ONCPB n'était pas en reste puisque, créée en 1976 dans le cadre d'une économie planifiée et censée mutualiser les efforts des producteurs camerounais de coton, cacao, et café pour une meilleure efficacité à l'exportation, elle s'avèrera elle aussi être une structure monopolistique virtuellement privatisée par la bureaucratie néocoloniale qui vivait grassement sur le dos des paysans mal payés, voire pas payés du tout, tandis que villas et autres atours de la modernité florissaient autour d'eux ; pour un résultat que chacun sait de 30 milliards de CFA de déficit à la fin de la décennie 1980.

Les méthodes d'exploitation, la mécanisation, l'accès au capital

Plus en détail l'approche stratégique pour autant qu'on puisse utiliser ce terme dans un domaine où il semble faire défaut, c'est l'exploitation agricole rudimentaire et artisanale aux fins de couvrir les besoins alimentaires immédiats des exploitants et si possible d'écouler le surplus de production sur la place du marché.

Ce mode d'exploitation, qui est de loin le plus répandu et de manière générale l'activité économique principale du pays, qui quoiqu'informelle occupe environ 50% de la population, contre 40% dans diverses sortes de commerces et petits boulots et seulement 10% dans le public et le privé plus formel, paradoxalement donne le ton à l'économie[56].

En effet, s'il convient de distinguer agriculture de rente et agriculture vivrière, même cette dernière fait référence davantage au mode d'exploitation et à la destination des produits qu'à l'usage privé ou à fin commercial, alors de cette distinction procède un clivage entre grandes plantations et petits exploitants agricoles.

Malheureusement ce clivage se traduit en termes économiques dans des proportions astronomiques ; et pour cause l'agriculture de rente fait référence au marché mondial (banane, huile de palme, hévéa, café, coton, thé, cacao) tandis que l'agriculture vivrière fait référence au

56 Africa Atlases / Cameroon p.98 – *Les éditions du J.A.*

marché local et dans une certaine mesure sous-régional (macabo, manioc, ignames, patates, pommes de terres tubercules en général, plantains, tomates, haricot, féculents et légumes divers, fruits tropicaux, mil, sorgho, riz, huile d'arachide, etc.), or, cette dernière représente 97% de l'ensemble des exploitations agricoles soit 5.200.000 (moins d'un hectare) sur un total de 5.300.000 exploitations selon l'Association Camerounaise pour la Défense des Intérêts Collectifs (ACDIC).

Ainsi une solution d'ensemble ne saurait être pertinente et le problème nécessite l'adoption de stratégies différentes en fonction des objectifs.

La solution se trouve sans doute dans un transfert de technologies d'exploitation entre les grandes exploitations couvrant plusieurs centaines d'hectares (CDC, SOCAPALM, SAFACAM, HEVECAM, SODECOTON, PAMOL, SPFS, SPNP/PHP/SBM, SoSuCam, etc.) qui représentent donc 3% de la masse totale d'exploitations agricoles mais pèsent lourdement dans le PIB hors pétrole (le cacao et le café y comptent pour 28% ; la CDC est le deuxième employeur après l'Etat).

L'évidence de cette observation est qu'on a là une notion de rationalisation et d'efficience confirmée par le fait que ces entreprises font partie de grands groupes internationaux rompus au capitalisme ultralibéral, et ce depuis la vague de privatisation des années 1990.

L'exploitation agricole est très demandeuse en capital et ces grands groupes contrairement aux petits paysans disposent de véritables trésors de guerre dans ce domaine, d'où les gros investissements et les rendements proportionnels.

Ainsi, donner une direction à l'agriculture camerounaise, définir une véritable stratégie et la mettre en œuvre est avant tout une affaire de capitaux bien investis et l'évidence de l'absence de stratégie dans ce domaine crève les yeux. J'en veux pour preuve le fait que, malgré une évolution des comportements alimentaires qui s'alignent de plus en plus sur les standards internationaux (le riz et le pain issu de la farine de blé sont des aliments de base), le Cameroun ne produit toujours pas de blé, l'essentiel du riz consommé est importé et le poulet surgelé a longtemps mis en péril la survie de l'élevage camerounais.

Le problème du riz est éloquent à ce sujet car en 2011 le Cameroun aurait importé 545.000 tonnes de riz pour un moment total de 145 milliards de CFA alors que le pays dispose de 240.000 hectares de surfaces appropriées pour cette culture, desquels seulement environ 25.000 sont exploités dont 13.000 par la SEMRY à Yagoua, 3000 par la UNVDA à Ndop, et le reste à Santchou, Nanga-éboko et Kousséri. De sorte qu'au final malgré l'estimation selon laquelle l'exploitation de 50% seulement des surfaces disponibles suffirait à couvrir les besoins en riz de l'ensemble de la sous-région CEMAC au détriment du riz d'Asie, le Cameroun ne produit toujours qu'à peine 20% de sa consommation totale de cette denrée[57].

Une rationalisation appropriée dans ce domaine permettrait aux quelque 12000 exploitants de couvrir un hectare en une heure contre une moyenne d'une semaine actuellement tout en triplant la production par hectare. Certaines initiatives sont prises dans ce sens mais demeurent trop peu nombreuses et trop ponctuelles puisqu'exécutées en dehors de toute stratégie de développement durable et significatif.

Les « émeutes de la faim » de février 2008 témoignent de cette aberration fondamentale qui veut qu'un pays disposant des ressources (sol, climat, main-d'œuvre) pour couvrir ses besoins nutritionnels reste à la traîne dans ce domaine et persiste à importer si largement les vivres de première nécessité.

Ainsi, outre l'amélioration des conditions d'exploitation des aliments traditionnels de base, c'est également l'adaptation des cultures aux habitudes de consommation des Camerounais qui pose problème et trahit le laxisme de l'administration qui incite tacitement à la consommation de produits importés, qui plus est lorsqu'on sait que ces nouvelles habitudes importées de consommation sont principalement le fait des élites qui servent d'antichambre de l'étranger en ce domaine.

L'échec du gouvernement dans le domaine de l'agriculture tient donc à son incapacité à faire passer l'agriculture traditionnelle très demandeuse en travail (labour intensive) à une agriculture moderne fortement mécanisée et rationalisée, très demandeuse en capital (capital intensive).

---

[57] In *Cameroon Tribune* du 22/11/2012: Rice importation increasing trends can stop! Par Lukong Pius Nyuymile.

La solution serait de trouver un moyen de doter les agriculteurs des moyens de production modernes afin d'une part d'encourager l'expansion de l'agriculture par accroissement optimal des capacités de production (surfaces) et d'autre part de propulser la rentabilité de celle-ci vers des sommets encore à explorer.

Pareille rationalisation optimiserait le point d'équilibre entre l'offre et la demande nationales voire sous-régionales. Mais dans un pays pauvre c'est une question de choix stratégiques. Les moyens sont limités pour prendre des initiatives significatives dans ce domaine alors il faut être ingénieux !

Rapprocher le capital du travail en l'occurrence ne serait pas vain, dès lors que c'est une question de volonté politique et de vision stratégique ; toutes choses qui semblent manquer dans un pays trop habitué à l'aide extérieure.

Ainsi, les cultures endogènes, destinées à la satisfaction des besoins de consommation plus traditionnels sur les marchés africains et les cultures modernes, qui s'imposent progressivement comme des aliments de base, pourraient prospérer aux côtés d'une agriculture de rente ou d'exportation plus agressive et plus spécialisée.

Certes, la question de la mécanisation est connue des autorités mais 50 ans après les Indépendances, selon les estimations officielles, l'agriculture est mécanisée à raison de 0,84 tracteur par 100 hectares alors qu'elle occupe toujours plus de 75% de la population active[58]. C'est dire que tous les efforts de mécanisation initiés par le gouvernement ont échoué et ce notamment parce que la multitude des initiatives de financement d'une ambitieuse politique agricole se sont bornées à des distributions très sélectives d'un capital atomisé à des millions d'exploitants, essentiellement pour pérenniser des modes de production habituels ou au mieux légèrement améliorés par l'emploi d'outils bon marché, de pesticides ou de fertilisants, voire pour financer le déficit des finances personnelles des exploitants ; l'argent ainsi reçu étant alors employé à couvrir des besoins domestiques immédiats.

---

[58] In *Cameroun Vision 2035* (Version 2009) p.22-25: de la Division de la Prospective et de la Planification Stratégique du Ministère de l'Economie, de la planification et de l'aménagement du territoire.

Pareil saupoudrage du crédit ne sert clairement pas la vision d'une agriculture intensive à fort rendement. C'est donc que le problème c'est la masse de capital disponible et son emploi. Or, le pays est pauvre et les capitaux nécessaires sont inexistants, d'où la nécessité d'une ingénierie financière particulièrement créative et innovante pour accélérer le passage d'une agriculture traditionnelle à une agriculture moderne ultra-productive par une mécanisation agressive.

A cet égard, certains produits et montages financiers bien connus dans des pays plus développés pourraient inspirer et crédibiliser la définition et l'implémentation d'une nouvelle finance camerounaise extrêmement liquide et par conséquent facilitant l'accès de toutes les bonnes volontés aux moyens de production les plus sophistiqués de notre époque.

Or, ce qui a été fait jusqu'à présent en passant par le Fonader et le Crédit Agricole, dont les illustrations ci-dessous montrent les limites en spécifiant leurs natures, relève d'une finance basique, voire archaïque, et en tout cas inadaptée aux besoins réels de l'agriculture camerounaise et de son économie dans son ensemble.

D'ailleurs, bien avant ces structures de crédits aux jolis bâtiments imposants, existait déjà la tontine qu'ils n'ont jamais su surpasser et ainsi ils se sont bornés à jouer les distributeurs de chèques et billets qu'ils n'ont naturellement jamais pu recouvrer ; et pour cause, les Camerounais ne leur faisaient pas confiance, les paysans se parlaient entre eux mais ne parlaient pas aux médiocres banquiers de détail qu'ils soupçonnaient d'être une agence de renseignement du fisc camerounais.

Ainsi, la confiance mutuelle inexistante a jeté les bases de l'escroquerie et de la duperie, les microcrédits étaient acceptés, voire sollicités mais détournés à des fins privées et rarement remboursés. La banque en un sens y trouvait son compte puisque ses objectifs de crédit étaient améliorés mais les sommes étaient distribuées à fonds perdus et chacun le savait. Dès lors la faillite était inéluctable.

Cette situation typique d'une incohérence stratégique, où les objectifs à court terme sont en contradiction avec des objectifs ultimes à long terme, puisque pour des raisons sans doute de gesticulation politique les banquiers doivent distribuer le crédit aux populations sans que cette action soit véritablement encadrée pour atteindre les objectifs d'intensification des cultures, s'est traduite par la faillite de ces structures qui, contrairement à leur objet social, faisaient du microcrédit relayé dans certains cas par les coopératives dont l'UCCAO.

Pareille forme de crédit parfaitement inutile n'aura en définitive servi qu'aux détournements divers par les cadres des structures en question et les élites locales. L'argent en définitive ne venait-il pas de l'étranger pour moderniser l'exploitation des cultures pérennes, dans un accès d'irresponsabilité, pour que les structures de distribution survivent, elles devaient jouer le rôle qui leur était confié, à savoir faire circuler les billets quitte à disparaître ultimement. Naturellement, chacun aura touché un peu de cette manne mais l'agriculture camerounaise sera restée au point mort pendant que l'Amérique latine et surtout l'Asie du Sud-Est prospéraient dans le domaine.

En conséquence de ce crédit inadéquat qui s'est borné à jouer un rôle que jouaient déjà les tontines, entendez le microcrédit de financement des microprojets ou d'acquisition des équipements de base pour une agriculture traditionnelle surtout vivrière, alors qu'il y avait tellement d'autres formes et méthodes de financement ambitieux et ingénieux d'une agriculture intensive à explorer, le capital inconsciemment saupoudré l'aura été en pure perte ; la logique d'investissement étant annihilée par le dérisoire des sommes distribuées et par l'absence de direction ou de stratégie claire.

La nature ayant horreur du vide et sachant leur action inutile, les « professionnels » du crédit, par opposition au crédit informel ci-dessus évoqué, se sont servis sur la bête, notamment par la corruption, selon la logique qui veut que l'argent devant être distribué, il ne leur restait plus qu'à sélectionner les bénéficiaires de cette « aide » par prélèvement d'une commission occulte illicite, ainsi la corruption s'est généralisée et la perspective de revoir les fonds s'est évaporée!

Le problème était dans la conception même des formes de crédit appropriées, celles-ci ayant été négligées, ce sont les fondations même de la maison qui posaient problème, de sorte que chacun savait que l'édifice était précaire et incapable d'assumer sa mission.

Car, à défaut de pouvoir penser le développement agricole, l'anticipation stratégique a cédé le pas à la réaction politique dans l'aberration économique, là également il était question de dissimuler la réalité, de repousser l'échéance d'une faillite annoncée dès la fin de la décennie 1980 et l'illusion du crédit servait cette seule fin.

C'est que les réjouissances de postindépendance n'ont jamais cessé, que l'aspiration légitime des populations locales à quitter leurs vêtements d'indigènes pour ceux plus coquets de leurs anciens maîtres ne s'est jamais traduite en efforts productifs mais s'est bornée à la consommation mimétique soutenue par le crédit ; la planche à billets servant à colmater les brèches d'une politique incohérente et foireuse.

L'agriculture, principale économie du pays, n'était pas en reste puisque, comme nous le voyons dans les figures qui suivent, sans doute par acquis de conscience, l'Etat donnait ainsi aux paysans, spoliés dans le cadre du partage de la rente au profit de la bureaucratie des caisses de commercialisation et/ou de stabilisation, l'occasion de se « refaire » par le crédit sans lendemain.

Tableau 2 : *Prévisions et réalisations de crédit du FONADER entre 1979/80 et 1983/84 (en millions de FCFA)*

Année	**Prévisions**	**Réalisations**	**Taux réalisé**
1979/1980	2350	2056	87,49%
1980/1981	2379	2178	91,55%
1981/1982	4701	1950	41,48%
1982/1983	4642	2199	47,37%
1983/1984	5300	1988	37,51%
Total	**19372**	**10371**	**53,54%**

Sources : Archives du FONADER

Tableau 3 : *Evolution des impayés entre 1983 et 1985 à l'agence FONADER de l'OUEST (FCFA).*

Année	**Sommes Dues**	**Sommes Recouvrées**	**Taux de Recouvrement**
1982/1983	204 846 841	60 859 835	29,71%
1983/1984	256 441 442	38 266 990	14,92%
1984/1985	376 653 458	143 806 785	38,18%
ToTal	**837 941 741**	**242 933 610**	**28,99%**

Source Agence du FONADER à Bafoussam

L'innovation dans les agro-industries

Le développement de l'agriculture passe également par les agro-industries mais là également, malgré les différentes institutions de recherche dans le domaine et l'existence d'une université à Dschang, les agro-industries sont elles aussi visiblement toujours au point mort malgré quelques initiatives sans lendemain les produits finis de cette filière industrielle manquent singulièrement d'originalité même au regard des modes strictement locales qui sont de plus en plus calquées sur les normes mondiales en ce domaine.

Selon une étude de l'INS publiée en 2009, il apparaît que seulement 17% des entreprises agroalimentaires intègrent les résultats des recherches dans le domaine dans leurs processus.

Par ailleurs, il a été rapporté que les chercheurs camerounais dans le domaine agricole auraient mis au point un pain contenant 80% de farine de blé et 20% de farine de manioc ou de patate, mais celui-ci n'a jamais pu pénétrer le marché local[59], alors que l'importation de

[59] In Cameroun Etats des lieux et perspectives d'avenir de Bernard Puepi chez l'Harmattan, p.90.

farine de blé n'a jamais cessé de tirer la balance commerciale vers le déficit.

Ce type d'initiative confirmée par l'originalité des produits présentés lors des fameux comices agropastoraux malheureusement de plus en plus rares témoigne de l'existence d'un effort insuffisant et peu soutenu dans ce domaine qui pourrait propulser l'économie camerounaise dans une nouvelle dimension au moins sur le plan sous-régional par introduction de produits nouveaux, de saveurs nouvelles, etc. s'assurant ainsi une marge de compétitivité par l'innovation.

Un exemple intéressant est également celui de la pisciculture qui, introduite dans les années 1970 avec l'appui de la coopération technique américaine, n'aura pas reçu le soutien populaire et sans doute politique nécessaire à son essor.

Ainsi, l'alimentation de base locale n'a évolué que dans le sens de l'importation de produits issus de l'innovation agro-industrielle étrangère, là encore sans appropriation de ceux-ci, de sorte que le Cameroun s'est confiné dans un rôle de consommateur, par l'achat, puis par l'emprunt et finalement par l'aide.

L'agro-industrie camerounaise a donc marqué le pas sur place et se résume comme dans les années 1970, voire antérieurement, au brassage de la bière de maïs, à la transformation d'huile de palme, de coton, d'arachide, à la production de sucre et de quelques confiseries, au conditionnement des haricots verts, etc. ; alors que pendant la même période le Nigéria est devenu notre premier fournisseur devant la France totalisant près de 27% de nos importations contre moins d'1% en 1960[60].

L'absence de stratégie dans ce domaine est là aussi flagrante puisque les initiatives n'aboutissent jamais à une transformation structurelle significative du marché local, sous-régional, voire international, et ce faute de volonté ou de vision politique adaptée aux exigences de la croissance économique camerounaise.

---

[60] In *Cameroun Vision 2035* (Version 2009) p.58 : de la Division de la Prospective et de la Planification Stratégique du Ministère de l'Economie, de la planification et de l'aménagement du territoire.

Le partenariat entre les grandes entreprises opérant dans le secteur, les universités et instituts de recherche, l'État, les partenaires techniques et financiers étrangers, est certes évoqué mais n'a jamais été à la hauteur des espoirs qu'il a générés, de sorte qu'en février 2008 les émeutes de la faim ont exposé la réalité de la dépendance alimentaire du Cameroun vis-à-vis du monde extérieur et contraint le gouvernement à réactiver l'ancienne politique des subsides à la consommation de produits importés aggravant ainsi le déficit mais dans un contexte politique si explosif que l'impératif de l'assainissement des finances publiques une fois encore ou de trop céda le pas à l'illusionnisme financier ; selon le schéma éprouvé qui s'articule de la manière suivante :

Figure 2 : *Cercle vicieux du sous-développement*

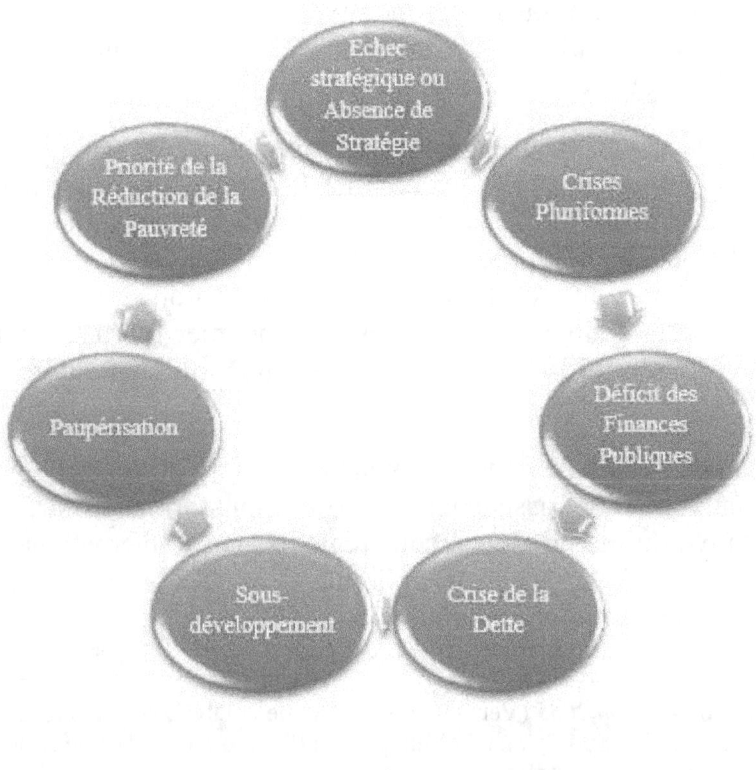

La figure ci-dessus illustre comment l'absence de stratégie ou l'échec stratégique engendre ou aggrave la pauvreté qui rend ensuite impossible toute stratégie de développement puisqu'il devient impératif de répondre à des crises diverses et variées dont l'urgence exige l'emploi de moyens exceptionnels, y compris l'abandon de l'investissement public au bénéfice de la dépense publique qui dans un contexte de récession aggrave le déficit et accroît le service et l'amortissement de la dette qui paupérise le pays et le rend durablement tributaire de l'aide extérieure et donc incapable d'articuler une politique ambitieuse.

En conséquence, la gestion de l'Etat consiste dans les déplacements des problèmes entre les articles budgétaires, comme dans un exercice de prestidigitation financière où le peuple doit alors essayer de deviner sous quel pot a été glissé le problème, ça lui prend du temps et le gouvernement en gagne.

L'infrastructure

Compte tenu des infrastructures développées au Cameroun avant les Indépendances et la présente situation infrastructurelle du pays, l'on peut conclure que le Cameroun d'après les Indépendances s'est pour l'essentiel contenté de faire de la rénovation et très peu de développement.

Avant d'aborder la question des Technologies de l'Information et de la Communication ainsi que les télécommunications, devenues indispensables au commerce mondial et de plus en plus sollicitées pour le commerce national, et qui nécessitent l'existence d'un réseau physique (câbles : électriques, numériques, analogiques, fibres optiques, satellites et terminaux de réception, etc.), un tour d'horizon des principales infrastructures à vocation économique existantes dans le pays permet de dégager les observations suivantes.

Du point de vue des Aéroports et Aérodromes, les 18 principaux existaient déjà avant l'autonomie interne et les plus anciens dont ceux de Yaoundé et Douala ont été créés sous le mandat français en 1938.

Ces infrastructures, qui sont gérées pour les principaux à savoir ceux de Douala, Yaoundé, Garoua, Maroua, NGaoundéré, Bertoua et Bamenda par les Aéroports Du Cameroun depuis 1998, société anonyme d'un capital dérisoire de 177 millions de FCFA, n'ont clairement été que légèrement rénovées en fonction de leur usure et aucun développement nouveau n'a succédé à l'avènement des Indépendances, certes, le niveau de trafic aérien national et international ne semble pas nécessiter de nouvelles structures et dans un pays en proie à des difficultés économiques l'on imagine mal la construction de structures additionnelles mais tout de même ce statu quo est toujours économiquement un signe annonciateur d'une récession ou la marque d'une crise en cours.

Ainsi, le fait que le Cameroun n'ait pas accru significativement son trafic intérieur et extérieur alors que, depuis les Indépendances sa population a quadruplé et que manifestement les phénomènes migratoires se sont amplifiés à la sortie et à l'entrée, est une incongruité économique qui révèle une absence d'initiative dans le domaine aérien, pourtant économiquement très prometteur.

De fait, le secteur aéronautique n'a pas connu un essor significatif dans le sillage du boom de l'aviation civile mondiale d'après la Seconde Guerre mondiale (accords de Chicago de 1944) ; la seule compagnie aérienne nationale créée en 1971 à savoir : la Cameroon Airlines n'aura jamais été bénéficiaire et aura souvent été un sujet d'inquiétude politique tant l'échec dans ses missions de transport a créé des vexations dans le pays. Depuis 2010 ladite compagnie a par décret présidentiel été confiée aux Européens pour le management ; signant ainsi l'échec total du pays en matière d'aviation.

Du point de vue des Ports la situation n'est pas différente puisque l'essentiel des infrastructures existantes date d'avant les Indépendances, même si, en raison des importants gisements de gaz et de pétrole découverts dans le département de l'Océan, ainsi que de la présence du terminal de l'oléoduc tchado-camerounais, la ville de Kribi, qui disposait déjà d'un port issu de la période d'avant les Indépendances, est actuellement le théâtre du développement d'un port en eaux profondes dont le financement s'appuie largement sur l'aide extérieure intéressée par les ressources naturelles environnantes comme à la belle époque.

Ainsi, les ports de Douala sur le Wouri, quoique rénovés et agrandis de terminaux supplémentaires financés par l'aide extérieure et concédés à des groupes étrangers tels que Bolloré, de Limbé sur l'océan et de Garoua sur la Bénoué, datent tous de la colonisation allemande. Celui de Douala, considéré comme guichet unique de l'export/import au Cameroun qui dessert non seulement le pays mais également les pays de la CEMAC n'ayant pas accès à l'océan à savoir le Tchad, la République Centrafricaine et le Nord du Congo, a donc été concédé en grande partie aux investisseurs étrangers puisque le pays est incapable de l'exploiter à profit. La logique de la rente est donc présente là aussi, or, pour maintenir ou améliorer sa situation stratégique face à la concurrence des autres principaux ports du Golfe de Guinée (Lagos et Abidjan), le port de Douala, guichet unique du commerce extérieur du Cameroun, devrait procéder à des développements importants dans le sens de l'accueil des gros navires, notamment par le dragage plus effectif du chenal.

Du point de vue des chemins de fer, le Cameroun possèderait un bon millier de kilomètres de voies ferrées, qui n'ont changé depuis les Indépendances que pour être réduits au strict minimum économiquement justifié. En effet, en 1938, le Cameroun comptait environ 480 km de rails dont les lignes Douala-Nkongsamba (172 km), Tiko-Limbé, Douala-Edéa que les Français ont prolongées à Eséka, Yaoundé (307 km), Obala, Mbalmayo, Bertoua et Ngaoundéré. L'arrivée du groupe Bolloré dans le cadre des privatisations des années 1990 et singulièrement celle de la RegieFerCam devenue Camrail en 1999 auront consacré la disparition des lignes Yaoundé-Bertoua-Ngaoundéré commercialement non viables et la suppression de nombreuses gares sur la ligne Yaoundé-Douala de même qu'une réduction du nombre de voyages. Là également les investisseurs locaux et encore moins l'Etat se sont avérés incompétents ou incapables de tirer profit d'infrastructures héritées d'une période où le Cameroun d'alors comptait une population chiffrée à moins d'un quart de la présente. Cette régression plus marquée que les autres, notamment du fait de la réduction des lignes, atteste de l'incapacité du pays à gérer et assurer l'expansion du transport ferroviaire (malgré des tentatives de densification dont celle du « Transcamerounais » [Cameroun-Tchad] aux Indépendances ou de la ligne Mbanga-Koumba) qui prospère pourtant dans les pays développés depuis toujours. Il est pourtant aisé de concevoir que pareil transport de masse pourrait dans des conditions de gestion optimale assurer de manière économiquement raisonnée un service désormais en décrépitude ; on estime en effet à plus de 20 milliards de CFA/an le montant des économies réalisées par les filières clientes[61] ; qui plus est, une étude montre que le coût de transport d'une tonne/km en 2000 se chiffrait à 17 FCFA pour le ferroviaire, contre 40 F CFA pour le semi-remorque, 165 F CFA pour la camionnette, 300F CFA pour le fluvial et la pirogue et 1600 FCFA pour le portage[62]. Ainsi pour un réseau déjà en surcapacité, ceci suggère clairement des opportunités de développement potentiellement très intéressantes.

De plus, du tableau de l'AFD ci-dessous il ressort une prépondérance du trafic ferroviaire dans l'ensemble du trafic de marchandises au Cameroun entre 1999 et 2000 ; plus marquée pour certains types de marchandises, pour lesquels il couvrirait jusqu'à 90% du trafic total selon les projections comme dans le cas de l'alumine, et environ 80% dans le cas du coton, de la farine ou des céréales.

---

[61] In *la chaîne des transports au Cameroun: évolutions récentes et nouvelles problématiques* par Bertrand Savoye (Département des politiques et études/Division de la macroéconomie et des études AFD) p.2.

[62] Ibidem p.4.

Tableau 4 : *Perspectives d'évolution des parts de marché du rail (pdm rail) pour le fret de marchandises sur l'axe central, en milliers de tonnes*

	1997/98			1999/00			Régime de croisière				
	Rail	Total	Pdm Rail	Rail	Total	Pdm Rail	Rail		Total	Pdm Rail	Pdm Rail
							Scén bas	Scén haut		Scén bas	Scén haut
Grumes	363	2 070	18%	346	1 484	23%	300	350	1 140	26%	31%
Bois sciés	44	328	13%	86	707	12%	100	150	800	13%	19%
Hydrocarbures	299	383	78%	345	428	81%	300	400	450	67%	89%
Matières premières Alucam	134	250	54%	39	250	16%	147	147	250	59%	59%
Matériaux de construction	29	189	15%	47	212	22%	148	148	230	64%	64%
Coton	135	180	75%	131	170	77%	120	140	170	71%	82%
Aluminium et Tôles	8	82	10%	1	80	1%	30	30	80	38%	38%
Sucre	12	86	14%	44	90	49%	30	50	100	30%	50%
Farine + Céréales	99	142	70%	82	102	80%	80	100	120	67%	83%
Engrais	65	118	55%	62	115	54%	65	65	120	54%	54%
Autres marchandises	238	1 105	22%	249	1 150	22%	250	300	1 200	21%	25%
TOTAL	**1 426**	**4 933**	**29%**	**1 467**	**4 833**	**30%**	**1 570**	**1 880**	**4 660**	**34%**	**40%**

Source : AFD

Du point de vue des Ponts et Chaussées, le Cameroun compte 50.000 km de routes dont 10% seulement seraient bitumées, de plus, 43% de ce réseau serait classé non prioritaire sous-entendu ne nécessitant pas d'intervention urgente de la part de l'Etat. De nombreuses routes en zones rurales sont maintenues par les entreprises privées en fonction de leurs intérêts.

Ceci étant, le Cameroun depuis les Indépendances a développé de nombreuses routes sans parfois se soucier de l'utilité économique. En effet l'on a coutume de dire au Cameroun que : « là où la route passe le développement suit ! » ce qui suppose que l'utilité économique de la route se vérifie en aval et pas en amont. Une telle logique d'investissement dans le réseau routier, qui, quoi qu'il en soit, n'est pas bien doté puisque seulement 10% de celui-ci est bitumé (dont seulement à peu près 20% est considéré en bon état) à ce jour, ouvre la voie à toutes sortes de gaspillages voire de détournements de l'argent du contribuable camerounais et de l'aide étrangère. Le développement relève du social et suppose un confort économique, c'est donc ce dernier argument qui comme à l'époque coloniale devrait justifier les investissements et non le clientélisme, la préférence ethnique, les trafics d'influences, ou les détournements de deniers publics déguisés et autres aberrations politiques.

Le réseau routier camerounais permet la liaison intramuros et dans certains cas l'ouverture à la sous-région, notamment par les lignes Ebolowa-Ambam Ekim (Gabon et Guinée Equatoriale) et Bertoua-Garoua Boulaï (RCA). Afin de rentabiliser le trafic et donc d'assurer la maintenance, des zones payantes ont été établies à la fin de la décennie 1990 sur les axes principaux. Actuellement, un projet d'autoroute entre Yaoundé et Douala est à l'étude, ce qui permettrait de fluidifier le trafic le plus dense du pays. Le grand Nord et le Sud sont toujours très mal connectés puisque seule une route non bitumée relie Meiganga à Ngaoundéré, ce qui, doublé du phénomène des coupeurs de routes, rend le trafic à la fois inconfortable et dangereux. Là aussi, mise à part les connections sous-régionales intra CEMAC financées par les partenaires étrangers tels que l'Union Européenne, aucune initiative stratégique n'a été entreprise par le gouvernement depuis les Indépendances puisque l'essentiel du réseau date d'avant ladite période. A titre d'exemple, la connexion au Nord depuis et/ou vers le Sud gagnerait à la fois économiquement et socialement à être améliorée étant donné la complémentarité économique de ces deux pôles notamment due à la différence climatique (soudano-sahélien pour l'un et tropical humide, voire équatorial pour l'autre) et à la faune (gros bétail au Nord et petit bétail au Sud).

De plus, l'exploitation du réseau routier a été marquée dans le cadre des privatisations des années 1990 par la disparition des sociétés publiques de transport routier citadin et entre les villes, de sorte que ce service est aujourd'hui pour l'essentiel assuré par les taxis et surtout de plus en plus les mototaxis, professions qui restent largement informelles et qui, outre l'utilité du service, peuvent s'avérer dangereuses quant à la sécurité des usagers comme en témoignent les nombreux accidents. Étant donné le poids économique estimé de ce secteur il gagnerait donc à être régulé afin d'en libérer le potentiel économique total.

L'autre curiosité liée à cette infrastructure c'est la gestion des projets de réhabilitation ou de développement qui, curieusement, dans un pays connaissant un taux de chômage effectif de près de 90% (y compris les emplois précaires et les occupations temporaires), surpasserait la capacité des entreprises locales de travaux publics, accusant ainsi d'importants dépassements de délais dans l'exécution des travaux, qui consistent souvent en bricolages liés cette fois à l'incompétence ou à la mauvaise foi[63].

Côté ponts, les principaux, dont ceux sur le Wouri et le Sanaga datent d'avant l'indépendance, même si un nombre considérable d'ouvrages de cette nature ont été développés ou sont en cours de développement ou de réhabilitation sous le présent régime. Il est à noter cependant qu'il s'agit pour l'essentiel de projets financés dans le cadre de partenariats de développement par les bailleurs de fonds internationaux et que l'initiative ou la stratégie n'est en conséquence pas locale, ce qui à terme pose la question du rôle effectif du gouvernement dans le développement du pays ainsi que celle de coût d'opportunité pour les investisseurs locaux, puisque ces projets juteux sont sous-traités par des entreprises étrangères.

Du point de vue des nouvelles technologies de l'information, de la communication et des télécommunications, elles ont connu un essor considérable depuis la fin des années 1990 même si seulement 10% environ de la population des villes possède une ligne de téléphone fixe, ce retard est compensé par le téléphone portable ; grâce à la technologie GSM, les Camerounais ont accès à ce moyen de communication qui s'est étendu exponentiellement (progression de 135.000 utilisateurs en 2000 à 1,4 million en 2004) dans le pays, avec une couverture réseau allant de 100% dans les villes à 40% en zones rurales. De plus, ce type de terminaux et cette technologie de communication permettent également l'accès à de nombreux services financiers ou d'autres natures (accès à internet). Toutefois, les licences d'exploitation qui ont été accordées à deux entreprises (MTN et Orange) et depuis 2012 à une troisième (Viettel) font parfois l'objet de suspicion, les conditions d'octroi n'étant pas toujours conformes

[63] Ibidem.

aux normes en matière de marchés publics et ouvrant la voie à la corruption.

Le gouvernement joue là aussi un rôle passif et même si des Camerounais sont bien représentés dans le capital de MTN (spin off de CamTel) la structure du capital de ces opérateurs pose question même concernant les conditions d'accès des nationaux qui y sont représentés.

Internet a connu un boom extraordinaire dans le pays, les principaux usagés ne sont toutefois pas des abonnés mais des clients de la multitude de cybercafés concentrés dans les grandes villes (200 environ à Yaoundé et à Douala). De plus, depuis la connexion du pays au réseau mondial (Yaoundé en 1997 et Douala en 1999) via le réseau VSAT, une multitude d'activités économiques peu soucieuses de la morale, voire criminelles s'y sont développées, c'est le cas d'une forme insidieuse de prostitution et du « scamming », entendez des escroqueries de non-résidents (souvent des Occidentaux !), sans cesse en progression depuis l'accès au réseau SAT3 (Câble sous-marin) en 2002.

Côté radio et télévision, l'évolution a été marquée par le passage d'une radio officielle de propagande essentiellement basée à Yaoundé et Garoua sous l'ancien régime à une compagnie publique CRTV qui comprend une chaîne de télévision nationale ayant longtemps monopolisé la scène médiatique nationale et à la solde du parti unique jusqu'au début des années 1990.

Ladite décennie aura connu dans le cadre des nouvelles lois sur la liberté d'expression une profusion de stations de radio, puis de chaînes de télévision dans le sillage de la presse privée. Toutefois, celles-ci opèrent dans un cadre légal inexistant, s'exposant ainsi aux foudres du gouvernement, dont elles se font souvent les contemptrices.

L'évolution dans ce domaine est passée par les antennes paraboliques dont le paysage était fleuri dans les années 1990, voire antérieurement pour les plus fortunés, connectés ainsi aux chaînes étrangères dont l'accès s'est démocratisé grâce au réseau câblé exploité par une poignée d'entreprises et couvrant les principales villes des 10 régions.

Ceci étant, on note là aussi une illisibilité manifeste de la stratégie du gouvernement qui à première vue se serait contenté de libéraliser ce secteur au profit des élites locales (dans des conditions obscures), créant ainsi les conditions d'une colonisation culturelle aux conséquences économiques désastreuses, notamment en regard de la consommation de produits locaux ou de l'expression du génie local aux fins d'exportation. Ainsi, à cet égard également, la logique de consommation prime sur celle de production au grand dam du PIB camerounais et surtout de la balance des paiements par satellisation du Cameroun, puisque ces technologies mal appropriées sont les vecteurs de cultures étrangères plutôt que des agents des cultures locales.

De manière générale, l'incapacité du Cameroun à s'approprier les infrastructures et surtout le génie infrastructurel des Européens caractérise la période de postindépendance, les concessions contre redevances, autrement dit la rente, ont là aussi, été privilégiées au détriment de l'exploitation directe. Certes, les priorités économiques ne manquent pas et la concession n'est pas en soi critiquable, mais l'usage systématique de ce mode d'intéressement, qui date de la signature des premiers traités entre indigènes et explorateurs sur la côte camerounaise, témoigne d'une absence de dynamisme ou de vitalité économique, qui déteint sur le produit intérieur et ultimement sur les finances publiques ; car la redevance signifie également l'abandon d'une part significative des profits au bénéfice des exploitants effectifs, or, ce n'est pas le potentiel de gestion qui manque mais plutôt la volonté, la compétence et la stratégie. Là également il s'agissait de prendre le train en marche dès le lendemain des Indépendances, mais ce ne fut pas le cas.

Les échecs dans les domaines d'utilité publique de l'eau et de l'électricité dans un pays au potentiel ahurissant des points de vue de l'hydrographie, de la géothermie outre l'existence d'hydrocarbures, d'un fort taux d'ensoleillement, etc. en sont les illustrations les plus marquantes puisqu' autour de l'an 2000, l'on estimait la couverture électrique à 79% dans les villes contre 22% dans les campagnes et l'accès à l'eau courante ou aux bornes fontaines à 74% dans les villes contre 18% dans les campagnes pour un ratio de populations citadines sur populations rurales d'environ 2,5[64].

La situation s'est détériorée avec la privatisation de l'exploitation des infrastructures d'eau et d'électricité au tournant du millénaire (AES Sonel et CamWater/Camerounaise des Eaux en lieu et place de Sonel et SNEC), comme en témoigne le défaut d'approvisionnement des usagers principalement à Yaoundé et à Douala qui peut atteindre plusieurs mois et ce depuis plus d'une décennie sans qu'aucune amélioration significative n'y soit apportée.

La monnaie

Le franc de la Communauté Financière d'Afrique (CFA) qui a cours dans le pays a succédé au franc français (ancien) qui lui-même avait succédé au mark allemand suite à la défaite de 1918. Avant ces monnaies le troc était probablement l'instrument de commerce le plus répandu dans la zone géographique appelée à devenir le Kamerun.

L'introduction du franc CFA, franc des Comptoirs Français d'Afrique puis franc des Colonies Françaises d'Afrique, date de la fin de la Deuxième Guerre mondiale après les accords de Bretton Woods de décembre 1945, réformant le système monétaire international. Cette monnaie vouée à fluidifier le commerce au sein de l'Afrique Occidentale française et de l'Afrique-Equatoriale française, Territoires d'Outre-Mer (TOM) aux économies extraverties et dominées par l'agriculture d'exportation, valait 2 francs français en 1948 puis, suite au changement d'échelle monétaire en métropole en 1958, sa parité fixe avec le franc français fut établie à 2 centimes de franc français pour le franc CFA.

---

64 Direction de la Statistique et de la Comptabilité Nationale (ECAM, EDSC, MINEDUC, MINEFI) : In *la chaîne des transports au Cameroun: évolutions récentes et nouvelles problématiques* par Bertrand Savoye (Département des politiques et études/Division de la macroéconomie et des études AFD) p.40.

L'histoire du franc CFA de la CEMAC est essentiellement marquée par la dévaluation de 1994 qui réduisit sa valeur relative au franc français de moitié dans une tentative de relance monétaire dans une conjoncture mondiale difficile caractérisée notamment en ce qui concerne l'Afrique par une détérioration des termes de l'échange particulièrement sensible depuis le milieu de la décennie 1980.

Ainsi à l'époque comme aujourd'hui chacun comprend aisément que le franc CFA est surévalué, ce qui pourrait expliquer le calme relatif dans lequel se produit la dévaluation sus-évoquée puisque, malgré la montée des prix de certaines denrées constituant le panier de la ménagère camerounaise urbaine typique comme le pain, l'huile, le poisson, le riz, etc. dont les prix progressent dans une fourchette allant jusqu'à 50%, avec un écart moyen pouvant atteindre 20 points entre Yaoundé et Douala.

Ladite dévaluation aura le mérite de ramener la croissance dans un pays en récession de 1,5 point de PIB en moyenne depuis le début de la décennie 1980. Toutefois, le retour de la croissance ne se traduit pas par une amélioration des conditions de vie mais est principalement due à l'inflation chaotique qui succède à la mesure de politique monétaire décidée par Paris.

Le franc CFA de la CEMAC, librement convertible jusqu'alors avec celui de l'UMOA, cesse de l'être, conserve sa parité fixe avec le franc français et les réserves de devises des 6 Etats membres, dont le Cameroun, continuent d'être gérées via le compte spécial des opérations à la banque de France malgré l'existence d'un siège social de la Banque des Etats de l'Afrique Centrale à Yaoundé ainsi que d'un gouverneur originaire de la sous-région, à l'époque Félix Mamalepot.

C'est que l'ancienne Afrique-Equatoriale française à laquelle s'est ralliée la Guinée équatoriale a toujours, grosso modo, comme premier fournisseur la France, qui se classe également en bonne place parmi ses clients internationaux.

La situation va tout de même évoluer significativement avec l'introduction d'une monnaie unique en zone euro en 1999, puisque la France dans le cadre du traité de Maastricht (1998) institue la parité fixe des monnaies de ses anciens Territoires et actuels Départements d'Outre-Mer vis-à-vis de l'euro, dont elles représentent environ 3% de la masse monétaire totale, le cours étant fixé à 655,957 francs CFA par unité d'euro.

Cette nouvelle donne conforte évidemment la perception d'un franc CFA surévalué, ce qui pénalise entre autres la zone CEMAC pour ses exportations tant au sein qu'en dehors de la zone euro. Cependant, l'absence de vitalité de ces économies, notamment en termes de production de denrées à élasticité aux prix/revenus positifs du fait de l'absence d'infrastructures, et par conséquent la dépendance de celles-ci à la production industrielle de la zone euro rendent hasardeuse l'idée d'une dévaluation immédiate, voire d'une sortie du système de la parité fixe, garantie par les réserves et limitant l'émission de monnaie à la variation relative de l'euro au DTS.

En effet, contrairement aux idées reçues, chaque Etat souverain au sein de la CEMAC est libre de battre monnaie, mais malgré l'avantage stratégique que représente la politique monétaire dont use en abondance la Chine entre autres, le succès de celle-ci est tributaire de la structure du PIB, de la balance des paiements, mais plus fondamentalement du niveau de dépendance défavorable aux marchés internationaux (déficit chronique de la balance commerciale du Cameroun, dont les importations alimentaires sont à peu près équivalentes à la totalité des recettes pétrolières), donc de la capacité de production locale.

Or, force est de constater que la zone CEMAC, dont le Cameroun est l'économie la plus importante, n'est toujours pas passée au stade de premier import substitution même si elle compte en son sein un pays riche selon les standards internationaux du point de vue du revenu par habitant, à savoir : la Guinée équatoriale. A contrario, le premier fournisseur du Cameroun est désormais le Nigéria qui exporte vers le pays pour 27% de son PIB contre 0,5% en 1960.

Ledit pays présente donc une supériorité industrielle qui lui confère un avantage stratégique sur le Cameroun devant être neutralisé afin de pouvoir prétendre à une plus grande part de marché dans l'hinterland et chez les plus petits pays de la zone monétaire.

De ce point de vue, le pessimisme semble raisonnable à court terme puisqu'il faudrait, pour un pays à revenu intermédiaire tel que le nôtre, attirer plus de capitaux étrangers que le géant voisin qui possède à la fois un marché plus important, une notoriété internationale et un leadership mondial certain dans bien des domaines, outre sa place de membre de l'OPEP.

Ainsi malgré la tentation d'affirmer sa souveraineté par la monnaie, le risque d'un scénario de type zimbabwéen caractérisé par une économie informelle en expansion, une monnaie étrangère de substitution et une inflation galopante à deux, voire à trois chiffres, pourrait solder toute velléité prématurée dans le domaine de la politique monétaire qui constitue l'instrument ultime d'une économie politique de qualité.

La douloureuse expérience des assignats à la révolution française, dont la valeur fut considérablement dépréciée suite à une combinaison d'émission déraisonnée plusieurs fois au-delà de la contre-valeur en biens nationaux et de création aisée de faux billets notamment soutenue par les puissances étrangères hostiles, aggrava la situation financière délicate de la toute nouvelle république ; forcée de prendre des mesures extrêmes dont la peine de mort afin d'assurer la circulation des titres décriés.

Ainsi, naquit sous le consulat de Napoléon Bonaparte en 1803, la banque de France, notamment afin d'assurer le financement de l'Etat et donc des guerres. L'actionnariat est privé, ce qui permet d'orienter la politique dans le sens d'une certaine orthodoxie financière. Ce n'est qu'en 1936 sous le gouvernement du Front Populaire (Communiste) que la gestion et l'actionnariat seront fortement réformés, la banque sera finalement nationalisée en 1945.

L'évolution des missions et des moyens d'action de la banque centrale (escompte, réserves) atteste de la nécessité, même dans un contexte de maturité économique (marge de manœuvre financière plus importante), de s'aligner sur les besoins monétaires du marché du crédit orienté par le marché interbancaire organisé.

Dans le cadre de la naissance du franc CFA émis par l'Institut d'émission d'Outre-Mer sous tutelle de la banque de France, les contraintes sont identiques sinon plus rigides puisque les économies concernées n'ont toujours pas atteint la maturité économique qui se traduit par la couverture suffisante de tous les besoins essentiels et superflus.

En conséquence, une politique défensive et conservatrice est indiquée, le temps d'assurer à l'économie le dynamisme préalable à la pleine possession de pareil instrument.

Or, force est de constater que le taux de population camerounaise cliente des banques s'établit à environ 7,5 pour les dépôts et 4 pour les emprunts, que le niveau d'emprunt des entreprises représente environ 0,75 des sommes disponibles et malgré cela 9 banques sur 12 n'ont pas le niveau requis de fonds propres, tel que vérifié par la COBAC.

Bref, au stade actuel de positionnement dans le cycle de développement économique, la monnaie propre n'est pas la priorité et pourrait même se révéler catastrophique en termes de paupérisation multiforme de la population, quoiqu' il soit certain qu'à terme elle s'imposera naturellement comme un argument économique indispensable.

D'ailleurs, depuis les lendemains de l'accession au point d'achèvement de l'initiative PPTE en 2006, processus qui a conduit l'Etat à un allègement substantiel de sa dette totale et de fait à une annulation de sa dette extérieure, à la fois multilatérale vis-à-vis du Fonds Monétaire International et bilatérale vis-à-vis du club de Paris dans le cadre du Contrat Désendettement Développement (C2D) , celui-ci s'est initié à la titrisation de sa dette publique intérieure, les fameux arriérés fiscaux dus aux grandes entreprises publiques (SNH, CAMTEL, etc.) et aux banques locales.

Ces nouvelles pratiques financières d'émission de titres au porteur représentatifs de la dette publique, négociables aussi bien sur le marché financier local, notamment à la Douala Stock Exchange, que sur les autres marchés financiers de la sous-région dont la bourse de Libreville où les obligations de l'Etat camerounais se négocient déjà depuis un certain temps, constituent sans doute une première expérience de la haute finance pour un Etat et/ou une sous-région qui doit encore acquérir son indépendance en la matière.

Toutefois, ces premiers pas sont parfois très chahutés par le grand public qui ne comprend pas très bien l'origine des profits colossaux et instantanés imputés à certains au terme d'interminables séquences de transactions ésotériques sujettes à caution.

D'une manière générale, les fondations indispensables au succès de l'introduction de nouveaux instruments financiers sur le marché sont d'une part la confiance des usagers, d'où le terme fiduciaire, qui en assurent la liquidité et d'autre part l'existence d'un sous-jacent (« collateral »).

Or, ces deux éléments ne sont pas acquis pour le Cameroun d'aujourd'hui ; certes, la confiance peut être remplacée par la contrainte, notamment par la promulgation de lois coercitives, mais alors le risque de voir se développer un marché noir dans une économie fortement, si ce n'est complètement, informelle serait bien réel. Quant au sous-jacent, son caractère international est insignifiant, voire nul, en regard des échanges globaux (l'Afrique entière pèse pour plus ou moins 2% des échanges commerciaux globaux). Le risque d'enclavement d'un pays qui s'engagerait seul dans l'aventure monétaire serait inquiétant, surtout qu'il est établi que son développement dépend des capitaux extérieurs.

Quoi qu'il en soit, du point de vue de la capacité à organiser un marché financier local, l'essai de la DSX n'est pas à ce stade suffisamment concluant, puisque les opérateurs sont pour l'essentiel des institutionnels locaux, que les opérations quotidiennes tant en volume qu'en monnaie sont dérisoires, que la volatilité y est quasiment nulle, ce qui serait un indicateur positif s'il ne trahissait pas une forme d'inactivité.

Pour preuve, voici le communiqué de presse de clôture de la Bourse le 30 Janvier 2013 :

Douala Stock Exchange a terminé sa séance de cotation du 30 janvier 2013.

Les valeurs SEMC, SAFACAM et SOCAPALM restent stables respectivement à F CFA 111 001 à F CFA 89 001, et à F CFA 42 230.

En termes de physionomie, aucune transaction n'a été enregistrée.

La capitalisation boursière se chiffre à présent à F CFA 111 470 362 490.

Pour le marché des obligations, les obligations «ECMR 5,6% net 2010-2015», « MOABI IFC 4,25% 2009 – 2014 »et « BDEAC 5,5% net 2010-2017 » restent stables, respectivement à 100.01%, à 98.01% et à 99.99%, pied de coupon.

66 666 obligations «ECMR 5,6% net 2010-2015» ont été transigées pour une valeur de F CFA 499 995 000.

La capitalisation du marché obligataire s'établit à FCFA 169 335 000 000.

Les Prestataires de Services d'Investissement (PSI) agréés, ayant participé aux opérations de négociation sont :

PSI	B P	Téléphone	Télécopie
EDC	15835 Dla	33 43 13 71	33 43 13 77

Ainsi la seule opération du jour aurait été réalisée par Ecobank Development Corporation, filiale du groupe bancaire éponyme.

De manière plus significative, d'une année sur l'autre entre 2011 et 2012, la progression nominale serait d'environ 1,25% contre une inflation à 2,9% environ.

La situation sociologique, sociétale et sociale

La population du Cameroun est très jeune (âge médian : 17,7 ans[65]), selon les estimations, environ 56% de citoyens se trouvent compris dans la tranche d'âge entre 15 et 65 ans[66]. Cette tranche d'âge, qui correspond à l'essentiel si ce n'est la totalité de la population active et qui grossira de quelque 35% du fait de l'arrivée à l'âge adulte de la tranche inférieure et de la disparition de la tranche supérieure, représente donc un véritable défi pour le pays dans un contexte où, contrairement aux statistiques officielles, les chômeurs et les précaires occupés à divers petits boulots d'appoint pèseraient pas loin de 90%, étant entendu que les emplois du secteur informel ne peuvent pas véritablement être comptabilisés, puisqu'ils ne sont pas encadrés et que le niveau d'activité qu'ils représentent, de même que les rémunérations individuelles qu'ils génèrent, ne permettent sans doute pas à ceux qui les exercent de quitter le seuil de pauvreté.

Or, il me semble ridicule qu'un travailleur pauvre, c'est-à-dire celui qui, malgré l'exercice d'une profession, ne gagne pas suffisamment d'argent pour couvrir les besoins élémentaires dictés par la reconstitution de la force de travail, ne soit pas retenu parmi les demandeurs d'emploi, tant il apparaît évident que pareille activité ne peut s'apparenter qu'à du bénévolat ou plus exactement à du travail forcé (ici, euphémisme pour esclavage). D'ailleurs, le gouvernement reconnaît que le taux de chômage des jeunes entre 15 et 24 ans qu'il établit à 4,5% dissimule un ratio de sous-emploi de 0,7, de sorte que le taux objectif de chômage dans cette population, qui représente plus de la moitié de la population active, pourrait s'établir autour de 75%[67]

---

[65] Institut National de la Statistique, 2010, P.3.

[66] US Census Bureau International Data.

[67] Ministère de l'économie, de la planification et de l'aménagement du territoire: *rapport national de progrès des objectifs du millénaire pour le développement année 2010* ; p.2.

Ainsi, les principaux enjeux sociologiques du Cameroun me semblent évidents dans un ordre que chacun peut comprendre, le premier étant l'emploi décent et le second la pénibilité du travail, puisqu'emploi informel rime quasiment toujours avec pénibilité, que ce soit dans les plantations, les transports ou dans le petit commerce (à l'étalage, ambulant, etc.).

Parfois si ce n'est toujours à ces enjeux s'ajoutent ceux de la salubrité et de l'hygiène publique puisque ces activités qui représentent donc grosso modo 90% de l'activité économique au Cameroun sont exercées dans des conditions immondes qu'il vaut parfois mieux ignorer lorsqu'on en est consommateur.

Le gouvernement actuel reconnaît l'existence de ces problèmes et surtout la nécessité de créer des richesses afin d'occuper à des emplois conformes à la dignité humaine une plus grande partie de la population en âge, comme en atteste l'existence d'une stratégie nationale pour la croissance et l'emploi consignée dans le document DSCE[68].

Dès lors, le problème au demeurant n'est pas la prise de conscience de problèmes qui crèvent les yeux et de drames vécus dans chaque famille camerounaise, mais la résolution de ceux-ci. Or, force est de constater que, si ces problèmes ne sont pas l'apanage du régime du renouveau, ils y ont pris des tournures dramatiques que tous les observateurs avertis s'accordent à imputer au laxisme généralisé du pouvoir, qui à l'action positive semble préférer la répression ; non sans raison puisque cette masse désœuvrée qui s'agglutine dans les villes (à l'horizon 2035, 75% de la population sera citadine) s'adonne à la petite et la grande criminalité encouragée en cela par le fossé social qui existe entre les riches et les pauvres principalement dans les grandes villes.

Ainsi le « cocktail Molotov » du Cameroun, qui ne demande qu'à s'embraser, peut se résumer ainsi :

Jeunes désœuvrés – Citadins des bidonvilles – Vivant la misère extrême et côtoyant le luxe ostentatoire !

---

[68] *Document Stratégique pour la Croissance et l'Emploi.*

On dirait un télégramme mais celui-ci n'a visiblement pas de destinataire, tant la situation ne fait qu'empirer à mesure que les années passent.

Passons ici les tensions ethniques qui devraient progressivement s'atténuer avec l'exode rural qui tend à rapprocher les peuples qui prennent conscience de partager le même sort et constatent que le Cameroun est en fait pris en otage par une élite multiethnique âgée qui de fait se désintéresse des questions de développement qui intéressent surtout les Occidentaux, sauf lorsque d'importantes sommes sont à la clé. Les anecdotes dans le domaine sont innombrables mais retenons simplement la dernière en date, sans doute l'une des plus flagrantes et des plus choquantes, abondamment relatée dans la presse qui s'est fait les choux gras de ce que l'aide accordée aux populations de l'extrême Nord victime d'une inondation en 2012 soit allée grossir le compte en banque du sous-préfet de la localité qui a poussé le ridicule jusqu'à s'accaparer les denrées expédiées pour les recycler sur le marché où un complice devait les liquider au prix fort. Bien entendu, ce dernier s'est empressé de donner leurs parts aux chefs traditionnels locaux.

L'exemple vient donc d'en haut et les masses prolétaires, lorsqu'elles ne sont pas spoliées, s'organisent tels des Robin des Bois pour s'emparer des biens souvent illégitimes que possèdent les fortunés à outrance.

Phénomène amplifié dans les villes qui se transforment en véritables jungles urbaines où non seulement la notion de service public a disparu, puisqu'ils sont presque tous payants du fait de la corruption mais pire où un capitalisme sauvage entraîne chacun de ses adeptes vers un précipice, puisque les délinquants en cols blancs qui y pullulent créent les conditions de leur propre insécurité et de la criminalité. C'est ainsi que les victimes de délits ou de crimes crapuleux perdent souvent des sommes qu'ils ne peuvent avouer avoir jamais possédées.

Le problème ici n'est donc pas tant la redistribution des richesses que la justification de celles-ci.

Il est vrai en effet que certains démunis n'ont en réalité rien à apporter à la société, ne fournissent aucun effort et se complaisent dans leur situation parfois silencieusement lorsqu'ils sont honnêtes ou plus bruyamment lorsqu'ils ne le sont pas.

Autrement dit, la masse des émeutiers de la faim comprend parfois des poids morts ou des délinquants professionnels qui saisissent là l'occasion de se livrer à leurs activités favorites de destruction des biens publics et privés, de vandalisme, et surtout de pillage des provisions stockées dans les commerces tenus par d'honnêtes citoyens.

Cependant, même cette situation trouve son origine dans un sentiment profond d'injustice sociale qui à tout le moins en amplifie la résonance. En effet, c'est bien dans les années 90, décennie suivant celle des confortables années 1980 où l'Etat disposait encore d'une marge de manœuvre artificielle entretenue par l'emprunt, que la criminalité en col blanc s'est développée d'abord dans la haute administration qui a mal encaissé la baisse jusqu'à 70% des rémunérations puis la dévaluation ; particulièrement cruelle pour ces friands de produits étrangers qui consommaient dans les grandes surfaces (supermarchés) à l'occidentale aux frais d'un Etat providence qui n'avait pas les moyens de sa politique (« T Bella » concurrençait alors « Score » dans la capitale politique !) ; puis dans les couches populaires un phénomène aussi curieux qu'inédit s'est développé à savoir la « feymania » !

L'exemple de ces élites reconverties en prévaricateurs de la fortune publique, dont ils étaient les gestionnaires indélicats, s'avèrera catastrophique puisqu'aux échelons inférieurs de la hiérarchie bureaucratique ceux qui n'avaient pas accès aux budgets pour se les approprier se servaient directement sur les usagers. Le « gombo » était né et rien n'allait pouvoir l'arrêter !

Ainsi le phénomène descendait la pyramide sociale camerounaise à la vitesse de la lumière, la constitution rapide de fortunes mal acquises, la débauche de luxe dans laquelle vivaient des serviteurs de l'Etat, du jour au lendemain d'une nomination pénètreront le pays profond d'où émergeront des escrocs d'un genre nouveau, globe-trotteurs de la criminalité économique.

La rumeur veut que certains d'entre ces nouveaux riches bénéficient de soutiens et connivences au plus haut niveau de l'Etat, qu'ils soient protégés par la police et/ou l'administration. C'est la décadence ! Le supermarché a fermé, les Camerounais collectivement enfoncent la porte au bélier…

L'enrichissement illicite devient un sport national, la jeunesse désemparée s'en empare, les limites de l'odieux sont sans cesse repoussées. Tous caressent le veau d'or du sommet à la base!

D'ailleurs, le pays connaît également une épidémie de sectes, auxquelles l'on prête des « vertus » de promotion sociale ; les obédiences se multiplient, les Camerounais se soupçonnent mutuellement d'en faire partie. Le climat social se détériore, le clergé s'empare de la question puisque les familles se divisent.

Mais le loto national du ticket d'accès au supermarché ne réussit pas à tout le monde. Beaucoup y échouent et se consolent généralement dans la religion, comme en témoigne la multiplication des obédiences religieuses.

D'ailleurs, ce dernier phénomène témoigne également d'un changement sociologique profond de la société qui est de plus en plus clivée entre riches, membres de « sectes magiques », et pauvres, membres d'églises généralement nouvelles.

Ceci justifie donc amplement l'idée de neutraliser, pour les besoins de l'analyse, l'impact à long terme des logiques ethniques centrifuges, puisque l'ethnie ne constitue plus un refuge mais est parfois vécue comme une entrave ou un lieu d'oppression.

Ainsi les pauvres pointent du doigt les nouveaux riches décomplexés et notoirement malhonnêtes, ceux-ci accablent les pauvres criminalisés ou recyclés dans les nouvelles religions qui s'y fédèrent pour mieux résister, mais en face d'eux l'on est déjà bien organisé, puisque les réseaux existent depuis longtemps et se sont souvent formés sur les bancs des grandes écoles et dans les bureaux de l'administration puis consolidés dans les « sectes magiques ».

L'élite s'est aliéné le peuple, le rapport de force n'est plus principalement entre ethnies mais de plus en plus entre la base et le sommet d'une pyramide des misères sociales et humaines, tant le prix de l'ascension sociale est réputé élevé.

Si certains y renoncent, beaucoup y succombent ! Les pratiques exigées pour la cooptation, telles que contées par le petit peuple mais parfois par des élites repenties, excèdent le sadisme et flirtent souvent avec le satanisme. La fête est finie, les dernières bouteilles sont chères et très disputées !

Ainsi donc le paysage sociologique du Cameroun se recompose, la population, alphabétisée à raison d'environ 80% pour les hommes et 70% pour les femmes, se concentre dans les villes et y est confrontée à l'altérité. La promiscuité induite par la pauvreté et la nécessaire solidarité des riches égoïstes, à qui la masse sans cesse grossissante de pauvres spoliés fait peur, et non sans raison en regard de la progression de la criminalité dans toutes ses déclinaisons, restructurent quasi naturellement les alliances que les nouveaux phénomènes linguistiques consolident.

En effet, une variante locale de français et/ou d'anglais, voire de pidgin, prend le pas sur les autres lingua franca du Cameroun (fulfulde, mongo-ewondo, bassa, douala, pidgin, français et anglais), parfois en récupérant certains éléments de ces langues ancestrales qui deviennent monnaies courantes dans le langage populaire.

Ainsi, les jeunes ne parlent plus la langue de leurs pères qui ont de fait perdu la bataille culturelle compte tenu de l'hégémonie occidentale dans ce domaine (qui pousse même les Chinois à porter des lentilles de contact, se débrider les yeux et s'allonger le nez, chez le charcutier des hôpitaux !) ; cette pensée unique mondiale sans cesse en expansion façonne donc les us et les coutumes camerounais et offre aux jeunes (âgés de moins de 40 ans soit environ 83% de la population) un nouveau modèle de société idéale. Ceux qui n'y souscrivent pas sont traités de villageois ou parfois de « villaps ! », terme qui prend alors une connotation péjorative et qui n'est pas sans rappeler l'avilissante distinction entre citoyens et indigènes, qui eut cours légal pendant environ un quart de siècle jusqu'à son abolition en 1947.

De fait donc, comme dans le reste du monde, les villages n'ont plus la côte, les citadins méprisent les campagnards pauvres qui sont pourtant par le travail des plantations les générateurs du PIB camerounais. Curieusement, les ruraux loin de résister se conforment poliment et pour cause les détenteurs du capital sont les citadins et la tendance ne saurait donc être inversée, consacrant ainsi l'avènement d'une société bipolaire (pauvres/riches) qui succède à une société multipolaire (pluralité des ethnies régionales).

Puisque des intérêts nouveaux émergent, des combats nouveaux aussi et des associations nouvelles qui les portent également. Le fossé social détricote les liens anciens et tisse des liens nouveaux. La disparité des conditions sociales reconfigure les logiques sociales, voire sociétales.

La phrase condescendante « il/elle n'est plus à mon niveau ! » a été si souvent dite, redite, colportée et témoigne de l'importation massive de nouvelles valeurs, qui contredisent l'image d'une Afrique solidaire, chaleureuse, généreuse, presque naïve. Les explorateurs étrangers n'avaient-ils pas coutume de considérer les Africains comme de grands enfants au sourire « banania » à qui il faut tenir la main ?

Selon un paradoxe proche du « Double Aim » de W.E.B. Dubois, les Africains contemporains n'assument plus les qualités qui leur étaient imputées jadis et veulent se hausser au niveau des Blancs qu'ils ont remplacés dans le cadre des Indépendances et dont ils veulent s'approprier tous les attributs.

L'avènement de la télévision nationale au milieu des années 1980 puis la démocratisation des chaînes privées internationales, via le câble dans les années 1990, ont probablement été les catalyseurs de ce mouvement amorcé avec la promotion des élites indigènes dans le cadre du néocolonialisme économique et social.

Mouvement qui aboutira au clivage entre une élite politique, administrative et économique pseudo-ethnique dont la progéniture ignore tout des conditions de vie des populations qu'elle est censée représenter au sommet de l'Etat et une masse prolétaire qui aspire à ce mode de vie omniprésent mais dont elle est exclue.

D'où la reconfiguration de la société par le fait de la convergence des centres d'intérêts. C'est peut-être ainsi en définitive que se fera la nation, non pas par l'harmonie garantie par la prospérité généralisée et le fameux « développement équilibré » des régions cher à l'ancien régime mais par le chaos de l'affrontement larvé entre pauvres et riches dans la lutte pour la conquête du mode de vie occidental devenu le standard international du développement !

Le marketing du « living standard » occidental a connu un succès phénoménal, et les Camerounais devant leurs postes de télévision contrefaits et trafiqués qui s'en sont abreuvés jusqu'à l'enivrement savent qu'avec un revenu moyen d'environ 1000 dollars par habitant et par an, ils ne peuvent dans l'immédiat y avoir accès par les moyens légitimes.

En conséquence, ces nouveaux « chiens de Pavlov », salivant d'envie et rendus fous par le désir, s'adonnent à la criminalité des rues ou des bureaux dans l'objectif affirmé de toucher du doigt le Saint Graal.

L'énergie productive de la nation est ainsi détournée au profit de l'ingénierie criminelle qui structure désormais la société et curieusement façonne les pôles sociaux dans le cadre de l'émergence effective d'une nation de « feymen » où les relents d'affrontement ethnique cèdent le pas à l'affrontement bien réel entre les « feymen » du sommet et leurs émules de la base.

Phénomène amplifié par la surreprésentation dans ces activités criminelles de chômeurs surdiplômés, formés pour administrer et non pour produire, qui y trouvent un débouché aux connaissances accumulées ; de telle manière que la tendance ne peut que se renforcer, comme en témoigne le rapport 2011 de l'ANIF qui note une accélération de l'internet scamming, qui ne faisait depuis 2006 l'objet d'aucune « déclaration de soupçons » mais qui en 2011 représentait 30% des dossiers de criminalité financière transmis au parquet par l'ANIF pour un total de 212 .236.925 de francs CFA soit 2,02% du total des sommes suspectes, ce qui démontre la démocratisation, voire la professionnalisation, du phénomène.

La paupérisation effective de la population, malgré la progression nominale du revenu moyen par habitant est sans doute amplifiée par les extensions urbaines en bidonvilles qui créent une masse populaire qui n'a plus accès aux ressources naturelles des villages (cueillette, agriculture vivrière accessible, bon marché, voire gratuite[69]) et est affamée dans les villes où ces denrées coûtent cher puisqu'elles y sont destinées aux populations aisées des centres administratifs de l'Etat.

Ainsi, la conséquence de l'exode rural dans un contexte de développement insuffisant c'est l'aggravation de la misère extrême, comme en témoignent les hordes de très jeunes enfants déscolarisés et drogués à la colle, errant et volant dans les centres urbains, victimes eux aussi de la dépravation morale, de la déshumanisation et du mépris de la vie qui conduit des milliers de mères indignes à abandonner leurs enfants qu'elles ne peuvent pas ou plus nourrir. L'individualisme forcé triomphe, c'est chacun pour soi même au sein des familles !

L'envie et le désir de l'argent facile et instantané exacerbent les vices humains, désinhibent les individus qui ayant ainsi perdu tout sens moral sont transformés en bêtes fauves des forêts équatoriales qui se repaissent des organes de leurs semblables dont les trafics font l'actualité.

L'Etat occupé aux affaires diverses et lucratives ou incompétent à couvrir de son action l'ensemble du territoire et de la population, abdique une part significative de ses fonctions régaliennes et contraint le peuple à s'autogérer, comme en témoigne l'ampleur de la justice populaire qui aurait occasionné 700 exécutions sommaires en 1999 dans le Cameroun septentrional selon Amnesty international. Situation alimentée par les soupçons de connivences entre les autorités publiques et les grands criminels, qu'ils armeraient et protègeraient contre rétribution.

Les statistiques criminelles explosent en 1998, 179 gangs étaient identifiés disposant d'armement lourd et de munitions dont 1777 étaient saisies par les services de police, de même que 40 armes de guerre et 60 de fabrication artisanale.

Plus de 26.552 infractions étaient déclarées, de même 54 évasions dont 18 concernaient des individus incriminés dans le grand banditisme. Le

---

[69] Plusieurs rapports concordants indiquent que les produits vivriers locaux pourrissent dans les plantations de petite et grande taille faute de moyens et d'infrastructures de transports adéquats.

nombre de vols aggravés se chiffrait à 2.729 (dont 1.068 au Centre, 507 à l'Ouest et 502 sur le littoral) et le nombre de véhicules volés était de 1050 tandis que 15.140 individus étaient déférés devant les tribunaux.

Côté drogue, 33.665 kg de cannabis étaient saisis, 30.180 kg de cocaïne et 2.250 kg d'héroïne[70].

Le tableau ci-après donne un aperçu de l'évolution des infractions dites financières au Cameroun dans la seconde moitié de la décennie 1990, mettant en évidence une augmentation de près de 50% des infractions de cette nature.

Tableau 5 : *ventilation des infractions*

NATURE	1994	1995	1996	1997	1998
Détournement	30	15	10	10	17
Abus de confiance	92	89	97	121	155
Escroquerie	79	68	68	95	154
Émission de chèque sans provision	32	17	17	11	15
TOTAL	233	189	192	237	341

Source: direction de la police judiciaire

Ces informations ne correspondent sans doute qu'au cas répertoriés et donc l'expansion du phénomène est sans doute beaucoup plus importante.

70https://sites.google.com/site/dangvukinhquoc/cameroon-cameroun/criminalite-au-cameroun.

De manière générale pas vu pas pris pourrait résumer la logique de la criminalité au Cameroun tant l'ambiguïté des positions sur le sujet est détourante. Certains feymen sont en fait perçus comme des héros populaires en raison de leur générosité ou plutôt de leur prodigalité. Ainsi la morale est sélective et irrationnelle mais pourrait se résumer de la manière suivante : on ne vole pas ses amis ! Ce n'est pas tant la criminalité ou le criminel qui détermine l'action populaire, voire légale, mais la victime.

Par conséquent, le bien public qui par définition n'est la propriété de personne en particulier est plus que d'autres sujet à la criminalité dans le silence général, sauf lorsque l'indélicatesse du gestionnaire se heurte à des intérêts privés clairement établis.

Alors l'épervier (nom de code de l'opération nationale de lutte contre la corruption) étend ses ailes dans l'indifférence populaire générale, tant chacun espère secrètement ou ouvertement accéder lui aussi à ce qu'on qualifiait de « mangeoire publique », et par conséquent beaucoup n'osent rien dire de peur d'être exposés ou de perdre définitivement tout espoir de s'y attabler un jour prochain.

L'action dans le domaine nécessite dès lors souvent l'intervention des puissances étrangères dont les aides et/ou les investissements spécifiques font également l'objet de détournements, c'est le cas du secrétariat étatsunien aux affaires étrangères, qui a mis en place un programme de recouvrement des fonds détournés sous l'intitulé STAR (Stolen Asset Recovery) qui donne des sueurs froides à bien des Camerouniais.

Programme qui témoigne de la prise de conscience au plus haut niveau de l'ampleur du phénomène. Concernant l'un des ministres phares du gouvernement voire du régime actuel, le président de la République aurait confié à l'ambassadeur des Etats-Unis au Cameroun : "I am not surprised. He is so bad!" et plus loin: "He stole so much while he was the Secretary General at the Prime Minister's office!", ou encore : "you would think he would have enough!" [71]mais ce dernier occupe toujours de nombreuses fonctions prestigieuses tandis qu'un ancien Premier ministre est écroué.

---

[71]http://*wikileaks*.org/cable/2009/04/09YAOUNDE370.html.

Ainsi est le Cameroun d'aujourd'hui qui nécessite à l'évidence une solide thérapie morale afin de retrouver les vertus cardinales indispensables au développement et à la conservation d'un patrimoine national, sans quoi il va s'enfermer une fois pour toutes dans le statut de bidonville ou banlieue du village planétaire !

Développement urbain /rural

Les villes au Cameroun sont issues des centres administratifs coloniaux d'abord allemand puis anglais et français. A l'époque ce sont les villes de Douala, de Victoria (actuel Buea) et de Yaoundé qui concentrent l'essentiel des activités commerciales et administratives. L'histoire veut que la ville de Yaoundé se soit imposée comme capitale administrative autour de 1914, principalement au détriment de Kribi, de Douala et de Victoria qui recèle encore de nos jours des vestiges de l'administration coloniale allemande et britannique qui comptent en bonne place au patrimoine architectural du pays.

La décision de retenir Yaoundé comme capitale aurait été prise compte tenu de l'hospitalité ou plutôt de la docilité des autochtones comparées à l'attitude des autres tribus du pays.

Au fur et à mesure de l'évolution de la colonisation notamment de la pénétration des terres, de nouveaux centres étaient créés pour les besoins de l'administration et du commerce.

Le pays fut ainsi territorialement subdivisé dès la réunification d'abord en 6 régions (Nord, Centre-Sud, Littoral, Ouest, Est, Cameroun occidental) chacune disposant d'un chef-lieu (ville principale) et de plusieurs villes et agglomérations secondaires en fonction des départements et des arrondissements. Les principales étant Garoua, Yaoundé, Douala, Bafoussam, Bertoua, Buéa.

L'avènement du régime du renouveau sera marqué par une réforme territoriale qui aura pour conséquence la subdivision de la région Nord en trois provinces, à savoir : l'Extrême-Nord, le Nord et l'Adamaoua ayant pour chefs-lieux respectifs les villes de Maroua, Garoua et Ngaoundéré ; ainsi que la subdivision de la région Centre-Sud en deux provinces, à savoir : le Centre et le Sud ayant pour chefs-lieux respectifs Yaoundé et Ebolowa ; et enfin en la subdivision du Cameroun occidental en deux provinces, à savoir : le Nord-Ouest et le Sud-Ouest ayant pour chefs-lieux respectifs les villes de Bamenda et de Buea.

Ainsi, ladite réforme territoriale aura pour conséquence la subdivision du Cameroun en 10 provinces et 58 départements dont 10 au Centre et 8 à l'Ouest. En outre, la réforme constitutionnelle du 18 janvier 1996 réintroduira la notion de région, subdivisée en départements et arrondissements, administrés par des gouverneurs, préfets et sous-préfets conjointement avec des structures locales, notamment les conseils régionaux, les communes et sur le plan traditionnel des chefferies qui conservent certains pouvoirs en matière juridique de base, notamment dans le cadre des successions et de certains litiges civils de moindre importance.

Toutefois, ladite constitution institue certains régimes spéciaux qui se traduisent par l'établissement de 2 communautés urbaines et 12 communes urbaines d'arrondissements à Yaoundé (7) et à Douala (5), qui ont à leur tête des délégués du gouvernement (nommés par décret présidentiel) qui assument les fonctions de maires des communautés urbaines en lieu et place des élus locaux au sein du conseil municipal à l'échelon inférieur de communes urbaines d'arrondissements.

Outre ces bizarreries administratives, il existe également des communes urbaines à régime spécial (9 ; à savoir : Nkongsamba, Bafoussam, Bamenda, Limbé, Edéa, Ebolowa, Garoua, Maroua, Kumba), des communes urbaines (11), des communes rurales (305).

Il ressort de cette réforme la prépondérance administrative des villes de Douala (environ 2,2 millions d'habitants) et Yaoundé (environ 1,9 million d'habitants) mégalopoles en devenir puisque sans cesse en expansion qui seules possèdent des communautés urbaines.

Ces deux villes phares, l'une capitale politique et l'autre économique, sont sans doute les plus cosmopolites et les plus aménagées du pays, ceci en raison de la centralisation du pouvoir dans ces lieux depuis la colonisation.

Toutefois, la croissance anarchique de ces villes principales et de manière générale de l'ensemble des villes du pays, du fait de l'exode rural sauvage et de la forte natalité (2,8% de croissance annuelle), met en évidence un échec de planification stratégique dans les domaines cruciaux de l'urbanisme et de l'habitat depuis les Indépendances, caractérisé par une sous-estimation des phénomènes combinés de l'attractivité urbaine et de la croissance de la population.

L'absence de développement harmonieux du pays, la centralisation du pouvoir à Yaoundé, le manque d'infrastructures dans les villages où paradoxalement se crée depuis son origine la richesse principale du pays, dans les plantations, relèvent d'une incompétence stratégique manifeste, qui partait sans doute d'une bonne intention, à savoir : la construction de la nation, première priorité du régime de postindépendance, qui nécessitait, pensait-on alors, la concentration du pouvoir et sa magnificence, dont le culte de la personnalité présidentielle et la majesté du siège du pouvoir (Yaoundé) étaient les arguments ostentatoires.

En effet, en plus d'être le siège de l'administration fédérale puis nationale avec sa kyrielle de bâtiments ministériels et de quartiers résidentiels à l'européenne (le Lac ou Bastos dans le centre historique), la ville de Yaoundé comprenait également la seule université d'Etat jusqu'aux réformes de 1990, celle-ci étant accessible sans concours à tous les bacheliers et ses étudiants recevant des bourses d'études, et l'ensemble des grandes écoles dont l'école nationale d'administration et de magistrature l'ENAM ainsi que l'EMIA.

Il n'est donc pas surprenant que cette ville ait constitué un pôle d'attractivité majeur qui aura manifestement été sous-estimé tout comme la ville de Douala qui concentrait l'essentiel des industries en raison cette fois d'un avantage naturel, à savoir : le port dans l'estuaire du Wouri, stratégique pour une économie essentiellement extravertie.

C'est ainsi que, malgré ou à cause de la très forte densité en population de l'Ouest (128,5 hab/km² contre 41,6 hab/km² au niveau national), les 2 principales villes connaissent une croissance supérieure (8% à Yaoundé en moyenne où la population en 1976 s'élevait à 318.700 habitants contre 649.000 en 1987) à celle de toutes les autres du pays, comme en témoignent les nombreux quartiers périphériques qui s'y créent souvent de façon anarchique, donnant ainsi une géométrie chaotique à ces villes et posant de nombreux problèmes d'aménagement, outre le fait que les ressources et les services y sont notoirement insuffisant à couvrir les besoins des populations.

Ceci étant, la région du Littoral présente une densité largement supérieure à celle du Centre (141,5 hab/km² contre 51,1 hab/km²), et un taux d'urbanisation sans commune mesure avec cette dernière puisqu'environ 3,86% de la population du Littoral est rurale contre plus 25,16% au Centre, ce qui laisse supposer que, dans la ville de Douala, les problèmes d'urbanisme sont plus importants qu'à Yaoundé.

Les problèmes principaux étant l'accès à l'eau potable, à l'électricité, aux soins de santé, à la scolarisation, aux transports, aux vivres de première nécessité, aux marchés, aux infrastructures de divertissement, aux églises, etc.

Les graphiques suivants donnent une idée de l'ampleur des phénomènes d'urbanisation entre et au sein des régions, mettant ainsi clairement en évidence l'acuité de la problématique d'urbanisation dans les régions du Centre et du Littoral dont les populations urbaines représentent 53% du total national.

Ces observations montrent clairement l'échec de la politique de « développement équilibré » chère à l'ancien régime que l'actuel, en raison ou au prétexte de la crise économique, n'aura pas su ajuster.

Cette distribution des populations urbaines était pourtant prévisible eu égard aux arguments avancés ci-avant dans un contexte de concentration de la modernité dans les villes et d'enclavement effectif des campagnes, l'appel d'air était évident.

La culture africaine, qui exalte parfois la pauvreté, autrefois vécue comme vertueuse, d'autant que l'éducation des populations était confiée à des missionnaires ayant eux-mêmes fait vœu de pauvreté, couplée à l'utilité sociale du « parent pauvre » ou désintéressé qui soutient la famille souvent sans contrepartie significative, peut justifier en partie la négligence relative de l'impératif du développement rural. Car les campagnes étaient réservées aux parents et grands-parents qui avaient leurs habitudes et n'aspiraient pas ou plus à vivre la vie des colons des villes contrairement à leur progéniture éduquée dans les écoles missionnaires qui une fois installée en ville s'empressait d'y faire venir toute la fratrie.

Outre cela, une certaine résistance à cette modernité suspecte, qui véhiculait des valeurs aux antipodes des modes de vie ancestraux, existait bel et bien même si à l'évidence elle n'aura pas été transmise à la jeunesse des colonies qui y a massivement souscrit.

Personne ne se plaignait alors d'une situation qui correspondait simplement aux réalités locales. Deux modes de vie cohabitaient plus ou moins pacifiquement et la fusion des deux a produit ce que l'on considère vu de l'extérieur comme un chaos mais qui à l'intérieur a du sens.

L'échec de la stratégie de développement, d'abord dans sa conception puis dans son implémentation, relève sans doute de cette tension culturelle, encore perceptible actuellement puisque le développement est « sous-traité » aux étrangers qu'ils soient occidentaux ou Asiatiques.

De sorte qu'il faudra le temps d'une génération, soit environ une cinquantaine d'années pour voir émerger les germes d'une activité de développement authentiquement autochtone du fait de la démocratisation de l'accès aux standards culturels mondiaux, notamment par l'alphabétisation, la télévision et l'internet.

Ainsi, la conception et la mise en œuvre d'une stratégie cohérente d'ajustement de l'urbanisme et de l'habitat sont donc actuellement beaucoup plus susceptibles de trouver un ancrage dans le pays profond qu'il y a 50 ans.

Graphique 4. *Distribution de la population urbaine*

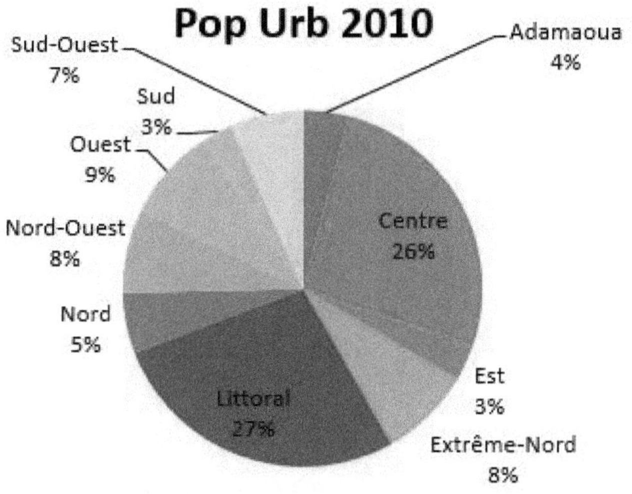

Le second graphique ci-dessous met en évidence les disparités prévisibles de la distribution des populations rurales entre les régions, faisant ainsi apparaître la concentration de ce type de population dans l'Extrême-Nord et dans le Nord, ce qui rime souvent avec un faible taux d'alphabétisation et ou de scolarisation classique, amplifié par l'existence d'écoles coraniques et par un plus fort ancrage des traditions que dans les autres régions. La puissance de la culture peule ou Choa arabe, de fait orientée vers le monde islamique voire arabe (moyen-oriental et asiatique), pouvant justifier cette résistance à la modernité souvent perçue comme occidentale et chrétienne.

D'ailleurs, des agressions, voire des assassinats d'Occidentaux dans ces régions ont souvent pris des proportions inquiétantes et plus récemment des groupes terroristes dont Boko Haram y auraient trouvé refuge.

Toutes choses qui justifient une mobilisation nationale et un effort particulier dans le développement de ces régions au moins afin de préserver l'intégrité du territoire national.

Graphique 5. *Distribution de la population rurale*

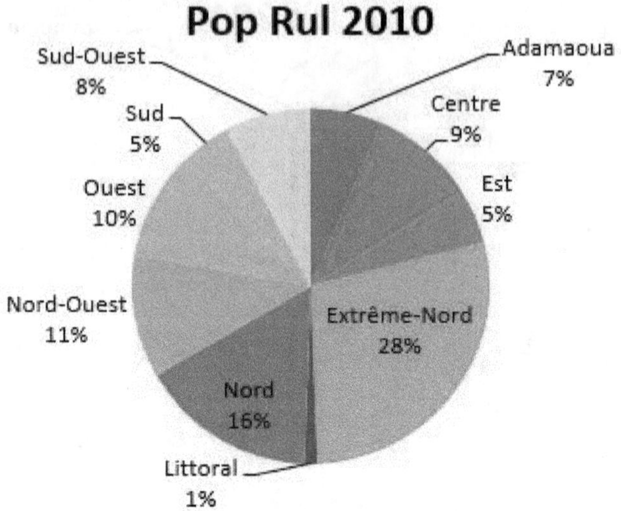

Le troisième graphique ci-dessous donne un aperçu de la situation au sein des régions montrant clairement que si 58% de la population de l'ensemble du territoire est urbaine, ces proportions varient fortement d'une région à l'autre, notamment au Centre mais surtout au Littoral où quasiment la totalité de la population est urbaine, mais dans le cadre d'une urbanisation sauvage qui pourrait transformer la majorité de la ville de Douala en un bidonville (selon des estimations optimistes, environ 50% de la population urbaine vivrait dans des taudis[72]) avec seulement quelques quartiers répondant effectivement aux normes mondiales en matière de confort, augurant ainsi de tensions sociales potentiellement catastrophiques, telles que les émeutes de la faim de février 2008.

[72] OMS Factsheets of Health Statistics 2010 p.44.

Graphique 6. *Distribution comparée des populations rurale et urbaine*

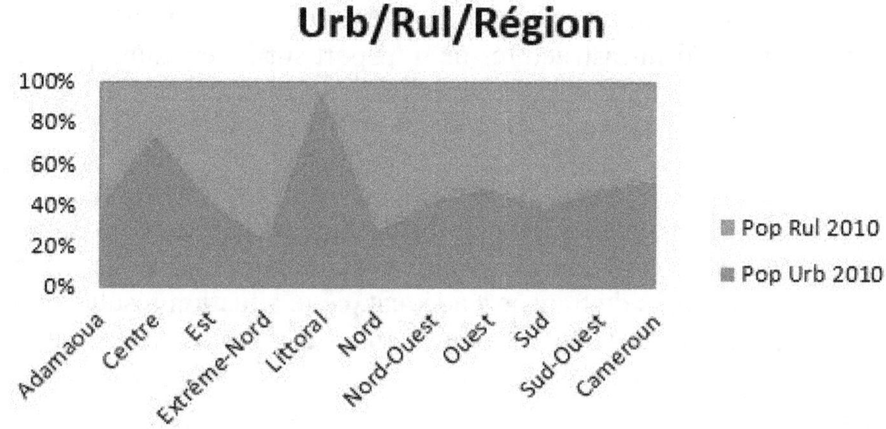

De manière plus spécifique, l'échec des stratégies d'urbanisation telles que déclinées dans le PDU (Plan de Développement Urbain) de 1963 ou encore dans le SDAU (Schéma Directeur d'Aménagement Urbain) de 1982, est mis à découvert par exemple par le fait qu'en 2001 la ville de Yaoundé ne comptait que 87.000 emplois, dans le secteur formel, rémunérés en moyenne au cinquième des revenus de la fin des années 1980 alors que le SDAU de 1982 prévoyait 140.000 emplois en 2000 à revenu effectif équivalent.

L'anarchie des établissements étant révélée par plus de 25.000 expropriations pour les besoins du développement entre 1983 et 1990 parfois sans perception de l'indemnité qui se chiffrait à 23.000.000,00 de francs CFA, à cet égard une idée de la densité excessive ressort du fait qu'il eût été nécessaire d'affecter 2 hectares de terrain de relogement par hectare d'expropriation.

En outre, seules 2.500 habitations modernes et 8.500 habitations traditionnelles sont construites annuellement dans le cadre du SDAU 2020 alors que la population actuelle avoisine 2 millions d'habitants et croît à un rythme d'environ 8% annuellement.

Quant à Douala l'échec est surtout manifeste dans les transports tant la ville est assaillie de « bendskinneurs », plus de 2500, et ne cesse de se développer en absorbant des villages Bassa côté Nord-Est. Toutes choses prévisibles puisqu'elle concentre depuis les Indépendances environ 70% des industries camerounaises, phénomène sans doute lié au faible niveau d'infrastructures de transport sur le territoire, puisque son port couvre 95% des exportations du pays qui s'élevaient à quelque 6 millions de tonnes en 2004.

De plus, le développement en périphérie étant souvent spontané ou sauvage, la quasi-totalité des infrastructures (hôpitaux, marchés, écoles, etc.) se retrouvent concentrées au centre historique, et en l'absence de moyens de transport adéquat, cette situation résulte en un enclavement relatif des néo-arrivants, coupés d'accès à des services de base.

Plus consternant et révélateur de l'urbanisation chaotique du pays, environ 81% à Douala et 87% à Yaoundé des propriétaires de logements ne disposaient pas de titres fonciers en 2007 et donc vraisemblablement pas de permis de bâtir[73].

La santé

L'état de la santé au Cameroun est malgré quelques améliorations statistiques, comme dans la plupart des pays au sud du Sahara, extrêmement préoccupant. A l'heure de la mondialisation qui est manifeste par le fait qu'il est quelquefois plus aisé de se déplacer entre les continents qu'à l'intérieur de son propre pays, que les standards mondiaux en la matière sont accessibles à tous, que l'OMS est présente sur tous les continents et dans tous les pays signataires de la charte onusienne, que les mouvements de capitaux de toute nature se

[73] Ministère de l'économie, de la planification et de l'aménagement du territoire: *rapport national de progrès des objectifs du millénaire pour le développement année 2010* ; p.32.

sont démultipliés au cours des décennies, que la santé est une priorité de la politique mondiale de réduction de la pauvreté, le Cameroun peine toujours à assurer l'hygiène et la salubrité indispensables à la prévention sanitaire et n'est toujours pas en mesure de démocratiser l'accès aux soins sanitaires de première nécessité, sans parler des soins plus sophistiqués qu'il est toujours incompétent à offrir sur son territoire.

La santé au Cameroun est souvent et de plus en plus l'affaire de structures privées, qu'elles soient confessionnelles ou laïques. Les premières étant alors réservées principalement aux pauvres qui y trouvent un espoir d'obtenir des soins de qualité à moindre coût et les secondes étant réservées aux ménages plus aisés qui peuvent à prix d'or s'assurer la diligence du personnel médical et l'accès aux meilleures technologies disponibles localement.

La santé publique assurée par l'Etat, elle, par contre, est très décriée, certains considèrent qu'elle a été partiellement privatisée par les prestataires qui ne font leur boulot que s'ils ont été préalablement « motivés » par le souffrant, et de toute façon chacun sait que les soins véritables s'obtiennent en cliniques privées, dont les agents publics sont souvent les rabatteurs.

Le secteur public des soins de santé est donc largement corrompu et le service n'est depuis très longtemps plus public pour la masse des usagers, qui savent qu'il faut « tchoko » pour être soigné sinon vous mourez !

Le réseau public des infrastructures sanitaires comprend des hôpitaux généraux et/ou centraux dans les villes principales, des centres de santé et des dispensaires à peu près dans tous les départements et arrondissements.

Toutefois, on note sur l'ensemble du territoire une disparité dans le nombre d'infrastructures par rapport au nombre d'habitants et une disparité dans la qualité des établissements de soins de santé qui se traduisent notamment par la compétence et la spécialisation du personnel soignant, par l'accès aux médicaments et aux technologies médicales.

En outre, les difficultés d'accès aux systèmes des soins de santé modernes contraignent une bonne partie de la population à la médecine dite traditionnelle exercée en dehors de tout contrôle légal par les guérisseurs locaux.

Cette médecine parallèle concurrente de la médecine officielle ou formelle constitue l'un des principaux problèmes auxquels le pays doit faire face en la matière ; la paupérisation de la population très sensible depuis le début de la décennie 1990 ayant accentué le caractère informel du domaine de la santé et ce malgré l'existence des structures non lucratives essentiellement détenues par les églises catholique et protestante à raison de 179 dispensaires/8 hôpitaux et 140 dispensaires/31 hôpitaux respectivement en 1992[74], représentant environ 95% du total des structures privées.

Le point faible de la stratégie gouvernementale dans ce domaine est incontestablement l'insuffisance de mutualisation des dépenses individuelles en soins de santé. Or, un succès dans ce domaine pourrait faire sortir, des réseaux parallèles et souvent mortifères de soins, des millions de Camerounais contraints d'y recourir faute de moyens individuels suffisants.

Il va sans dire que la priorité devrait toutefois être mise sur la prévention, et que celle-ci passe par un investissement dans l'accès à l'eau potable et l'éducation des masses, qui demeurent un problème au Cameroun surtout dans les régions rurales qui recèlent toujours à peu près la moitié de la population mais où l'accès à l'eau potable est estimé autour de 10% contre environ 80% dans les villes.

Dans ce domaine également le déséquilibre entre les villes et les campagnes est flagrant, la médecine moderne étant en général réservée aux personnes aisées des villes tandis que la médecine traditionnelle ou parallèle est surtout l'apanage des pauvres des campagnes. Les pauvres étant surreprésentés dans les campagnes par rapport aux statistiques nationales, puisqu'environ 70% de l'ensemble des pauvres vivent en zones rurales.

---

[74] *Adsp* n°39 06/2002 p.64.

Cette observation met en évidence la dualité ou la dichotomie culturelle dans laquelle se trouve toujours empêtré le Cameroun., à savoir : Le traditionnel ancestral des campagnes et le moderne occidental des villes, les deux étant manifestement difficiles à concilier.

Le fort exode rural, qui a fait progresser le taux d'urbanisation jusqu'à 58% actuellement, tend cependant comme dit ci-avant à aligner le pays sur les standards mondiaux, donc accroît la demande de modernité, exposant ainsi l'échec des stratégies gouvernementales que la perduration de l'équilibre des systèmes traditionnels et modernes aurait pu dissimuler.

La chute du niveau de vie des citadins dans les années 1990 marque le début des désillusions, notamment par l'évidente nécessité de partager la modernité avec les campagnes que personne n'avait anticipée avant l'intervention des bailleurs de fonds et de leurs officines de développement.

L'accélération de l'urbanisation témoigne à l'évidence des nouvelles aspirations des ruraux à la modernité concentrée dans les villes et notamment à l'accès aux soins de santé.

La stratégie de développement peut être segmentée par secteur d'activité mais doit procéder d'une logique cohérente d'ensemble.

Ainsi, la santé au Cameroun priorité du gouvernement, présente les mêmes déficiences que les autres secteurs de l'action gouvernementale, liées à l'échec de planification et d'anticipation des phénomènes.

La paupérisation des médecins et leur rareté (la seule université d'Etat, le CHU de Yaoundé, ne peut en former que 60 à 70 par promotion pour une population qui croît à raison d'environ 500.000 citoyens par an) ont entraîné un boom des services privés de santé, et par conséquent exclu de ces services de base une bonne partie de la population, surtout dans les domaines les plus pointus.

En outre l'absence d'encadrement des structures de médecine traditionnelle provoque chaque année des milliers de décès pour des soins aussi banals que des accouchements et/ou avortements. Le taux de mortalité maternelle serait d'environ 6,90 ‰ et de trop nombreux décès sont causés par des maladies bégnines qui ne présentent plus de mystères pour la science (tuberculose, paludisme, fièvre jaune, etc.) le taux de prévalence au VIH/SIDA toujours autour de 5% (le Nord et l'Extrême-Nord étant les moins affectés autour 2,5% tandis que l'Est, le Nord-Ouest et le Sud-Ouest se situent autour de 9%) reste à la fois trop élevé et trop mortifère tandis que la mortalité chez les jeunes enfants de moins de 5 ans se situe autour de 15%[75] , que la tuberculose est mortelle dans 6% des cas et que le paludisme est responsable de 40% des décès au sein du personnel médical et pèse du même poids dans les dépenses médicales des ménages posant ainsi la question de la prévention puisqu'un vaccin existe tout comme pour la tuberculose. De plus, les maladies transmissibles et liées à la malnutrition (le pourcentage d'enfants en sous-poids âgés de 15 et plus étant estimé à environ 17%) affectent 70% de la population, traduisant ainsi l'échec des mesures d'endiguement.

L'espérance de vie qui se situait autour de 58 ans à la fin des années 1970 est désormais à 53 ans ayant connu un plus bas à 51 dans les années 1990, montrant ainsi clairement la forte détérioration du système en général, liée sans doute à la couverture en soins de santé puisque les infrastructures et le personnel croissent sensiblement moins vite que la population.

Les images ci-dessous donnent un aperçu de la distribution des infrastructures de santé sur l'ensemble du territoire, laissant apparaître de fortes concentrations et des zones relativement peu couvertes, ce qui induit des mouvements de populations en quête de soins de santé et/ou des décès plus élevés dans les zones faiblement desservies.

[75] OMS Factsheets of Health Statistics 2010 p.5.

Figure 3: *Distribution des centres de soins médicaux*

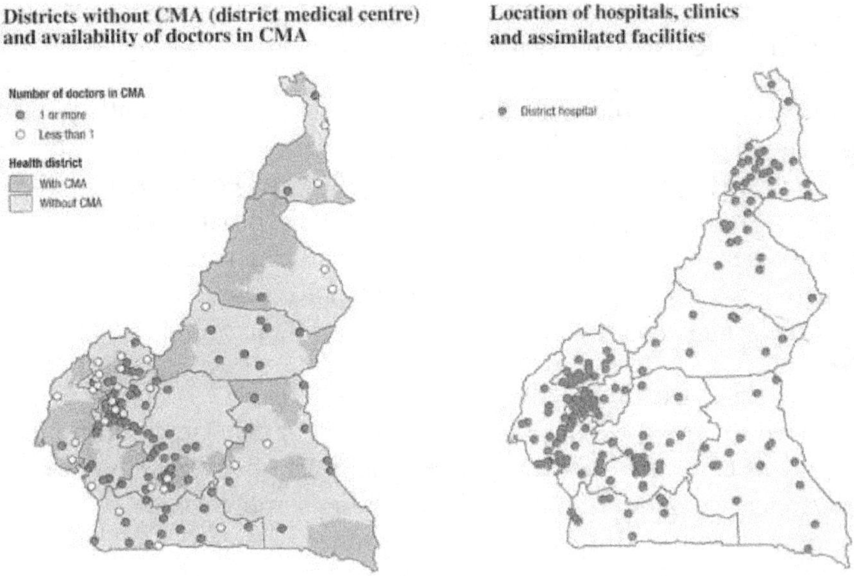

Cf. Africa Atlases / Cameroon p.105 – Les éditions du J.A.

De l'intérêt de la mutualisation des dépenses

Le montant de la dépense totale (gouvernement, entreprises, ménages) en soins de santé est estimé à peu près équivalent à 20 points de PIB, ceci signifie qu'une mutualisation réussie des dépenses de santé pourrait résulter en une réduction du coût individuel de 4/5ème de sorte qu'1/5ème seulement serait à la charge du concerné, et ce montant servant pour les autres d'épargne santé, de sorte que sur la durée le coût parfois important de l'accès aux soins de qualité soit étalé, laissant plus de marge de manœuvre financière à l'usager d'un pareil système de couverture sociale des soins de santé dans un pays où l'accès au capital constitue un réel problème.

Une simple ingénierie financière pourrait banaliser la question de l'accès au traitement et par là même le démocratiser, à la condition cependant que celle-ci soit gérée de manière efficiente. Ainsi, du coût actuel exposé pour l'obtention de soins de cette nature qui atteint en moyenne 95% du coût effectif des soins, l'on pourrait aisément passer à 0,2 point de coût total par intéressé.

En outre un véritable système intégré des soins de santé pourrait également permettre d'approvisionner plus aisément l'Etat en personnel médical ; le ratio actuel de 20 médecins pour 100.000 habitants pourrait ainsi progressivement évoluer vers l'objectif standard de l'OMS fixé à 300 médecins pour 100.000 habitants, simplement par une meilleure capitalisation de l'effort financier individuel, dans le cadre d'une véritable tontine nationale de la santé.

Qui plus est dans un contexte où le paludisme a causé 26% des absences au travail en 2005, l'enjeu est clairement économique d'autant plus qu'en l'absence de dispositions spécifiques concernant l'assistance maladie dans la législation camerounaise, les arrêts temporaires de travail liés à de telles occurrences restent à la charge de l'employeur conformément au code du travail du pays.

Ceci étant il existe un système de couverture pour les accidents du travail et les maladies professionnelles par prestation de la caisse nationale de prévoyance sociale (CNPS) , qui pourrait être étendu à l'ensemble des soins de santé ou servir de base de développement d'un système inédit.

L'éducation

Les élections de 1952 permettent d'établir le nombre de lettrés au Cameroun oriental à 500.000[76] , puisque seuls ceux-ci étaient concernés par le scrutin ; par rapprochement avec la population du

---

[76] In: *culture and customs of Cameroon* by John Mukum Mbaku; p31.

Cameroun oriental estimée à 3.300.000 habitants en 1961[77], il en ressort que le taux d'alphabétisation était d'environ 15%.

La situation a beaucoup évolué depuis, l'éducation à 451 milliards de francs CFA représentant actuellement l'article de dépenses publiques le plus pondéreux hors investissements et devant la défense résultant en une progression significative du taux d'alphabétisation estimé à 77% pour les hommes et 59% pour les femmes.

Note positive donc a priori de ce point de vue même s'il est utile de rappeler que la présente n'est pas entièrement le fait du régime puisque l'essentiel des efforts en la matière sont réalisés par l'Aide Publique des pays développés, qui, notamment par les programmes de développement des Nations Unies, a consacré l'éducation à côté de la santé comme priorité absolue de la stratégie de réduction de la pauvreté et ce notamment depuis l'atteinte fructueuse en 2000 du point de décision dans le cadre des programmes d'ajustement structurels du FMI ayant permis l'accession du Cameroun au statut de Pays Pauvre Très Endetté.

Plus en détail la situation n'est d'une part pas uniforme sur l'ensemble du territoire et d'autre part le type d'éducation proposé qui se rapproche souvent plus de l'instruction n'est quasiment jamais en adéquation avec les besoins administratifs (Lettres) et opérationnels (Sciences) tant dans le secteur public que privé.

En conséquence, le débouché principal du système éducatif camerounais dans son ensemble est le secteur informel aux emplois sous-payés et généralement aux antipodes des compétences développées futilement et le chômage complet ou partiel.

Ainsi, la raison économique qui dans un pays pauvre devrait orienter toute la politique nationale d'éducation est inexistante dans ce domaine et celle-ci se borne à recopier les modèles occidentaux, notamment français et anglais qui correspondent aux besoins d'économies mâtures.

---

77 Idem ; p 70 : tiré de West African Directory 1967-1968 (London and Company Ltd, 1968 ; p 4/ Data for West Cameroon for 1955-1961: statistical annual report for West Cameroon; p 72.

De sorte que la stratégie nationale d'éducation apparaît surtout comme guidée par des enjeux de politiques nationale et/ou internationale, comme en témoigne le fait que les résultats aux examens sont quasiment toujours liés à la satisfaction de la population, lorsqu'ils ne sont pas dictés par l'équilibre des régions, le népotisme et la corruption.

Dans ce domaine également, certains choix gouvernementaux semblent dictés par un manque de leadership, par un besoin permanent de calmer les foules dans un contexte où la légitimité du pouvoir est souvent à tort ou à raison remise en cause.

Dès lors, comme dès l'origine du régime du renouveau, la seule lecture possible de son action parcimonieuse est généralement la volonté de se procurer une légitimité bon marché par des décisions qui défient la logique économique et bien trop souvent la morale, comme ce fut le cas des augmentions salariales faramineuses du personnel public en début de règne pour ensuite, quelques années plus tard, être contraint par les bailleurs de fonds à rebrousser chemin et à diviser par 5 les rémunérations en question.

En effet, quelle stratégie peut être implémentée si le peuple conteste votre légitimité, la seule issue c'est la générosité du coupable qui ne peut réellement gouverner puisqu'il ne dispose pas de mandat pour ce faire, alors il faut tergiverser, atermoyer, flatter, car toute décision douloureuse, exigeant du peuple un effort bien nécessaire, aurait sans doute des répercussions sociales, voire politiques désastreuses.

C'est la politique de l'enveloppe budgétaire, au demeurant dérisoire, du subside ridicule, de la subvention grotesque, comme en atteste le niveau des prestations d'allocations familiales fixées à quelque 1.800 francs CFA/mois jusqu'à la majorité de l'enfant alors que le coût individuel de l'enseignement primaire par enfant est largement supérieur, sans même aborder les autres niveaux d'éducation (75.000 francs CFA en moyenne nationale oscillant entre 33.000 francs à l'Extrême-Nord et 180.000 francs CFA au Centre).

Ainsi, la haute et la petite administration sont corrompues par les citoyens les plus fortunés qui privatisent l'Etat pour leurs intérêts propres, de même que le peuple est « corrompu » par l'Etat afin de laisser faire, puisque les mesures temporaires qui sont prises en sa faveur apparaissent clairement et toujours comme incompétentes à satisfaire de manière durable les besoins de développement du pays.

L'éducation n'est pas en reste dans cette stratégie nationale de développement au rabais, déséquilibré et inadapté, ce qui se traduit notamment par un niveau de bilinguisme insuffisant à satisfaire les besoins d'intégration nationale et internationale, ou encore par un déséquilibre entre les besoins en scientifiques et techniciens et la production de ceux-ci par le système éducatif, alors que les sciences sociales, de gestion, sont populaires et les littéraires en inflation permanente.

Les universités généralistes qui produisent le gros des chômeurs sont toujours aussi populaires même depuis l'arrêt des bourses gouvernementales et la fin de la gratuité au crépuscule de la décennie 1980.

Dans un tel contexte, l'augmentation des parts du secteur privé (plus de 20% à Douala et 14% à Yaoundé entre 2003 et 2010), subventionné par l'Etat, dans le marché de l'éducation pourrait représenter un élément positif puisque son coût plus élevé pourrait contribuer à aligner l'offre d'éducation sur la demande effective du marché du travail. Ce secteur dispose de 31.856 établissements qui représenteraient un coefficient de 0,3 de l'offre totale d'éducation.

Cependant, malgré la gratuité de l'enseignement primaire qui n'est toujours pas obligatoire, seulement 3.350.662 élèves de ce niveau auraient été enregistrés entre 2008 et 2009, ce qui, compte tenu de la classe d'âge concernée à savoir les enfants de 6 à 15 ans qui représentent environ un quart de la population totale estimée à l'époque à 19.406.100 habitants, révèle une sous-scolarisation à ce niveau estimée à plus de 1.500.000 enfants. Or, ce niveau d'éducation fait l'unanimité quant à sa nécessité.

Le déficit stratégique ou de leadership en matière d'éducation ressort aussi clairement du processus d'élaboration budgétaire qui fait la part trop belle aux aspirations des populations prises en compte à concurrence de 60% conformément aux directives ministérielles[78].

L'absence de maîtrise, par la hiérarchie de l'évolution du système, ressort de ce que seulement environ 21% des chefs d'établissements savent précisément à quels usages sont employées les sommes allouées à l'investissement public dans leur sphère de contrôle[79].

En outre, dans certains cas seulement 46% (60% en moyenne) du budget est correctement exécuté, autrement dit le circuit budgétaire absorbe ou dissipe plus de 40% des flux financiers qu'il canalise, de sorte que l'impact budgétaire réel est d'environ 0,6 point de budget.

Du point de vue de la disparité, le rapport du nombre de places assises par élève dans le primaire et le secondaire montre un retard important des régions septentrionales (0,666) contre 0,8 en moyenne au niveau national et 1 pour les régions du Littoral et du Sud-Ouest.

Au niveau des infrastructures, 90% des écoles primaires n'ont pas accès à l'électricité contre environ 44% en milieu urbain tandis que 31,8% en moyenne (rural et urbain confondus) n'ont aucun accès à une source d'eau. Cette situation infrastructurelle est d'autant plus dramatique compte tenu de l'impérieuse nécessité de diversifier les moyens pédagogiques et de familiariser dès le plus jeune âge les élèves aux nouvelles technologies de l'information et de la communication.

Du point de vue de l'insuffisance des enseignants, la figure ci-dessous donne un aperçu du problème sur l'ensemble du territoire national, certaines régions, notamment celle du Cameroun septentrional étant plus affectées que d'autres, à titre de référence, l'Unesco fixe à 45 le standard du nombre d'élèves par enseignant. De plus elle met également en évidence le faible taux de scolarisation des enfants en âge d'être scolarisés dans certaines régions du pays (toujours les mêmes) et ce malgré la gratuité de l'enseignement primaire.

---

[78] 2ème enquête sur le suivi des dépenses publiques et le niveau de satisfaction des bénéficiaires dans les secteurs de l'éducation et de la santé au Cameroun ; INS p. XVI.

[79] Ibidem.

Figure 4: *Distribution du ratio d'enseignants par élève*

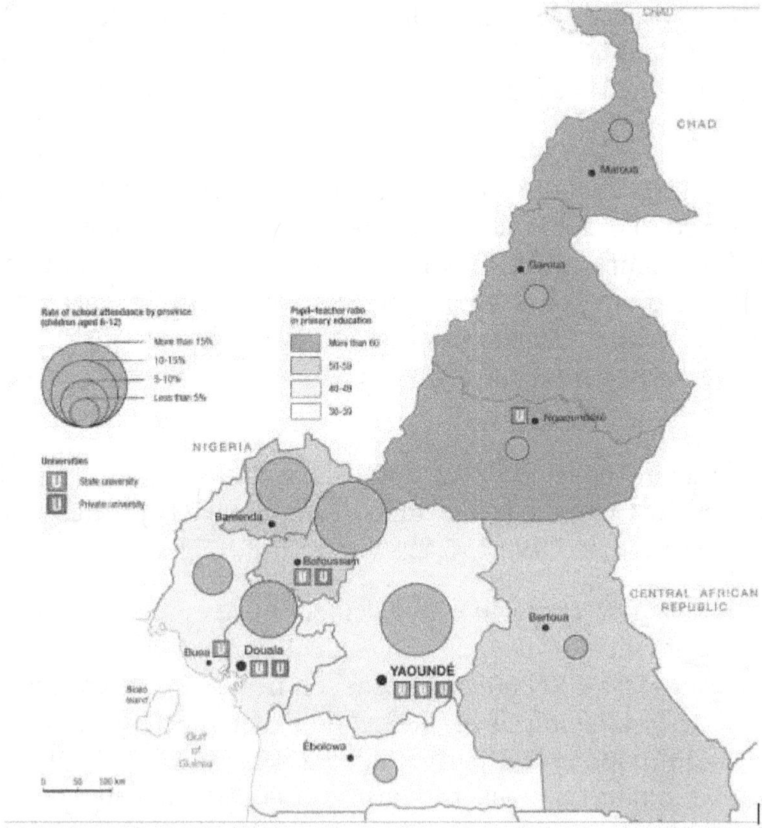

Cf. Africa Atlases / Cameroon p.103 – Les éditions du J.A.

Au demeurant, la mauvaise couverture du territoire du point de vue de l'offre d'éducation n'est évidemment pas dissociable du faible niveau d'infrastructures et surtout de la disparité qui existe dans ce domaine entre les régions. Tant du point de vue de l'accès aux écoles (transports), de celui de la disponibilité des outils didactiques que de celui du nombre d'enseignants, les conditions de vie dans la région concernée joueront évidemment un rôle déterminant.

C'est donc que dans le domaine de l'éducation également les lacunes relevées procèdent de l'absence de stratégie cohérente de développement du territoire comme en atteste le DSCE, aggravée dans ce secteur en particulier par la logique du « Bottom-Up » (auto-gouvernance !) en matière de préparation du budget qui a sûrement pour conséquence l'absence de standardisation de l'offre et du contexte d'éducation sur l'ensemble du territoire, de sorte que les mots « école » ou « enseignant » ne revêtent pas le même sens d'un arrondissement à l'autre.

A cet égard pour un total d'écoliers sensiblement équivalent, l'Extrême-Nord disposait de la moitié des enseignants recensés au Centre tandis que l'Ouest qui comptait 82% environ du nombre d'écoliers du Centre ne disposait que d'environ la moitié des effectifs d'enseignants établis au Centre. Le même constat valait pour les salles de classe à la différence peu significative que l'Ouest comptait environ 2/3 des salles de classe disponibles au Centre.

Dans le secondaire entre 2008 et 2009, le Littoral apparaissait plus défavorisé que le Centre dans le rapport enseignants/apprenants qui affichait respectivement 3 490/176 898 contre 7 891/218 461.

En outre, l'absence de stratégie est également mise en évidence par le fait que 15% des écoles primaires n'avaient pas de conseil d'école (organe de gestion) en 2009 ou encore par son fruit à savoir les tensions internes entre les protagonistes du budget de l'Etat à différents niveaux hiérarchiques qui poursuivent parfois des intérêts conflictuels, comme en témoigne l'implication des responsables départementaux estimée pour l'enseignement secondaire à 39% contre 50% au niveau régional, pour ne retenir que cet exemple-là[80] (l'observation étant plus accablante pour le budget d'investissement que pour le courant).

Du point de vue de l'inefficience, les détournements de ressources estimés à environ 40% pourraient en réalité être plus importants puisque les ordonnateurs délégués ne sont au courant de l'inscription dans le budget de l'Etat de dotations d'investissements les concernant que dans 21% des cas[81].

---

[80] PETS 2 Cameroun, 2010 .

[81]Seconde enquête sur le suivi des dépenses publiques et le niveau de satisfaction des bénéficiaires dans les secteurs de l'éducation et de la santé au Cameroun ; INS p. 26.

Les OMD, qui ont été adoptés par le Cameroun en 2000 dans le cadre de sa stratégie de réduction de la pauvreté à l'horizon 2015, comprenaient les objectifs suivants : éradication de l'extrême pauvreté et de la faim, universalité de l'enseignement primaire, émancipation et autonomisation des femmes, réduction de la mortalité infantile et maternelle, lutte contre le VIH/SIDA, le paludisme et autres épidémies, protection de l'environnement, développement de partenariats économiques Nord-Sud.

Lesdits objectifs concomitants à l'accession du Cameroun au point de décision de l'initiative PPTE, et donc à l'obtention par ce dernier des premiers allègements de dette extérieure multilatérale nécessaires à la réduction de la pauvreté, servaient de cadre aux initiatives du pays dans ce domaine.

L'échéance convenue était l'année 2015, et le Cameroun pouvait compter sur quelques bonnes nouvelles économiques supplémentaires dont la signature à l'époque du contrat de construction de l'oléoduc tchado-camerounais sur environ 900 km (côté camerounais) afin de faire transiter le pétrole tchadien jusqu'au port de Kribi, laissant augurer de royalties importantes ou ultérieurement, l'accession au point d'achèvement de l'initiative PPTE en 2006, libérant des ressources financières supplémentaires à affecter au développement par le truchement de l'annulation de la dette multilatérale et bilatérale (C2D).

Malgré cette relativement bonne conjoncture économique qui s'est traduite par un taux de croissance moyen d'environ 3,25% depuis l'an 2000, force est de constater que le Cameroun est encore à la traîne, puisque les progrès réalisés dans l'atteinte des différents objectifs sont manifestement insuffisants à réaliser les objectifs à l'échéance initiale de 2015, comme en atteste le dernier rapport sur les OMD publié par le gouvernement en 2010.

Conscient de ses insuffisances en la matière, il a mis à contribution la technique de l'ajournement puisque, dans le cadre de l'adoption du *document stratégique pour la croissance et l'emploi* en 2009 (DSCE), le gouvernement a repoussé l'échéance des OMD à 2020, au terme d'une litanie de vœux économiques concernant l'accession du pays au statut d'émergent, mais qui n'ont pour seule vertu que de nous rassurer sur les bonnes intentions de celui-ci.

En effet, le trait marquant du fameux DSCE c'est l'impuissance que trahit l'incroyable naïveté des vœux en question, manifestement trop idéalistes, voire naïfs, dans un contexte où la croissance camerounaise actuelle, celle sur laquelle le présent gouvernement a une influence immédiate et directe, reste trop faible au regard du potentiel de développement d'un pays où tout reste à faire, qui plus est dans une conjoncture mondiale qui a connu des hauts et des bas au cours des 13 dernières années.

Conformément au DSCE le niveau de croissance requis pour la réalisation de son objectif est de deux chiffres[82],c'est-à-dire plus du double du progrès économique fourni actuellement au Cameroun, compte tenu essentiellement des besoins du pays en matière de développement et notamment des exigences liées à la croissance rapide de sa population qui devrait donc doubler d'ici 2035.

Les moyens d'atteindre cette capacité économique sont totalement absents du document qui se borne à fixer le cap et à rappeler les directives des pays développés et de l'Organisation des Nations Unies afin d'assurer le développement économique. Il ne s'agit donc pas d'une stratégie propre à donner au Cameroun une trajectoire de développement spécifique et adapté à son potentiel.

Dans le meilleur des cas il s'agit d'une politique qui consiste à déléguer la conception stratégique aux grandes puissances économiques, tout en fixant les besoins afin de s'assurer le maintien de l'aide.

Cette politique, qui ne date pas d'hier, est la cause du sous-développement effectif du Cameroun, car l'absence d'initiative probante en matière de stratégie et le recours à l'assistance technique

[82] In *Cameroun Vision 2035* (Version 2009) p.v: de la Division de la Prospective et de la Planification Stratégique du Ministère de l'Economie, de la planification et de l'aménagement du territoire.

extérieure dans ce domaine ne peuvent pas servir les intérêts individuels du Cameroun.

Autrement dit, il ne faut pas s'étonner que les coopérants étrangers donnent au développement du pays l'orientation qui leur convient et non celle qui sert le mieux le développement harmonieux du pays.

Ainsi, la nationalisation du développement passe par la nationalisation de la stratégie, le recours à l'assistance étrangère devant demeurer marginal et purement technique et/ou financier.

Or malgré l'usage abondant des termes « partenaires techniques et financiers », la réalité qui ressort d'une lecture éclairée du DSCE est que ce sont les partenaires extérieurs qui définissent la stratégie de développement du pays et non pas sous la contrainte mais par choix délibéré d'un gouvernement impuissant qui n'a plus le prétexte de l'ajustement structurel dans le cadre de l'initiative PPTE et qui, sommé de gouverner, cherche sans cesse des faux-fuyants et la complaisance des bailleurs de fonds.

La logique est la même pour l'adoption des OMD qui offrent ainsi à un gouvernement « d'affaires courantes », un cadre pseudo-stratégique de référence, qui lui permet d'échapper à ses responsabilités.

Le problème c'est que cette politique d'assistanat stratégique n'est pas propice à l'attraction des capitaux financiers indispensables au développement du Cameroun, et que, contrairement aux expectations de ses instigateurs, elle maintient les APD et IDE à leurs niveaux minimums[83], certes suffisants pour assurer le train de vie des élites, mais manifestement dérisoires au regard des besoins des populations.

Le niveau des IDE, qui est donc clairement un indicateur de la crédibilité internationale accordée à la stratégie nationale de développement économique, témoigne de la défiance généralisée vis-à-vis du DSCE, et pour cause : la stratégie, ce n'est pas un registre de projets dictés par les besoins actuels et immédiats pris

[83]Dans le cadre du 10ème FED (2008-2013), l'Union Européenne a supprimé provisoirement l'appui budgétaire en tant qu'instrument de financement en raison des errements constatés à cet égard dans l'exécution du 9ème.

individuellement tels qu'exprimés par la clientèle politique (pont à tel endroit, route à tel autre, etc.), mais c'est un ensemble de projets cohérents indépendants de la situation actuelle et orientés vers un objectif défini et précis.

Ainsi, la profusion de capitaux qui résulterait de l'élaboration d'une stratégie crédible tenant compte du potentiel camerounais et définissant le moyen d'exploitation optimal pour un décollage économique effectif dépasserait les rêves les plus fous des Camerounais dans le domaine.

La réconciliation des besoins de financement du Cameroun aux financements existant sur les marchés financiers internationaux[84], dans un contexte de compétition économique exacerbée, passe par l'élaboration d'une stratégie agressive d'exploitation optimale de nos immenses ressources, qui libérerait le dynamisme économique camerounais.

Or, force est de constater qu'après plus de 10 ans d'exécution infructueuse de la « stratégie des OMD », le Cameroun n'a toujours pas pu s'émanciper de l'assistance stratégique et est toujours au stade initial de réduction de la pauvreté ou pire au stade de stabilisation de la pauvreté au niveau où elle se situait lors des accessions aux Indépendances (le niveau de pauvreté est resté stable à 40,2 entre 2001 et 2007 selon les sources officielles[85]), comme en témoigne la conversion virtuelle de l'aide publique au développement en subventions diverses.

La preuve de cette subordination en matière de stratégie économique élémentaire procède de l'aveu même du gouvernement camerounais en ces termes : « Les Objectifs du Millénaire pour le Développement (OMD), après leur adoption par la communauté internationale en l'an 2000, ont été retenus par le gouvernement camerounais comme cadre

---

[84] Le succès des euroobligations nigérianes ou ghanéennes avalisées par le FMI sur les marchés financiers internationaux en témoigne.

[85] Ministère de l'économie, de la planification et de l'aménagement du territoire: *rapport national de progrès des objectifs du millénaire pour le développement année 2010* ; p.2.

de référence de la politique et de la stratégie de développement économique et social, au plan macroéconomique et sectoriel. »[86]

Certes, ces objectifs de développement sont louables, mais la question demeure de savoir si leur réalisation doit procéder de la création de richesse et de la croissance économique ou les précéder. C'est là l'enjeu idéologique et stratégique !

Le paradigme de développement des pays les plus avancés ou plus récemment de la Chine plaide pour la seconde option, mais, s'alignant sur les priorités de pays riches par un assujettissement servile et délibéré, le gouvernement lui préfère la première, prenant ainsi une bifurcation qui mène vers le cercle vicieux du sous-développement (voir supra).

Cette analyse est confortée dans le détail par le taux de réalisations dérisoires, voire négatives des objectifs en question qui achoppent sur le niveau de création de richesse, l'aide publique au développement ne pouvant pas couvrir les besoins recensés en la matière.

Ainsi que le montre le rapport sur la réalisation de ces objectifs en 2010 au Cameroun, les différents OMD pris individuellement présentent la situation suivante :

OMD 1 : éradication de l'extrême pauvreté et de la faim

Le gouvernement constate une augmentation du taux de malnutrition entre 2001 et 2007 et une stagnation du nombre de personnes vivant sous le seuil de pauvreté à 40,2% de la population totale (estimation sans doute sous-évaluée puisqu'elle pourrait atteindre 66,66%).

[86] Ibidem P.1

OMD 2 : universalité de l'éducation de base

Le taux de scolarisation estimé à 82,9% des enfants en âge d'être scolarisés en 2010 progresse lentement à un rythme de 0,3% entre 2001et 2007 ; l'objectif est donc de ce point de vue également compromis.

Dans un pays où les conditions de vie des mineurs d'âge sont parfois exécrables et comprennent souvent le travail forcé, un taux d'environ 20 points de déficit de scolarisation au niveau primaire ne saurait être considéré comme résiduel.

OMD 3 : émancipation des femmes

Du point de vue du niveau d'éducation qui est déterminant pour l'accès ultérieur aux emplois de qualité et de manière générale à une forme de promotion sociale, la progression du rapport filles/garçons dans le primaire et le secondaire reste à l'avantage des garçons tandis que le niveau d'alphabétisation des femmes stagne à environ 60% accusant près de 17 points de retard par rapport aux hommes de la même génération. La conséquence logique de cette quasi-stagnation du niveau d'éducation des femmes, c'est un progrès social à la traîne puisque seules 25 femmes sont élues au parlement contre 155 hommes, que seules 25% des femmes camerounaises dirigent une entreprise, et qu'elles sont représentées au gouvernement à concurrence de 10% en 2010.

Ceci étant, cet OMD essentiellement idéologique et culturel est susceptible de se heurter à des réticences locales compte tenu des coutumes locales et de la place traditionnellement réservée aux femmes, même si dans l'ensemble on note dans les couches sociales plus aisées un certain alignement sur l'Occident dans le domaine, laissant supposer que l'amélioration du niveau de vie pourrait avoir un impact significatif sur cet OMD.

OMD 4: réduction de la mortalité infantile

En 20 ans entre 1990 et 2009, selon l'OMS, le taux de mortalité infantile au Cameroun s'est aggravé de 0,6 point passant de 14,8% à 15,4%. Le taux de progression dans la réalisation de cet objectif est donc clairement négatif et ce malgré le rang important qu'occupe la santé dans les priorités gouvernementales, posant ainsi clairement la question de la pertinence des investissements puisque la multiplication des infrastructures ne semble pas influencer la qualité des soins.

OMD 5: réduction de la mortalité maternelle

Selon les statistiques officielles, le taux de décès des mères à l'accouchement est de 6,69% fin 2008, montrant ainsi une relative stabilité dans le domaine avec toutefois une tendance haussière accentuée par exemple par la dégradation du taux d'accouchements médicalement assistés entre 2004 et 2008 passé de 61,8% à 58,9%.

OMD 6: réduction de la prévalence du VIH/SIDA, du paludisme et des principales maladies

Selon l'OMS, le taux de prévalence national du VIH/SIDA serait passé de 6% à 5,1% entre 2001 et 2007, soit une amélioration de 0,9 point tandis que le taux de mortalité liée à cette infection est sans doute positivement affecté par la progression du taux de personnes infectées ayant accès à la trithérapie, passé de 25 à 41% entre 2007 et 2009.

Cette maladie fait l'objet d'une surveillance mondiale ayant sans doute positivement influé sur la situation particulière du Cameroun.

Quant au paludisme, il causerait 19% des décès chez les moins de 5 ans à peu près à parité avec la pneumonie et la diarrhée toutes deux liées à l'environnement de vie de l'enfant. La prévalence de la tuberculose serait plus ou moins stable quoique son impact soit moindre.

De manière générale, les problèmes de santé et la difficulté à juguler des maladies qui ne présentent plus aucun secret pour la médecine conventionnelle restent préoccupants (29% des décès en 2009 étaient dus au paludisme) et sont sans doute liés à l'insuffisance du personnel médical et à la concurrence des médecines parallèles toujours très populaires notamment chez les plus pauvres auxquels s'ajoute la malnutrition qui causerait indirectement 48% environ des décès chez les moins de 5 ans.

OMD 7: protection de l'environnement

Selon les statistiques officielles, les surfaces protégées seraient passées de 13% à 18,8%, notant ainsi une amélioration de la préservation de l'environnement, comme en témoigne également le fait que 15% des entreprises aient aménagé un dispositif de protection de l'environnement, notamment dans les industries agricoles et extractives.

Toutefois, la mesure dans laquelle cet OMD concerne les économies de pays en développement est discutable car sa pertinence est surtout établie pour les pays fortement industrialisés, ce qui entraîne un taux de pollution élevé.

Si la question de la préservation de la biodiversité ne fait aucun doute, en revanche les mesures liées au réchauffement climatique sont plus mitigées, car la question ne fait pas l'unanimité au sein de la communauté scientifique internationale. Il importe donc, dans le cadre de la réalisation de cet objectif, d'étudier son impact sur la croissance afin de rechercher un point d'équilibre utile pour nos économies. Par ailleurs, l'usage des sources d'énergies alternatives, notamment les panneaux solaires, commence à gagner du terrain.

Les principaux partenariats économiques multilatéraux dont le Cameroun est cocontractant sont les APE (Accords de Partenariats Economiques) avec l'Union Européenne et l'AGOA (African Growth for Opportunity Act) avec les États-Unis.

Les premiers se situent dans la suite de l'accord entre l'Union Européenne et les ACP dont le Cameroun fait partie et prévoient un accès immédiat à tarifs préférentiels à la production camerounaise sous condition de réciprocité étalée sur plusieurs années et concernant 80% du marché camerounais.

En outre, le graphique ci-dessous donne un aperçu de l'évolution des échanges commerciaux avec les Etats-Unis dans le cadre de l'AGOA, qui portent principalement sur le pétrole (environ 80%) et sont réalisés en franchise de droits de douane.

Graphique 7 : *Commerce extérieur avec les Etats-Unis(AGOA)*

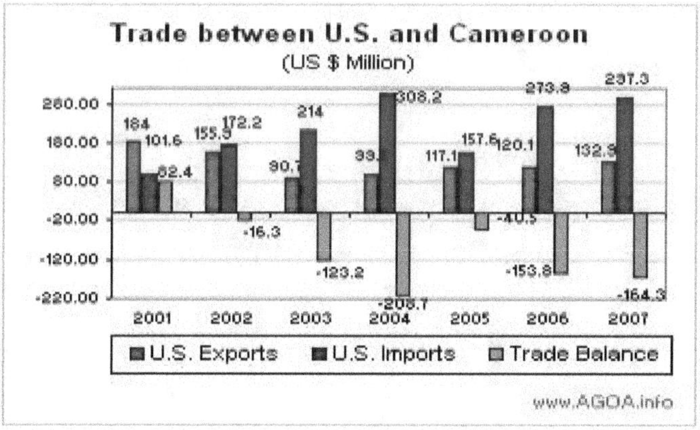

Il fait ressortir un excédent en faveur du Cameroun entre 2002 et 2007 quoique les chiffres plus récents présentent un déficit d'environ 17 millions de dollars contre le Cameroun.

De manière générale, les objectifs du millénaire pour le développement devraient trouver à s'appliquer par défaut de stratégie propre de développement économique et social, et doivent, quoi qu'il en soit, être contextualisés.

En conséquence, le fait que le gouvernement camerounais en ait fait la pierre angulaire de sa stratégie économique déclinée dans le DSCE visant l'accession du pays au statut d'émergent à l'horizon 2035, témoigne de l'absence totale de vision ou de projet économique intégré pour le pays.

L'initiative étant inexistante en la matière, le gouvernement s'appuie donc sur les OMD dans le but de rassurer les bailleurs de fonds et autres donateurs sur sa volonté d'intégration mondiale et ainsi de justifier et de pérenniser les aides reçues alors que la communauté internationale souhaite les réduire significativement.

C'est donc à contre-courant que navigue le bateau camerounais, qui par son absence de stratégie croit pouvoir attirer l'assistance étrangère, or c'est précisément en raison de cette attitude qu'elle est condamnée à baisser au profit de nations plus dynamiques et entreprenantes.

Projets d'ajustements stratégiques

Dominer un segment du marché mondial par la spécialisation de l'agriculture

L'on a à raison coutume de considérer que la diversification de l'économie camerounaise représente son atout majeur au sein de la sous-région CEMAC, mais cette diversification qui est essentiellement dictée par la diversité climatique et géologique du Cameroun représente également un handicap sur un marché international où il existe de facto une division internationale du travail tendant à favoriser l'émergence de situation monopolistique ou oligopolistique, comme l'atteste l'expansion des multinationales aux capitaux supérieurs aux budgets de fonctionnement des nations les plus riches.

Ainsi, les pôles de compétitivité économique ne sont plus regroupés par régions géographiques mais par secteurs d'activités qui représentent les « core-business » des multinationales qui contribuent au PNB des pays riches.

Toutefois, ces dernières par la structure des participations à leurs capitaux montrent des obédiences nationales clairement établies, et servent en définitive les intérêts de nations bien identifiées qui à leur tour leur offrent la protection nécessaire au développement de leurs activités commerciales.

En conséquence, les pays ont donc encore un rôle déterminant à jouer dans l'émergence d'entreprises multinationales « battant pavillon » bien identifié, qui ont poussé la notion de rationalisation issue du taylorisme à l'extrême en réalisant des économies d'échelle astronomiques, par une maîtrise technologique phénoménale mais également par un « shopping » mondial du meilleur rapport facteurs/coûts, en moyenne arithmétique pondérée, c'est ainsi notamment que l'Asie du Sud-Est et surtout la Chine sont devenues l'atelier du monde pour ensuite s'affirmer de plus en plus comme une puissance économique à part entière.

C'est donc que l'attractivité des facteurs, y compris et surtout les ressources humaines, dont dispose un pays quelconque est déterminante pour le développement économique du pays considéré, puisque la logique du profit qui est au cœur du néolibéralisme mondial dominant a rendu les mouvements capitaux sur le marché mondial extrêmement fluides, comme en témoignent les nombreuses délocalisations de production qui ont abouti à la structure de production mondiale résumée dans le tableau ci-dessous.

En effet, depuis le 19ème siècle et jusqu'à la fin du 20ème, la manufacture c'était essentiellement l'Occident et dans une moindre mesure le rival de l'Est, mais depuis le début du 21ème siècle, l'Asie et l'Amérique latine ont bénéficié de la désindustrialisation de l'Occident pour s'affirmer dans les secteurs de la manufacture et de l'agro-industrie dans la foulée des époustouflants progrès technologiques de la décennie 1990, qui constituent le core-business de l'Occident nouveau et dont le noyau est probablement la « silicon valley ».

Il est intéressant de préciser que les profits générés par les délocalisations qui ont surtout bénéficié aux multinationales ont été recyclés dans l'innovation technologique et dans le développement de services nouveaux trouvant naturellement des débouchés dans les nouveaux marchés promus par les délocalisations qu'ont su s'approprier certains « ateliers du monde » dont la Chine, notamment grâce aux transferts de technologies.

Dans le même temps, l'Afrique subsaharienne, qui depuis le 19ème siècle a largement contribué au PIB mondial par l'agriculture intensive des colons n'a pas su tirer avantage des évolutions de la structure de production mondiale, probablement en raison de la faible attractivité des facteurs de production disponibles sur son sol, notamment de l'absence de dynamisme de ses ressources humaines, perçues à tort ou à raison essentiellement comme des bêtes de somme, dont l'effort physique fourni dans les plantations d'Afrique et d'Amérique a incontestablement contribué à l'enrichissement des nations concernées, qui ont su capitaliser sur les profits réalisés par l'esclavage des Noirs pour développer une industrie qui très vite rendra largement inutile la contribution physique des paysans dans les plantations tant la mécanisation et la rationalisation auront réduit la contribution humaine nécessaire à la production de masse.

Tableau 6. *Répartition du marché mondial dans le cadre de l'actuelle division internationale du travail*

Régions	Armement	Technologie	Innovation &Services	Matières Premières Energétiques	Minerais	Manufacture	Agriculture Tropicale	Agriculture Nordique	Agriculture Méditerranéenne	Diverses Ressources Géologiques
Afrique				X	X		X		X	X
Amérique Latine						X	X			
Ancien Bloc Soviétique	X			X		X		X		
Asie/Chine						X				
Autres pays Emergents d'Asie						X	X			
Occident/Japon	X	X	X	X					X	
Océanie				X	X					X

C'est ainsi que d'une contribution économique vitale l'Afrique subsaharienne est passée à une contribution économique au PIB mondiale dérisoire (environ 1% du commerce mondial), entraînant ainsi un enclavement et son corollaire le sous-développement, puisqu'elle ne reçoit qu'une part ridicule des richesses mondiales et essentiellement dans le cadre de l'aide ou du recyclage des produits usés.

A cet égard, il est intéressant de noter que les accords de libre-échange entre l'Union Européenne et les pays d'Afrique des Caraïbes et du Pacifique (ACP) ont été signés en 2000 à Cotonou, capitale mondiale du marché d'occasion, consacrant le rôle économique de l'Afrique en tant que débouché des produits usés ou plus crûment en tant que « poubelle du monde ».

Or, même ce rôle peu enviable est aujourd'hui remis en cause par le développement d'une industrie du recyclage en Occident, de sorte que si l'Afrique subsaharienne persiste dans sa passivité économique, elle pourrait à terme n'avoir plus d'intérêt économique mondial du tout, sauf à devenir une poubelle non plus de produits usés, mais de déchets non recyclables essentiellement toxiques et mortifères (radioactifs, chimiques, etc.) qui détruisent l'environnement et tuent les hommes.

La seule issue, c'est donc, à côté d'une économie sous-régionale et locale, le développement d'une économie à vocation mondiale suffisamment performante pour assurer l'autosuffisance économique et mettre l'Afrique subsaharienne à l'abri du triste sort de poubelle du monde du fait de son incapacité à s'autogouverner.

L'atteinte de cette autosuffisance économique passe nécessairement par l'acquisition des facteurs de production et des technologies occidentales ou depuis peu asiatiques, notamment pour le développement de marchés locaux tributaires entre autres des moyens de transports et de communication ainsi que d'un niveau de production énergétique dont l'Afrique subsaharienne ne possède pas les technologies.

Ainsi, le développement économique de cette région du monde passe par une phase d'acquisition et d'appropriation de technologies et de facteurs de production étrangers, qui ne peuvent être obtenus que dans le cadre d'un commerce qui suppose l'existence d'une contrepartie satisfaisante pour nos fournisseurs.

Le choix à cet égard est simple, c'est soit l'émancipation soit l'esclavage économique et son corollaire la perte de souveraineté acquise de haute lutte et parfois dans le sang.

L'esclavage dérive de la passivité actuelle et ne nécessite aucun effort particulier mais l'émancipation exige des sacrifices et la production d'une contrepartie aux biens d'équipements et aux technologies que nous devons acquérir pour survivre.

C'est dans ce contexte qu'il importe d'élaborer et d'implémenter une stratégie de maîtrise d'un secteur de production essentiel à l'économie mondiale de sorte qu'affluent sur nos pays les capitaux étrangers indispensables au développement d'une industrie locale stratégique qui substituera, aux importations actuelles notamment alimentaires (riz, blé, etc.), une production locale garantissant notre souveraineté et donc assurant la défense de nos intérêts propres.

Pareille tâche aurait dû être entreprise dès les Indépendances, mais ne l'a manifestement pas été, de sorte que le statu quo de notre production économique nous marginalise dans le contexte d'une économie mondiale qui se transforme et dont les besoins évoluent, résultant ainsi en un anachronisme sans cesse croissant entre notre offre et la demande mondiale.

Même les dérivés de nos cultures pérennes sont concurrencés par des succédanés issus des progrès de la chimie occidentale ; il est donc plus que jamais temps de défendre et d'assurer l'expansion de notre part du marché mondial en réconciliant notre offre et la demande internationale, afin d'assurer à terme la couverture de nos besoins économiques.

L'Industrialisation de l'Import Substitution (Import Substitution Industrialisation) qui a connu un succès considérable dans les pays asiatiques au cours des décennies 80 et 90, et qui rencontre une adhésion idéologique considérable dans les milieux économiques mondiaux, passe non pas par le crédit mais par un niveau d'exportation suffisant à couvrir les besoins en facteurs de production (Cf. Tableau ci-dessous).

Tableau 7 : *Import Substitution Industrialisation*

Phases du développement industriel	1 Exportation des biens primaires	2 Première import-substitution	3 Première export-substitution	4 Deuxième import-substitution	5 Deuxième export-substitution
Structure commerce / production					
a) Matières primaires	Exportations	Exportations	Exportations réduites	Importations	Importations
b) Produits manufacturés légers	Importations	Substitution par les biens domestiques	Exportations (substitution des matières premières)	Exportations	(Exportations)
c) Produits manufacturés lourds	Importations	Importations	Importations	Substitution par les biens domestiques	Exportations (substitution des produits manufacturés légers)
Mesure : « Manufacturing share /GDP »	...< 11%	11 % <...< 17%	17 % <...< 23%	23 % <...< 24%	24 % <...
Commentaires		L'importation des produits manufacturés légers est substituée par la production locale.	L'exportation des matières premières est substituée par les produits manufacturés légers.	Le pays dispose peu de matières premières et les importe par conséquent. Le pays substitue l'importation des biens manufacturés lourds par la production locale. Les principaux produits exportés sont les biens manufacturés légers.	Le pays substitue l'exportation des produits industriels légers par les produits industriels lourds.

Source Vision Cameroun 2035/2009

Or, la contrainte d'exporter massivement et immédiatement suppose la spécialisation dans un secteur de production d'utilité économique mondiale, que l'on maîtrise suffisamment, c'est-à-dire, dans notre cas, l'agriculture ; autrement le temps d'apprentissage nécessairement long d'une autre activé entraînera un retard important et peut-être fatal dans le contexte d'une économie mondiale très volatile.

L'exportation massive suppose une production de masse et donc une concentration des efforts de production sur une ou plusieurs denrées de consommation mondiale à forte élasticité aux prix et/ou aux revenus, ce qui n'empêche pas de maintenir une agriculture dédiée aux marchés locaux, pendant la transition.

A ce titre, le cacao et l'hévéa possèdent des élasticités aux revenus et aux prix estimées à 0,5 et 1,7 respectivement par des économistes néerlandais[87] dont le pays consomme environ 80% du cacao camerounais.

Ces secteurs de production pourraient donc être développés et servir l'autosuffisance économique du pays, selon le processus décrit ci-après, dans un contexte où la production pétrolière, principale exportation du pays en valeur monétaire (environ 45%), a chuté de moitié entre 2005 et 2011 passant d'environ 6 millions à 3 millions de tonnes.

[87]In La croissance économique et les perspectives de la demande de matières premières : le caoutchouc naturel et le cacao; Free University Amsterdam à la Conférence sur l'avenir des cultures pérennes à Yamoussoukro, 5 au 9 novembre 2001.

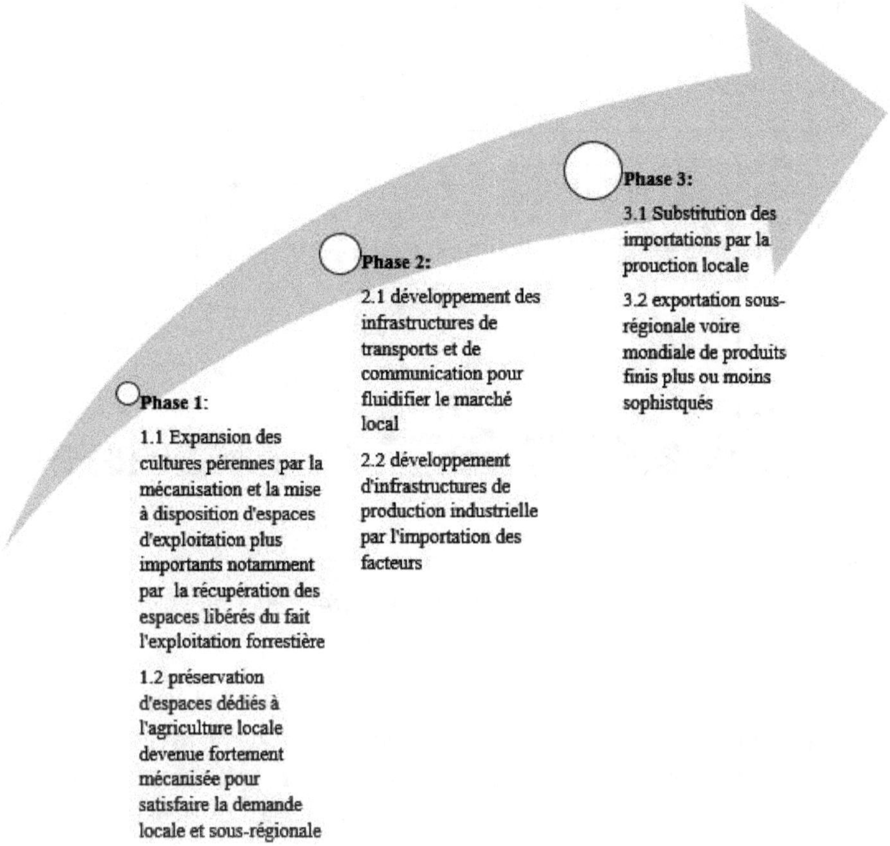

Stratégie d'import-substitution

La tendance actuelle est à l'opposé de la stratégie ci-dessus articulée comme l'atteste ci-dessous une projection du développement de l'agriculture des pays d'Afrique subsaharienne, par extrapolation des tendances observées ces dernières années. Ainsi, il apparaît clairement que c'est dans la mauvaise direction que se dirigent ces économies puisque l'accession au statut de nouveau pays industrialisé tant convoité ne peut se satisfaire que d'une première phase d'explosion des exportations comme exposé ci-dessus.

Graphique 8. *Evolution de la structure du PIB agricole en Afrique de l'Ouest suivant la destination de différentes cultures*

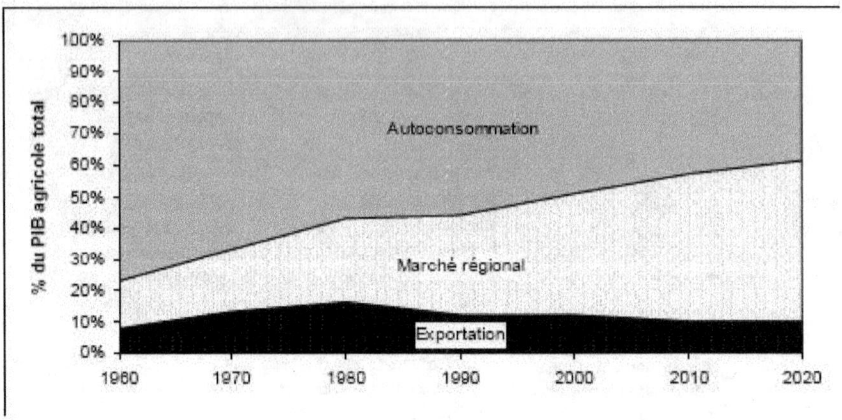

Source : Pour préparer l'avenir de l'Afrique de l'Ouest, une vision à l'horizon 2020, OCDE 1998

De plus, l'équation suivante tirée des estimations de la production supplémentaire de riz en 2012 par variation de l'investissement[88] permet de donner une idée des retombées économiques potentielles que produirait l'implémentation de la stratégie ci-dessus exposée, quelle que soit la denrée considérée.

$$y' = \frac{\sum(P^{5/2\sqrt{\beta}} - \beta I)}{\sum \beta I} + \varepsilon$$

Ainsi y' étant le rendement nouveau, p étant la production actuelle, I l'investissement et β le facteur appliqué à l'investissement actuel, suite au changement de stratégie, il ressort donc que la croissance de

[88] In *Cameroon Tribune* du 22/11/2012: Rice importation increasing trends can stop! Par Lukong Pius Nyuymile.

la production serait exponentielle pour une croissance linéaire de l'investissement.

Etant entendu que le niveau de mécanisation ainsi que la monétisation ajusteraient la progression du revenu (taux de croissance), comme exprimé ici par ε.

Il est évident que cette équation de revenu n'est pas valable à tous les niveaux de production et qu'il est vraisemblable, voire certain, qu'à un niveau de production donné (pic), le revenu stagne suivant une progression de pente nulle (cos =1). Il en va sans doute de même pour l'investissement, dont la dérivée marginale à partir d'un certain sommet produira nécessairement un effet nul, voire négatif (inflexion).

Dès lors, il faudrait sans doute vérifier la formule sur le terrain, mais la certitude, c'est qu'en l'état actuel des paramètres une progression relative de l'investissement entraînera une progression exponentielle du revenu.

Mettre la finance et l'économie au cœur du projet de développement

La politique économique de ce début de décennie suggère que le Cameroun a dépassé la phase de réduction de la pauvreté pour entamer celle du développement économique à proprement parler avec pour objectif à long terme l'accession du pays au statut de pays émergent. Les grandes ambitions, qui constituaient le principal argument de campagne du président sortant en 2011 et qui dès la réélection de ce dernier se sont muées en projets structurants, traduisent dans les mots ou dans la démagogie le passage du Cameroun dans une phase économique inédite dans la foulée des allègements de la dette extérieure bilatérale et multilatérale.

Ceci étant, la réalité est tout autre, comme en témoigne le fait que tous les indicateurs fondamentaux de pauvreté extrême sont toujours dans le rouge écarlate (voir OMD ci-avant). Le Cameroun a stagné du point de vue de la misère, c'est une évidence ! Comment donc imaginer entamer une nouvelle phase du processus de développement alors que la précédente est inachevée ; sauf à admettre un revirement stratégique ou l'usage abusif et trompeur d' « éléments de langage » ?

L'évidence, chacun le sait, c'est que les mots creux ont prospéré sous le régime du renouveau, que les textes se sont multipliés, que les laudateurs au verbe facile mais à l'éloquence discutable se sont succédé aux plus hautes fonctions de l'Etat, que le cirque a ouvert tous les jours à guichet fermé, tandis que la situation du pays n'a pas évolué d'un iota et qu'aucune prospective n'est favorable à une émergence économique du Cameroun en 2035.

Le FMI, dans son rapport de 2012 qui fait suite aux consultations engagées au sein des pays membres conformément au chapitre IV de sa charte, présentait un taux de croissance pour le Cameroun de 6,5% dans son meilleur scénario prenant en compte l'implémentation de ses recommandations, au demeurant dérisoires, puisqu'elles induisaient un simple assainissement des finances publiques et privées.

C'est dire que, sans un retournement stratégique, il n'y aura pas de retournement économique significatif au Cameroun d'ici 2035, et le gouvernement lui-même est conscient qu'un taux de croissance à deux chiffres est nécessaire pour transformer sa vision en réalité. Or, personne n'y croit, et les bailleurs de fonds encore moins ; dès lors que le FMI est pessimiste sur les perspectives de croissance du PIB camerounais, qui investira au pays ?

Les projets du gouvernement qui peine à trouver des financements sont nombreux, et pour cause : ils ne s'inscrivent pas dans une stratégie cohérente et crédible d'expansion économique fulgurante[89].

Il est établi que la croissance économique passe par des investissements importants et, dans un contexte où les capitaux locaux sont insuffisants, voire inexistants, il est indispensable que le projet

[89] Les 7e, 8e et 9e FED n'ont pas été entièrement absorbés par le pays en raison du rejet de plusieurs dépenses jugées non pertinentes en l'absence d'un cadre de référence.

économique du gouvernement persuade les investisseurs étrangers de la nécessité d'injecter massivement des capitaux dans le pays.

L'avènement d'un pareil scénario d'attraction phénoménale des capitaux présuppose donc un retournement stratégique total porté par une nouvelle équipe n'ayant pas participé aux dérapages économiques et moraux et n'étant pas polluée par les méthodes ou la méthodologie actuellement à l'œuvre au Cameroun.

Ainsi, il ressort que le dirigeant idéal devrait être un Camerounais issu de la diaspora, qui connaît les bailleurs de fonds et a leur confiance dans le domaine de la gestion économique.

En effet, l'un des problèmes fondamentaux est que le Cameroun est enferré dans une logique propre au régime actuel et qu'il faut le débarrasser de ce joug afin de libérer les énergies positives et ainsi démultiplier les valeurs ajoutées.

Nous abordons ainsi la question de l'attraction des investissements étrangers directs dans un pays sans ressources propres à lui assurer le développement économique escompté.

Ce fait établi nous amène à conclure qu'il faut d'urgence redéfinir les priorités et notamment faire passer l'économique avant le social et la finance avant l'économie. C'est la seule issue dans un contexte où la course effrénée à la réduction de la pauvreté l'a en réalité aggravée puisqu'elle s'est faite essentiellement sur les aides publiques au développement et le recours au crédit, pourtant elle n'a jamais atteint ses objectifs, tandis que la croissance du PIB hors pétrole est dérisoire, voire inexistante, en raison du niveau du déflateur.

L'on conviendra qu'il est difficile de faire passer pareil message aux populations, même pour un leader populaire, ce qui n'est pas le cas du présent exécutif qui sait que sa légitimité est contestée et qui ne peut par conséquent s'engager dans des réformes impopulaires.

Le préalable c'est donc de conquérir cette légitimité. L'ampleur de la tâche est telle qu'elle nécessite l'adhésion totale d'une majorité écrasante, c'est possible mais ce sera difficile dans un environnement pollué par la stratégie du pourrissement qui consiste à cacher les problèmes et à se débrouiller avec, plutôt que de les résoudre.

L'horizon des Camerounais est si réduit qu'ils ne comprennent pas l'imposture de la vision d'un gouvernement aux abois, sans stratégie pour sortir le pays de l'ornière. Or, ce qu'ils ignorent c'est que le changement au Cameroun ne tient qu'à une nouvelle dynamique, qu'à un nouveau régime, qu'à une nouvelle gouvernance.

La pauvreté n'est pas une fatalité pour le pays et nos concitoyens ne sont pas condamnés à voler, escroquer ou détourner pour survivre. Autrement dit, un Cameroun qui crée des richesses n'est pas une utopie intangible (le taux net de profit qui peut atteindre 10% dans une des industries du secteur agroalimentaire en atteste, pourtant largement à maturité), mais bel et bien une vision à notre portée mais qui a un prix, celui de la mobilisation de toute la nation dans une direction clairement indiquée par un nouvel exécutif, puisque l'actuel a épuisé son crédit tant à l'intérieur qu'à l'extérieur du pays.

Pour preuve, en visite officielle à Paris dans le cadre d'un Forum économique franco-camerounais le 31 janvier 2013, le président de la République promet des textes législatifs supplémentaires pour réglementer le cadre des affaires qui est déjà favorablement encadré par le traité de l'OHADA. Ainsi, alors que le chômage sans cesse croissant traumatise les Camerounais les plus fragiles et les plus jeunes, la réponse du gouvernement ce ne sont pas les contrats nouveaux mais plus de textes inutiles. Malgré le papier du *Cameroun Tribune* du 1er février qui titre : « Paul Biya met les investisseurs français en confiance ! » force est de constater que c'est le contraire qui s'est produit puisque, pour une visite officielle à ce niveau protocolaire, l'on était en droit d'espérer la signature de contrats nouveaux portant sur des montants considérables, cependant le président revint bredouille et la valise vide de Paris.

Ainsi sont établis la défiance des milieux d'affaires internationaux vis-à-vis du contexte camerounais et son corollaire, l'incompétence du gouvernement à attirer les IDE, pour stimuler la croissance. Ceci donne une idée de la lenteur et/ou de la lourdeur ainsi que de l'inefficacité de l'action gouvernementale sous l'actuel régime.

Le capital est donc bien le maître-mot, même l'actuel gouvernement l'a compris mais n'y peut manifestement rien, il n'a plus de crédibilité, les épreuves sont passées et il a échoué, sans pouvoir se refaire lors des sessions de rattrapage (successions de mandats présidentiels à la légitimité discutable).

Les difficultés qui entravent l'injection de capitaux frais dans le pays sont de plusieurs ordres, pour ne citer que quelques-uns, outre l'apathie généralisée, la bureaucratie excessive et l'absence d'infrastructures, mentionnons également la corruption et la fiscalité notamment douanière que nous aborderons ultérieurement.

A cet égard, il est intéressant d'observer que, même dans le cadre de l'exécution d'un des projets phares du gouvernement « nouveau », à savoir : le port en eaux profondes de Kribi, les prestataires chinois de la China Harbour Eenginering Company, qui financent à 85% le projet, se plaignent de délais en douane ; les conteneurs de matériaux de construction pouvant y être retenus pendant plus d'un mois[90].

Ainsi, la vie n'est pas facile au Cameroun pour les investisseurs étrangers. Le tapis rouge n'est en général déroulé que pour la signature des contrats à la présidence de la République ou à la primature, mais après c'est le chaos. Cette manière de procéder ressemble à celle des feymen qui sortent le grand jeu pour vendre du vide.

C'est donc qu'il faut radicalement transformer le climat ambiant pour le rendre plus propice à l'investisseur et s'en attacher le dévouement ; l'observation étant également valable pour les donateurs gracieux, puisque les difficultés de dédouanement concernent également les lits d'hôpitaux et matériels médicaux pour ne citer que ces biens-là.

Ceci étant, outre les besoins en financement, la question de la circulation du capital disponible reste problématique. Les niveaux d'épargne et d'investissement restent très faibles. Outre le réseau largement informel du microcrédit, l'épargne bancaire concerne

---

[90]In le *Messager* du 24 janvier 2013 : Port en eau profonde de Kribi: Les Chinois se plaignent des délais de dédouanement.

environ 7,5% de la population tandis les emprunts bancaires sont imputables à environ 4% de la population.

Certes, il existe des réseaux informels de circulation du capital notamment par les tontines (environ 200 milliards de francs CFA en circulation ; rémunérant les prêts à des taux ahurissants de plus 10% le mois !, selon des sources officielles[91]), mais malgré tout, ces niveaux de financiarisation de l'économie sont incontestablement un des principaux problèmes de développement économique du pays, qui est lié à son caractère essentiellement informel.

L'expansion du microcrédit, qui réalise 15% du volume d'activité de l'ensemble du secteur bancaire (13 banques), plus ou moins à parité avec la tontine au niveau du capital mais pas des rendements (supra), atteste de l'existence d'un marché du financement où la demande est supérieure à l'offre mais surtout trahit la frilosité des banquiers à l'égard de la démocratisation du crédit. Le secteur reste en effet l'apanage des privilégiés qui ne sont d'ailleurs pas plus solvables que les autres puisque les niveaux de défaut de paiement restent très importants et que 9 banques sur 13 sont en insuffisance de fonds propres et en infraction des règles de la COBAC en la matière fin 2012.

La gratuité des 15 services bancaires suivants :

1- l'ouverture de compte
2- la délivrance du relevé d'identité bancaire
3- la délivrance des chéquiers
4- la délivrance au guichet des formulaires de retrait d'espèces au profit du titulaire d'un compte
5- la délivrance des livrets d'épargne
6- le paiement par carte bancaire auprès d'un commerce au Cameroun
7- la consultation du compte sur place
8- la délivrance d'attestation de non-redevance
9- le paiement par chèque
10- le versement d'espèces dans les agences d'une même banque

[91]*Document de stratégie de la micro-finance au Cameroun* réalisé par le ministère des Finances en avril 2013.

11- le retrait d'espèces sur la même place bancaire
12- le virement de compte à compte dans une même banque
13- le retrait de billets dans les guichets automatiques bancaires de la banque du porteur de la carte
14- le changement d'adresse
15- la délivrance du relevé de compte mensuel

Décrétée le 13 janvier 2011 (tout récemment !) n'a pas significativement changé la donne mais met en péril les profits des banques sur un marché acquis[92]. Cependant, il s'agit là sans doute d'un début de solution pour autant que les mesures d'accompagnement adéquates soient prises au risque de simplement transférer les profits bancaires vers les clients privilégiés. Une fois encore la solution n'est ni suffisamment élaborée ni appropriée et produit comme toujours des effets pervers.

Fondamentalement, ce n'est pas en régulant les prix des biens et services qu'on dynamise l'économie, c'est en stimulant le marché qui s'autorégule en définissant les équilibres vitaux.

L'accès au crédit pour les masses doit s'inscrire dans un package de mesures visant à encadrer l'entreprenariat individuel et collectif. Une mesure isolée au demeurant aisée à prendre puisqu'elle n'engage pas financièrement le gouvernement mais transfère simplement la responsabilité et la charge financière sur le secteur privé, ce qui n'est pas de nature à favoriser l'entreprenariat. C'est élémentaire et pourtant...

Or, la logique ici c'est la subvention autrement dit l'aide publique à la consommation et non au développement, qui est au cœur de l'action du présent régime depuis son avènement en 1982.

Il est certes plus facile de distribuer l'aumône au peuple, même à crédit en espérant la mansuétude des créanciers, mais est-ce responsable ?

---

[92]In *la nouvelle expression* du 28 décembre 2012 : Gratuité des services bancaires: Aucune banque ne respecte l'arrêté du ministre des Finances.

Solliciter le secteur privé pour subventionner la consommation est-ce une stratégie économique viable ?

Certes, l'anecdote veut que le groupe Fotso Victor ait été sollicité afin d'offrir 600 bouteilles de champagne Laurent Perrier Grand Siècle pour le bal du 10ème anniversaire des Indépendances, exposant ainsi la politique de l'Etat, où le secteur privé finance la consommation publique, ça défie la raison économique, c'est insoutenable !

C'est le contraire qui devrait se produire, il faudrait encourager et promouvoir les profits des banques et des entreprises, afin de stimuler les investissements.

Le marché potentiel du crédit formel c'est la population active et pensionnée (15<ans) soit environ 60% de la population ; que seulement environ 7,5% de la population possède une épargne bancaire est à la fois une mauvaise et une bonne nouvelle car cela signifie certes que le pays ne tire pas pleinement profit de son potentiel financier mais également que le marché potentiel est supérieur à 50% de la population. Il y a là une opportunité de développement extraordinaire, ce qui explique l'expansion du microcrédit et des structures de transferts d'argent ; plus flexibles puisqu'elles ne nécessitent pas l'ouverture d'un compte et ne sont pas soumises aux contrôles stricts dont les banques font l'objet.

Ceci étant, ces nouvelles structures, quoiqu'utiles pour la circulation de la monnaie, promeuvent virtuellement l'économie informelle, ce qui signifie que, d'une certaine façon, elles limitent le potentiel d'efficacité d'un marché financier régulé à l'optimum.

Les 4% de profits réalisés par les banques fin 2011 pourraient donc significativement progresser par une expansion conforme aux besoins de l'économie mais ne sont en l'état clairement pas de nature à attirer les investissements dans ce secteur.

De même, le niveau d'investissement actuel estimé à 29% du PIB est manifestement insuffisant pour une économie sous-développée dont la croissance estimée en 2012 serait située autour de 5,2%, ce qui suggère qu'une progression des investissements est largement possible jusqu'à 50 points de PIB et plus puisque l'économie est un champ en friche où tout reste à faire. Les opportunités sont nombreuses, les profits sont certains et bon nombre de Camerounais peuvent en tirer parti en lieu et place des étrangers, de manière à conserver dans l'économie camerounaise une plus grande part des valeurs ajoutées créées sur son sol par l'exploitation de ses ressources.

Réconcilier le capital domestique et l'initiative est donc tout autant possible et souhaitable que l'attraction des investissements étrangers qui sont indispensables pour les projets d'envergure. Les retombées potentielles d'une pareille dynamique d'investissement seraient astronomiques (cf. formule ci-avant) ; la croissance du PIB atteindrait alors les deux chiffres et l'émergence sur le marché mondial et sous-régional serait acquise.

Cette analyse est confortée par les résultats du *Recensement Général des Entreprises* de 2009 duquel il ressort que le poids des très petites entreprises, occupant moins de 5 personnes, est d'environ 75% de l'ensemble des entreprises, ce qui suggère également qu'une forte expansion individuelle est possible, puisque l'essentiel du tissu entrepreneurial est loin d'avoir atteint sa taille critique et que des restructurations de rationalisation de type fusion/absorption peuvent permettre de dégager des synergies et d'améliorer la productivité et la rentabilité, tout en libérant des ressources pour d'autres investissements toujours plus productifs.

Pour s'en convaincre, il suffit d'observer que 70% du chiffre d'affaires total des entreprises camerounaises fin 2008, soit 10.225 milliards de francs CFA, a été généré par les grandes entreprises qui représentent moins d'1% du tissu entrepreneurial et concentre moins de 40% des emplois du secteur formel tandis que les très petites entreprises qui concentrent plus de 30% des emplois du secteur formel n'ont généré qu'environ 5% du chiffre d'affaires total.

Ainsi, il est donc évident que la rationalisation soutenue par l'automatisation est la clé du succès des grandes entreprises et que les très petites entreprises pourraient en suivant cet exemple créer infiniment plus de richesses. Or, pareille rationalisation passe par l'accès aux capitaux, mais le succès étant garanti cette étape devrait constituer une formalité. Car en effet le PIB actuel pourrait doubler en l'espace d'un cycle d'investissement et de maîtrise de facteurs.

La jeunesse relative des entreprises recensées sur le territoire national, dont plus de 81% auraient moins de 10 ans d'âge et parmi lesquelles plus d'un tiers auraient moins de 2 ans d'âge au moment de l'étude[93], suggère un très fort taux de faillite qui une fois encore démontre la nécessité de mieux organiser, encadrer et promouvoir les prestations puisqu'il est établi que le marché existe.

Le secteur agricole notablement pourrait bénéficier d'un meilleur financement par la mise à disposition des capitaux nécessaires à sa rationalisation. On estime qu'environ 97% des exploitations agricoles sont de petites exploitations de moins d'un hectare exploitées artisanalement (pieux, machettes, houes, brouettes, etc.). Une mécanisation/rationalisation pourrait donc réduire significativement la masse des ouvriers et donc la pénibilité du travail tout en générant suffisamment de production pour couvrir les besoins de l'économie internationale/régionale/locale et satisfaire les aspirations légitimes aux profits des exploitants. Le coût de l'alimentation locale par habitant pourrait en être significativement réduit, les marges étant réalisées sur les volumes.

Pareille mécanisation ne solliciterait pas nécessairement la multiplication des facteurs mais plutôt un usage rationné de ceux-ci qui de toute façon sont rarement utilisés au maximum de leurs capacités par le propriétaire individuel. Des formules ingénieuses peuvent être testées, allant du leasing au « tracteur-sharing ! ».

Ainsi, le niveau de production actuel pourrait être réalisé par 0,6% des paysans. L'aventure vaut la peine d'être entreprise puisque des profits exponentiels sont à la clé et qu'une restructuration de l'économie se produira par la réaffectation des ressources humaines vers d'autres secteurs de production toujours dans une logique d'efficience maximale et de synergies optimales.

---

[93] RGE/INS/2009.

S'il est vrai que dans les pays qui nous servent de modèles le gaspillage et l'inefficience sont des problèmes réels, dénoncés par l'extrême gauche, des écologistes aux altermondialistes, il ne demeure pas moins vrai que ces pays se situent au sommet de leur cycle de développement économique ou pire ont déjà amorcé leur phase de décadence (cf. graphique 3), comme en témoigne notamment l'émergence de la Chine, tandis que nos pays du Sud se situent en bas de leur cycle économique ; en conséquence l'impact de la moindre inefficience est infiniment plus significatif dans nos économies que dans les leurs :

Graphique 9.*Courbe du patrimoine des nations*

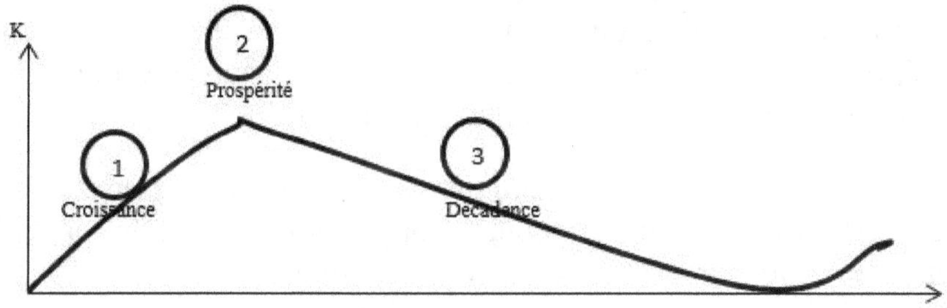

Autrement dit nous n'avons pas droit à l'erreur. Notre marge de manœuvre est extrêmement ténue. En conséquence, pour assumer les besoins de nos populations nous devons être excellents là où eux peuvent se contenter d'être médiocres, voire nuls.

Leurs économies croissent lentement, mais les nôtres doivent croître exponentiellement. Il faut non seulement apprendre à ne pas gaspiller mais mieux il faut faire de peu beaucoup.

Dans ce domaine, les modes de vie austères de certaines communautés du pays pourtant prospères doivent inspirer tous les Camerounais et singulièrement le gouvernement dans ses choix budgétaires. Les investissements doivent optimiser le rapport coût/bénéfice.

En outre, l'inefficience généralisée est notamment mise en évidence dans l'agriculture comme en atteste le fait qu'environ 40% de la production agricole pourrit dans les exploitations, essentiellement en raison du manque d'infrastructures de transport. De ce fait, l'investissement dans la rationalisation du rendement des sols par l'usage des fertilisants et des espèces à meilleur rendement est compromis puisque le problème c'est d'abord la distribution. L'exemple du développement de cultures inappropriées en raison de la qualité des sols et du climat pour couvrir la consommation de certaines zones du pays alors que la production des mêmes denrées dans des zones appropriées suffit à satisfaire la demande nationale est instructif. C'est le cas notamment du manioc et du plantain qui sont cultivés en zone soudano-sahélienne pour les besoins de consommation de la région septentrionale alors que les rendements de ces denrées sont trois fois inférieurs dans ces régions à ceux de la région tropicale/équatoriale et qui plus est que les cycles de production sont plus longs.

Ainsi, l'absence d'efficience dans la distribution pénalise la production, puisque les pertes et/ou le coût d'opportunité engendré par le pourrissement des productions privent les exploitants des capitaux nécessaires à l'investissement dans une utilisation rationnelle des sols.

En conséquence, les sols mal exploités produisent moins d'une saison à l'autre, ce qui contraint les exploitants à s'éloigner toujours plus des marchés pour produire sans cesse moins ; amplifiant ainsi le problème de la distribution et condamnant les exploitants à une agriculture d'autoconsommation.

Une meilleure sélection des semences et une meilleure utilisation des intrants agricoles couplée à d'autres méthodes de revitalisation des terres dont la jachère pourraient permettre de démultiplier la production à surfaces comparables, tout en conservant une proximité vis-à-vis des marchés locaux, qui serait de toute façon relativisée par l'investissement dans les infrastructures adéquates.

Ainsi, une meilleure organisation des paysans locaux soutenue par des initiatives gouvernementales pourrait solutionner durablement ces problèmes. Pareil investissement serait très rapidement rentable du fait des économies d'échelle réalisées par une meilleure fluidité des marchés locaux.

Là encore, c'est donc clairement l'absence de stratégie agricole du gouvernement qui est pointée du doigt, et de manière générale son incapacité à planifier l'économie et à fixer les priorités des investissements dans la chaîne de valeurs.

Le nombre de structures inopérantes et inefficaces, créées par l'Etat depuis les Indépendances et qui du reste ont justifié les ajustements structurels des années 1990, exposant notamment dans le cadre des privatisations l'inutilité économique d'un nombre considérable de sociétés publiques ou parapubliques moribondes, atteste de la gabegie gouvernementale ambiante.

Les ressources sont consommées et ne sont que très faiblement réinvesties (29% du PIB, actuellement), c'est la règle depuis les Indépendances.

L'analyse des politiques gouvernementales, notamment dans le domaine agricole, depuis les I ndépendances, telles que décrites dans le tableau ci-dessous[94], mettent en évidence que l'action gouvernementale a essentiellement contribué à la mise sur pied d'un système de subventionnement d'un secteur supposé créer des richesses, par la création des caisses de stabilisation aux frais généraux exorbitants, le saupoudrage du crédit agricole entraînant un niveau de défaut supérieur à 70%, et à la modulation des prélèvements fiscaux. Toutes mesures qui se sont soldées par un échec cuisant et des déficits financiers importants (faillite de l'ONCPB en 1990, affichant un déficit de plus de 100 milliards de francs CFA), notamment dus à l'absence d'anticipation qui les caractérisait. C'est ainsi qu'au plus fort de la crise des termes de l'échange en 1985, l'exonération de l'impôt minimum forfaitaire des exportateurs de produits agricoles est décrétée, ultérieurement en 1993 soit à la veille de la dévaluation de 1994, la taxe à la commercialisation des produits de rente est supprimée, pour être remplacée par un prélèvement proportionnel de 15% dès l'année 1995. Cette absence

[94]www.oecd.org/dataoecd/41/36/37472112.doc : analyse des politiques agricoles mises en œuvre au Cameroun depuis 1960 / Ondoa manga tobie 2006.

d'anticipation caractérisée aura donc contribué à créer les crises qu'ensuite des pseudo-mesures, relevant parfois de la contradiction macroéconomique, puisque certains avantages fiscaux accordés aux agriculteurs sont récupérés chez les éleveurs, voire chez d'autres catégories d'agriculteurs, qui sont parfois les mêmes, s'empressaient sans succès de résoudre.

Chronologie de la fiscalité agriculturale et animalière

Exercice	Mesure	Observation
1953	Création du Centre de Recherches Agronomiques de Nkolbisson	
1955	Création de la caisse de stabilisation des prix du cacao, de la caisse de stabilisation des prix du café et de la caisse de stabilisation des prix du coton respectivement par les décrets n° 54-1021 ; 55-1643 et 55-1645 de décembre 1955	Le mécanisme de régulation repose sur 5 éléments : le prélèvement de la différence entre le cours mondial et le prix de soutien fixé par le gouvernement ; le soutien quand le cours authentifié est inférieur au prix garanti ; le cours authentifié qui est le cours CAF de référence calculé par un comité de cotation et ramené au stade nu bascule Douala par déduction d'un barème des frais intermédiaires ; les déclarations d'achat des exportateurs.

Exercice	Mesure	Observation
1962	Création de l'office national de commercialisation des produits agricoles d'exportation par la loi n° 62-8 du 9 juin 1962	L'objet de l'office est la recherche de l'assainissement du marché des produits agricoles d'exportation ; de promouvoir une politique agricole fondée sur la primauté de l'intérêt des producteurs ; de dégager des ressources additionnelles propres à financer le développement économique et social de la nation. Ses décrets d'application n'ont jamais vu le jour
1973	Création du fonds national de développement rural	Toutes les actions de promotion du paysannat lui sont confiées par ordonnance n°73/24 du 29 mai 1973.
1976	Adoption d'une loi portant création d'un office de commercialisation des produits de base (ONCPB)	La structure sera dissoute en 1991 et remplacée par l'office national du cacao et du café (ONCC). alors qu'il présentait des réserves de stabilisation de 200 milliards en 1985, le

Exercice	Mesure	Observation
		passif de l'ONCPB en 1990 dépassait les 100 milliards.
1984/1985	Modification du tableau des taxes complémentaires à l'importation annexé à l'acte n° 7/65-UDEAC-36 du 14 décembre 1965 pour ce qui concerne la République du Cameroun.	Viandes bovines et porcines (20%) ; volailles mortes de basse-cour (25%) ; sucres (20%) ; graisses et huiles (15%) ; tabac en feuilles (90%) ; cigares et cigarettes (90%).
1985/1986	La taxe proportionnelle est fixée à 15% pour les bénéfices agricoles contre 22% pour les bénéfices industriels, 20% pour les revenus fonciers et 11% pour les revenus artisanaux.	Les sociétés coopératives de développement rural, les sociétés de secours et de prêts agricoles fonctionnant conformément à leur objet ne sont pas assujetties à la contribution des patentes.
	Taxes d'inspection sanitaire vétérinaire à l'importation et à l'exportation	F CFA par tête : bovins (3000/2000) ; porcins (1000 /1000) ; ovins et caprins (750/500) ; poussins d'un jour (1/1)…
	Taxes d'inspection sanitaire vétérinaire sur le transit	Grandes espèces (bovins, équins, camélidés) : 200 F

Exercice	Mesure	Observation
	international	par tête Petites espèces (porcins et petits ruminants) : 100 F par tête Volaille : 10 F par tête
	Sont dispensés du paiement de l'impôt minimum forfaitaire les exportateurs des produits agricoles, les entreprises du secteur agricole et de l'élevage, à l'exclusion du secteur forestier, de pêche et des industries de transformation de produits agricoles	
1989/1990	Modification du tableau des taxes complémentaires à l'importation annexé à l'acte n° 7/65-UDEAC-36 du 14 décembre 1965 pour ce qui concerne la République du Cameroun.	0% pour les huiles d'arachide et fractions raffinées ; graisses et huiles végétales ; 60% pour les cigares et cigarillos contenant du tabac ; 90% pour les cigarettes contenant du tabac et succédanés
	Suspension des droits de sortie perçus à l'exportation sur le caco, le café et le	

Exercice	Mesure	Observation
	coton	
	Taxes d'inspection sanitaire vétérinaire à l'importation et à l'exportation	F CFA par tête : bovins (4000/3000) ; porcins (2000 /1000) ; ovins et caprins (4000/2000) ; poussins d'un jour (2/4)…
	Taxes d'inspection sanitaire vétérinaire sur le transit international	Grandes espèces (bovins, équins, camélidés) : 300 F par tête Petites espèces (porcins et petits ruminants) : 150 F par tête Volaille : 50 F par tête
	Répartition des taxes d'inspection sanitaires et d'exploitation des productions animales et halieutiques	- 30 % pour le trésor public ; - 70% pour les caisses de développement de l'élevage et la pêche maritime.
1990/1991	Modification du tableau des taxes complémentaires à l'importation annexé à l'acte n° 7/65-UDEAC-36 du 14 décembre 1965 pour ce qui concerne la République du Cameroun.	30% pour les cigares et cigarillos contenant du tabac ; 60% pour les cigarettes contenant du tabac et succédanés
	Suspension des	

Exercice	Mesure	Observation
	droits de sortie perçus à l'exportation sur les produits locaux d'origine animale, végétale et minière ayant subi une ouvraison, conditionnés ou transformés au Cameroun.	
	Loi 90/033 relative à l'organisation de la profession vétérinaire	La réforme privatise les services de santé animale. La loi vient compléter le décret 84/1053 portant code de déontologie de la profession vétérinaire.
	Adoption de la nouvelle politique agricole	
1991/1992	Institution d'une taxe additionnelle aux droits de douane applicable sur certains produits de consommation courante, calculée sur la base de la valeur imposable sur les marchandises importées	60% pour le lait concentré ; 25% pour les savons ; 25% pour la farine de froment
	Les droits de douane et les droits d'entrée suspendus dans le	15% de droit d'entrée pour la farine ; 5% de droits

Exercice	Mesure	Observation
	tarif de douane pour la farine et les aliments pour animaux sont rétablis	de douane et 20% de droits d'entrée pour les aliments pour chiens et chats
	La taxe spécifique sur la farine de 15 % instituée par l'ordonnance n° 91/002 du 22 février 1991 est supprimée	
1992/1993	Institution d'une taxe spécifique sur la farine importée ou produite localement au Cameroun au taux de 10%.	Cette taxe est calculée sur la base de la valeur imposable pour la farine importée et de la valeur sortie usine pour celle produite localement.
	Loi 92/006 du 14 août 1992 relative aux sociétés coopératives et aux groupes d'initiatives communes	La loi qui remplace celle n° 73/15 du 07/12/73 portant statut des coopératives favorise une structuration rapide du monde rural et prévoit des dispositions particulières applicables aux coopératives d'épargne et de crédit.
1993/1994	Les taxes liées à la commercialisation du café et du cacao, initialement	Ces taxes libellées en francs CFA et par tonne, sont les

Exercice	Mesure	Observation
	destinées à l'EX – Office de commercialisation de Produits de Base (O.N.C.P.B), sont supprimées.	suivantes : CACAO/ CAFE Taxe spécifique 1 000 /3 000 Taxe de plombage 75/ 85 Taxe de conditionnement 875/ 1 025 Taxe phytosanitaire 50/ 50 TOTAL 2 000 /4 160 Autres taxes : CACAO/ CAFE Timbre proportionnel sur Prix d'achat 1 000 /1 000 Taxe de distribution crédit 635/ 635 TCA sur frais financiers 1 271/ 1 271 TCA sur factures transitaires 1 130/ 1 130 TCA sur acconiers 203/ 203 TCA sur factures SGS 59/ 59 TOTAL 4 298/ 4 298
1994/1995	Il est institué, pour une durée d'un an, un prélèvement de	

Exercice	Mesure	Observation
	15 % sur le produit des exportations de cacao, café, de banane, de coton et de plantes médicinales, déductible du revenu imposable de l'exportateur	
	Il est créé, à la charge de l'exportateur, une taxe dite « taxe sur l'inspection et le contrôle des produits à l'exportation », en ce qui concerne exclusivement le cacao, le café, la banane, le coton, les plantes médicinales et les grumes à l'état brut ou ayant été légèrement transformées.	Le taux de la taxe est de 0.95 % de la valeur FOB des produits exportés
	Les taux de TCA et de Droit d'Accises sont fixés de la manière suivante : Taux général 15 % ; Taux réduit 5 % ; Taux d'accises ad valorem 25 %. Ils sont applicables aussi bien pour les biens et services produits localement	Le taux réduit s'applique aux viandes et abats comestibles ; poissons frais, réfrigérés ou congelés ; lait, froment, riz décortiqué, farine de froment et sucres.

Exercice	Mesure	Observation
	que pour les biens importés.	
1995/1996	Le cacao, le café, les plantes médicinales et les bois en grumes livrés aux zones franches et aux points francs industriels sont réputés exportés et de ce fait, soumis au droit de sortie ou au prélèvement à l'exportation applicable à ces produits. Il en est de même, le cas échéant, pour tout autre produit sur lequel est institué un droit de sortie ou un prélèvement à l'exportation.	Seules les opérations accomplies dans le cadre d'une activité économique effectuées à titre onéreux sont assujetties à la T.C.A. Les activités économiques s'entendent de toutes les activités de production, d'importation, de prestation de services et de distribution, y compris les activités extractives, agricoles, agro - industrielles, forestières.
1996/1997	Le taux du prélèvement applicable aux exportations de cacao, de café, de coton, de sucre, de caoutchouc, d'huile de palme et de plantes médicinales institué par l'article 7 de la loi n°94/002 du 1er juillet 1994 portant loi de finances de la	

Exercice	Mesure	Observation
	République du Cameroun pour l'exercice 1994/1995, modifié par l'ordonnance n°95/01 du 5 janvier 1995 est ramené à 13,5 %.	
	Les taux de T.C.A. et du Droit d'Accises sont fixés de la manière suivante : a)- taux général 17 % ; b)- taux réduit 8 % ; c)- droit d'Accises ad valorem 25 %	
	Publication d'une liste des produits d'élevage et de pêche exonérés de la TCA. Le réaménagement fiscal fait suite au renchérissement de ces intrants suite à la dévaluation du franc CFA.	Sons, remoulages et autres résidus de riz, froment, autres céréales, légumineuses, tourteaux divers, farines poudres de viandes, d'abats et de poissons impropres à la consommation humaine ; préparations alimentaires de « provendes »…
	Le décret n° 98/300 du 9 septembre 1998 place les coopératives d'épargne et de	L'enregistrement s'effectue toujours au ministère de l'agriculture. La délivrance du

Exercice	Mesure	Observation
	crédit sous la tutelle du ministère des finances et définit leurs conditions d'agrément et de contrôle	certificat d'inscription suffisait jusqu'alors pour l'exercice d'une activité d'épargne et de crédit.
1999/2000	Le prélèvement applicable aux exportations de cacao, de café, de coton, de caoutchouc, de sucre, de plantes médicinales, d'huile de palme et de banane, est supprimé.	Les dispositions de la loi 98/009 du 1er juillet 1998, portant loi de finances pour l'exercice 1998/1999, sont modifiées
	Sont exonérés de la T.V.A les intrants directement liés à la fabrication des produits pharmaceutiques, de la farine, des engrais, des produits d'élevage et de pêche dont la liste est déterminée par l'administration fiscale après concertation avec les ministères concernés.	
2000/2001	La taxe dite <<taxe sur l'inspection et le contrôle des produits	prévue par l'article huit de la loi de finances pour

Exercice	Mesure	Observation
	à l'exportation>>est supprimée	l'exercice 1994/1995
	Sont exonérés de la Taxe sur la Valeur Ajoutée (TVA) : les biens de première nécessité figurant à l'annexe 1 ainsi que leurs intrants, notamment les pesticides, les intrants des produits d'élevage et de pêche utilisés par les producteurs, à condition que ces produits soient exonérés. les petits matériels de pêche, les semences, les engins et les matériels agricoles, leurs intrants ainsi que les pièces détachées destinées aux usines de fabrication de ces engins et matériels	Lait ; œufs destinés à la reproduction ; froment ; riz décortiqué ;farine de froment ; engrais ; viandes et abats comestibles ; poissons frais, réfrigérés et congelés ; sucres ; sons, remoulages, résidus de froment et de céréales
2003	Sont supprimés, les prélèvements à l'exportation sur les produits du cru et de la cueillette.	
	Il est institué, à la	Les taux des

Exercice	Mesure	Observation
	charge de l'importateur : a) une taxe d'affectation spéciale ou Taxe Communautaire d'Intégration (TCI) s'appliquant aux importations en provenance des pays tiers (hors CEMAC), et mises à la consommation au Cameroun; b) une redevance de service affectée dite « redevance informatique » perçue sur toutes les déclarations traitées par le système informatique de l'administration des Douanes.	prélèvements ainsi créés sont respectivement de 1 % et 0,5 % calculés sur la valeur imposable des marchandises déclarées.

Plus récemment le projet d'usine de montage de tracteurs d'Ebolowa financé par le gouvernement indien à hauteur de 18 milliards de francs CFA dans le cadre de la coopération au développement, et qui tarde à faire ses preuves puisque la production n'a toujours pas été écoulée et qu'en conséquence au début de l'année 2013 soit plus d'un an après l'inauguration du site, plus de 750 tracteurs d'usages divers et variés (laboureuses, moissonneuses, batteuses), n'ont toujours pas trouvé d'acquéreurs et sont exposés aux intempéries, les entrepôts de stockage étant toujours attendus.

Enième gaspillage/esbrouffe du régime, dans un contexte où les petits exploitants craignent que ces dons indiens aillent grossir le patrimoine de quelques barons, ainsi récompensés pour bons et loyaux services.

Une fois encore la solution ne résout pas le problème, la multiplication des structures ne résout pas le problème fondamental de la rationalisation de l'emploi des facteurs dans un contexte où le tissu agricole est constitué d'une majorité de petits exploitants qui ne peuvent accéder à ce type d'équipement que si le mode de financement et donc de distribution approprié est mis sur pied.

Le coût d'un tel projet, qui ne peut être rentabilisé que sur le long terme dans un contexte où le revenu global doit immédiatement croître, constitue un gaspillage de trop (l'exigibilité des facilités obtenues n'étant pas alignée sur l'horizon de profit), rappelant d'autres initiatives malheureuses telles que l'usine Cellucam (Cellulose du Cameroun) qui créée en 1982 n'aura fonctionné que 18 mois, pour un coût de 2 milliards de FF à charge du contribuable camerounais. Ainsi les sociétés publiques et parapubliques ont trop souvent servi de caisses noires au financement occulte des orgies de l'élite administrative.

Il semble donc que, comme selon le dicton « chassez le naturel, il revient au galop ! », le gouvernement, dès le lendemain de l'intervention du FMI qui a débouché sur l'allègement de la dette en 2006, soit retourné aux pratiques de dilapidation du bien public qui avait cours avant l'intervention salutaire du FMI dès la fin de la décennie 1980, notamment par les prises d'intérêts dans des structures de production qui se soldent toujours par des déficits dus à la mauvaise gestion d'administrateurs publics qui ne comprennent pas la logique du profit, mais plutôt celle du service public, voire du clientélisme politique, qui passe par l'entretien d'une masse salariale inutile et des dépenses somptuaires de souveraineté, à côté de pratiques plus ostensiblement illicites telles que l'octroi d'avantages indus à des proches.

Bref, l'interventionnisme du gouvernement consiste toujours à privilégier la logique sociale à la logique économique, or le retournement stratégique que j'appelle de mes vœux passe par un usage optimal du capital, et par une rentabilité à court terme dans une première phase du développement économique, et si l'initiative est laissée au secteur privé et simplement orientée par l'Etat, c'est cette logique de la rentabilité économique à court et moyen terme qui gouvernera les décisions d'investissements dans l'ensemble du pays et par la capitalisation des profits ainsi engrangés allongera l'horizon d'investissement en redimensionnant les projets.

J'en veux pour preuve qu'au terme de l'exercice fiscal 2011, l'encours total des crédits bancaires était constitué à 64,9 points des échéances à court terme contre 32,9 points d'échéances à moyen terme, donnant ainsi une idée de l'horizon des investisseurs dans les circonstances actuelles, ce qui pourrait naturellement évoluer en fonction de l'amélioration et de la robustesse des profits.

Le paradigme des start-ups qui finissent à court terme par se crasher, après avoir englouti les fonds importants que le public leur a confiés, comme lors de la « dotcom bubble » de la fin des années 1990, montre bien que la véritable croissance économique durable passe par une expansion soutenue et orientée par le marché, donc par la demande privée établie et solide.

Ainsi, toute tentative de manipulation du marché, de planification de l'économie par le subventionnement de sociétés moribondes condamne le pays à la banqueroute. Cette situation, le Cameroun l'a vécue et après le sauvetage de l'IPPTE faudrait-il y retourner ?

Mettre en place un dispositif fiscal orienté vers le développement d'infrastructures indispensables à la croissance

La pression fiscale au Cameroun se situe à peu près à 14% du PIB hors pétrole, tout le monde y compris le FMI s'accorde à dire que ce niveau de prélèvement, sans doute lié au caractère largement informel de l'économie et à la concussion, est insuffisant à couvrir les engagements de l'Etat et à soutenir une politique économique ambitieuse.

Au sein de la CEMAC, seule la RCA fait moins bien que le Cameroun avec une pression inférieure à 10%, le Congo se situant autour de 40%, le Gabon et la Guinée équatoriale étant environ à 30%.

Ainsi, le problème fiscal au Cameroun, ce n'est manifestement pas une fiscalité écrasante, mais curieusement le dernier *Recensement Général des Entreprises* établit que 58,8% des entrepreneurs camerounais se plaignent des contraintes fiscales qu'ils classent donc en première position des entraves au développement économique. Il est à noter que les entrepreneurs étrangers et notamment occidentaux, qui dirigent surtout les grandes entreprises, ne sont qu'une minorité à retenir cet ordre d'écueils au développement.

Cependant, la corruption qui se classe en seconde position des entraves puisqu'elle est signalée par 50,6% des entrepreneurs permet sans doute d'expliquer cette corrélation négative entre le faible niveau de pression fiscale et la perception des opérateurs économiques.

En effet, chacun sait que l'outil premier du gouvernement c'est la fiscalité dans un contexte où l'outil monétaire est cadenassé, c'est donc par ce moyen qu'intervient principalement l'Etat dans l'économie suivant qu'il poursuit une politique de l'offre ou de la demande. En conséquence, la fiscalité est le lieu de rencontres et parfois d'affrontements entre les milieux d'affaires et l'administration, c'est donc naturellement le point de tension du conflit d'intérêts entre l'exigence du service de l'Etat et la tentation du service individuel de ses représentants qui se résout généralement au bénéfice de ces derniers et au détriment de l'Etat. D'où il ressort clairement que la corruption et la fiscalité sont étroitement liées.

De sorte que le taux moyen effectif de prélèvement n'est sans doute pas d'environ 14% du PIB hors pétrole mais devrait se situer au-delà du double de cette proportion puisque une partie importante est détournée par le personnel public.

D'autre part, la structure des recettes budgétaires fiscales et parafiscales met en évidence le faible dynamisme économique et le poids de la rente (cf. graphique.).

Graphique 10 : *Ventilation de l'origine des recettes publiques*

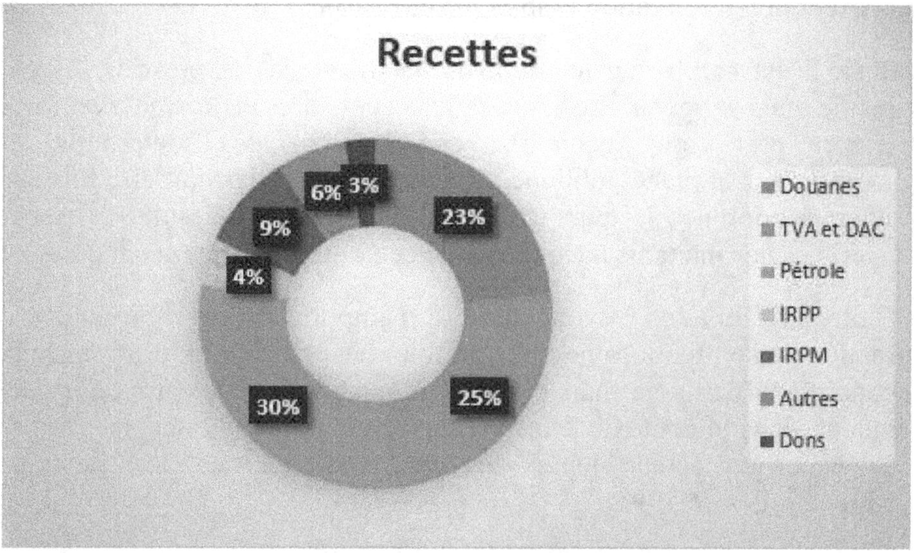

En effet, les faibles performances de l'impôt des sociétés malgré un taux marginal autour de 38,5% montrent clairement que le niveau d'activité économique effectif sur le territoire national est insuffisant ou trop informel et en tout état de cause échappe largement au contrôle de l'Etat qui ne peut le réguler efficacement.

Il est d'ailleurs intéressant de noter que la contribution de l'impôt sur le revenu des personnes physiques représente environ la moitié du prélèvement sur les personnes morales alors que le taux de base à l'IRPP, qui est sans doute le plus proche du taux moyen dans cette catégorie, représente environ le quart du taux de référence à l'ISOC, ce qui suggère que l'assiette est meilleure à l'IRPP qu'à l'ISOC contrairement à ce qui se produit dans les pays économiquement plus avancés.

Le chiffre d'affaires des entreprises fin 2008 s'établissait à environ 10.225 milliards de francs CFA soit plus de 90% du PIB, et avec un niveau de prélèvement autour de 17% sur le PIB, et compte tenu d'une

TVA à 19,25%, il ressort que c'est la logique de la taxe sur le chiffre d'affaires qui gouverne le mode d'imposition au Cameroun, suggérant ainsi qu'il est difficile d'établir les profits réels des entreprises en raison notamment du caractère informel de l'économie, mis en évidence par le fait qu'environ 13% seulement des entreprises déposent une Déclaration Statistique et Fiscale.

Ainsi, il est établi que le problème ce n'est pas la pression fiscale globale mais sa spécificité[95]. Outre les nécessaires efforts pour sortir la majeure partie de l'économie camerounaise des souterrains, et l'exposer sur la place publique, un accent particulier doit être mis sur l'identification des secteurs et des activités économiques qui devraient bénéficier des incitants adéquats et de ceux qui ne le devraient pas.

A titre d'exemple, l'exonération à l'importation des produits de grande consommation ne me semble pas participer d'un agenda économique pertinent mais plutôt d'un agenda social, voire politique, évident, dans le contexte d'insurrection potentielle permanente propre au Cameroun actuel depuis les résultats contestés des élections présidentielles de 1992.

En effet, si beaucoup admettent que le président actuel ne « dérange » pas, nombreux sont également ceux qui pensent qu'il n'a pas intérêt à « déranger » puisque sa légitimité est controversée, même si on laisse faire notamment parce que, depuis l'évènement de 1992, le candidat malheureux d'alors a perdu de son lustre dans l'opinion des Camerounais, de sorte qu'il y a aujourd'hui un vide politique que l'actuel président comble simplement, comme une espèce de président intérimaire assumant la vacance du pouvoir, dans un contexte de multipartisme factice où l'opposition s'apparente à un ensemble hétéroclite de lobbies ethniques, rappelant l'époque pas si lointaine de pré-indépendance, voire celle d'avant l'introduction dans l'espace public du nationalisme version UPC.

Les émeutes de la faim de février 2008, qui faisaient suite à la levée de la limite constitutionnelle fixée à l'exercice des mandats présidentiels, en constituent le témoignage le plus éloquent.

---

[95]L'aberration est si poussée que la douane camerounaise appliquerait à certains équipements sanitaires, donc les dons de matériel médical, des taux rédhibitoires.

Le pays se trouve donc virtuellement dans une situation où aucune réforme ambitieuse, notamment la mise entre parenthèses du social, ne peut être engagée sauf à restaurer la confiance qui passe par l'accession au pouvoir d'un président à la légitimité immaculée, fort d'une adhésion populaire majoritaire et écrasante avec un mandat clair pour réformer le pays et l'engager résolument sur le chemin de la croissance économique, dont les Camerounais de cette génération ou des suivantes ne pourront jouir effectivement qu'après son avènement.

Certes, on identifie quelques mesures fiscales qui vont théoriquement dans le sens de la création de richesses, notamment par la promotion de l'investissement, comme la réduction d'impôt proportionnelle aux investissements réalisés par les entreprises (jusqu'à hauteur de 50% plafonnés à 25.000.000 de francs CFA), dans un contexte où le niveau d'investissement actuellement, à un peu plus 25 points de PIB, est manifestement insuffisant à satisfaire les exigences du boom économique nécessaire à l'amélioration significative des conditions de vie des populations et singulièrement à la réduction de la pauvreté.

Le niveau des tarifs douaniers notablement ceux applicables aux biens d'importation d'origines extérieures à l'UDEAC, qui se situe en moyenne à 17,8%, contraste avec celui du Nigéria par exemple qui se situe à 11,7%, ce taux devrait donc logiquement être revu à la baisse, notamment en ce qui concerne les biens d'équipement dans une volonté réelle d'industrialisation du pays.

En effet, le problème du déficit de la balance courante tient essentiellement à l'acquisition excessive non pas d'intrants de production mais de denrées de consommation, de sorte que les sommes engagées le sont à fonds perdus.

L'ordre de grandeur des consommations alimentaires importées est sensiblement équivalent à celui des revenus douaniers. Confortant ainsi l'analyse selon laquelle l'offre locale est en déphasage avec la demande, alors que la réconciliation des deux ne tient qu'à quelques investissements judicieux, clairement à la portée du Cameroun, mais au terme de beaucoup d'efforts à la charge de la communauté nationale dans sa totalité.

Ceci dit, il convient de préciser que la pression fiscale effective sur les profits des entreprises serait de 49,1% (Cf. *Doing Business* 2012), ce qui représente une charge considérable susceptible de justifier la pesanteur de l'entrepreneuriat camerounais, d'autant qu'à celle-ci s'ajoute le poids des contraintes administratives liées à l'exécution des obligations fiscales. Ainsi, les entreprises consacreraient 654 heures à la mise en conformité avec les lois fiscales et seraient soumises à 44 paiements par an pour différents types d'impôts, taxes, redevances, droits, frais, cotisations sociales et assimilées. Ce qui justifie le mauvais classement du Cameroun en la matière qui occupe le 171ème rang sur 183.

En outre, l'inégalité face à la loi fiscale qui fausse le jeu de la concurrence est une réalité, non pas uniquement en raison de la prépondérance du secteur informel mais également parmi les entreprises du formel, du fait notamment de la corruption qui est, selon la banque internationale pour la reconstruction et le développement, la première cause de désagrément chez les opérateurs économiques, suivie immédiatement par la fiscalité, de sorte que le duo de tête évoqué ci-dessus et issu du *Recensement Général des Entreprises* de 2009 reste le même mais dans un ordre différent.

D'où il ressort que ce soit toujours les mêmes qui sont sollicités pour alimenter les caisses de l'Etat, dès lors qu'ils acceptent de jouer le jeu en ouvrant leurs livres, comme le suggère également le fait que, malgré le taux de 38,5% d'ISOC, l'imposition totale des profits dans cette catégorie de revenus s'élève à 29,9%, soit environ 9 point en dessous du taux nominal.

Il est également à noter qu'aucune réforme fiscale significative n'a été relevée depuis la publication de la *vision 2035* du gouvernement en 2009, étant entendu que les réformes fiscales préconisées par la commission nationale de réforme fiscale en 2007, n'ont toujours pas été implémentées, quoiqu'une certaine diligence concernant les mesures visant à l'élargissement de l'assiette soit notable, comme en témoignent les travaux et décisions administratifs subséquents au rapport de 2007[96] qui mettent également en lumière une relative hostilité fiscale à l'égard des entreprises et notamment des PME.

En conséquence, la présente fiscalité du Cameroun date de 1994 (2002 pour les douanes) et ce malgré la manifeste évolution de la conjoncture économique au Cameroun depuis lors. On peut dès lors concrètement s'interroger sur la volonté effective de réaliser l'objectif ambitieux d'accéder au statut de pays émergent à cette échéance ; étant donné que l'outil fiscal est l'argument majeur de la politique économique de l'Etat.

De plus, la mauvaise gestion des finances publiques est mise en évidence par le grade B attribué au Cameroun par l'agence de rating Santand & Poors, qui n'est d'ailleurs pas démentie par la plus grande diligence de l'Etat dans la perception des recettes que dans le paiement de ses dettes comme en atteste la *note de conjoncture* du ministère des Finances concernant le troisième trimestre 2012 qui fait état d'un taux d'exécution de 105,7% pour les recettes contre 95,1% pour les dépenses ; les prévisions budgétaires se rapportant à la dette publique extérieure pour l'exercice fiscal antérieur ayant été exécutées à environ 56,8% contre 39,4% pour la dette intérieure[97].

Cependant, le gouvernement se gargarise de la performance de ses services du trésor alors qu'il apparaît évident que l'accumulation des arriérés fiscaux n'est pas la solution au problème du déficit budgétaire.

Là encore la nature de la politique économique poursuivie est inintelligible. Chose qu'il faudra naturellement réformer !

---

[96]*Rapport d'activités pour l'exercice 2009* / comité de suivi de la mise en œuvre des recommandations de la commission de réforme fiscale /ministère des Finances.
[97]*African Economic Outlook 2012* : BAD OCDE PNUD CEA.

Adapter le dispositif législatif pour orienter et dynamiser la communauté de l'industrie, du commerce et des services

Historiquement, depuis les insurrections des années 1990, la ville de Douala, capitale économique, a constitué le point de départ des ondes de chocs successifs qui ont traversé la République, jusqu'aux tristement célèbres émeutes de la faim de février 2008 ; et subséquemment, la structure sociologique de cette ville amène naturellement à questionner le rôle des milieux d'affaires dans la vie politique.

En effet, le contraste entre la tumultueuse Douala et la docile Yaoundé (capitale administrative) suggère une option d'alternance.

De fait, chacun sait que le pays est dirigé par des administrateurs civils issus de l'ENAM, qui sont donc des administrateurs de métier, des hauts fonctionnaires de carrière ; autrement dit des bureaucrates rompus à l'art si vaste de la gestion des lourdeurs d'appareils, des mystifications pseudo-intellectuelles ; de l'argent facile (concussion/corruption) ; de l'abus de droit (notamment fiscal), des trafics d'influences souvent aux dépens des entrepreneurs petits ou grands.

En conséquence, la posture rebelle de Douala doit être vue sous l'angle de l'antagonisme fondamental entre le privé et le public, entre les travailleurs et les « patrons » qui s'octroient des profits tant illégitimes qu'illégaux, par exploitation immorale, voire inhumaine, de courageuses populations qui sont livrées à l'arbitraire du « marché » qui souvent signifie précarité généralisée, misère insoutenable, pauvreté immonde pour une écrasante majorité au-delà des 40% de la population; et pour cause, la ville de Douala qui ne cesse de s'étendre en périphérie par toutes sortes de taudis et bidonvilles est mieux que Yaoundé représentative des occupations et préoccupations des Camerounais.

J'en veux pour preuve que sur un chiffre d'affaires consolidé de 10.225 milliards de francs CFA réalisé en 2008 par les quelque 93.969

entreprises que compte le pays, Douala pesait 59,7% contre 14,1% à Yaoundé.

Or, paradoxalement, les graphiques ci-dessous établissent une concentration impressionnante et à l'évidence sans justification des sociétés publiques et d'économie mixte, des établissements et organismes publics dans la ville de Yaoundé alors que 70% environ de l'industrie est localisée dans le Littoral (à Douala plus précisément) et en incluant l'ensemble de la côte camerounaise, le poids de l'industrie concentré dans ces régions pourrait dépasser 80 points du total.

Graphique 11. *Distribution des sociétés publiques*

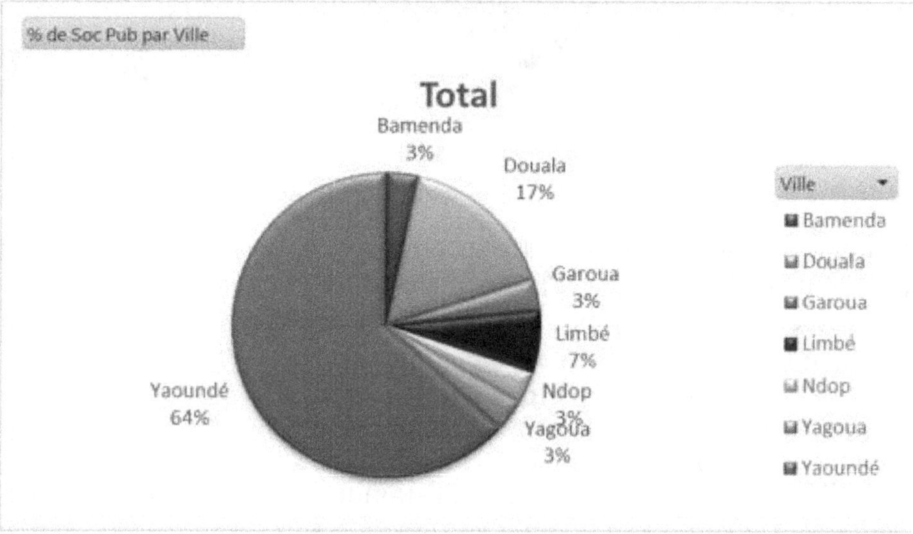

Graphique 12. *Distribution des établissements publics*

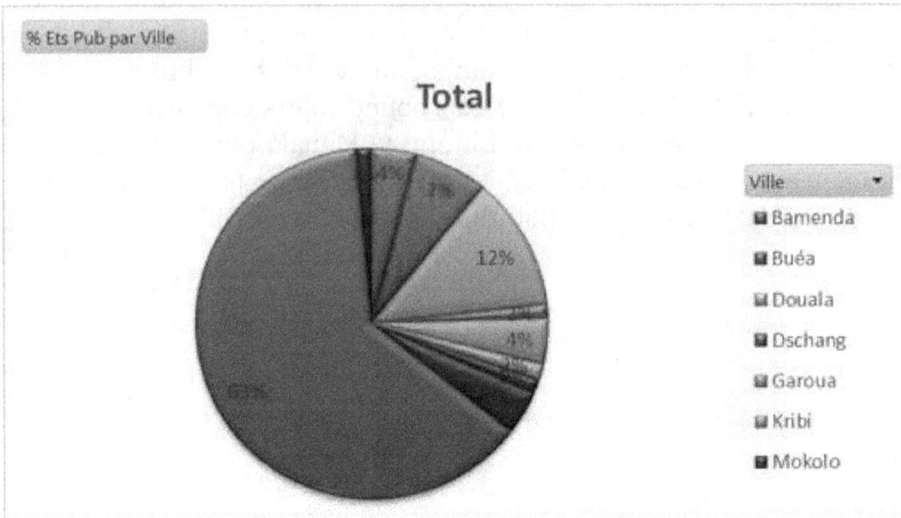

Cette bizarrerie est d'autant plus incongrue que, comme chacun sait, le pays souffre d'un déficit d'infrastructures de communication qu'elles soient réelles ou virtuelles et donc logiquement l'on pourrait s'attendre à ce que les organes de l'Etat se rapprochent des lieux de création des richesses du pays ; puisque ce sont ces ressources qu'il lui incombe d'administrer ou de réguler.

La faible représentation de l'administration camerounaise à Douala, véritable Cameroun en miniature là où Yaoundé concentre l'élite administrative dont les activités et les mœurs sont calquées sur l'administration coloniale honnie que l'UPC, dans la foulée de l'Union Camerounaise de 1937, (menée essentiellement par le tandem Ouest-Littoral et dont le premier congrès en 1950 s'est tenu à Dschang), combattit dans le sang et qui à bien y regarder n'a jamais complètement disparu mais s'est muée en un étrange appareil coercitif, complètement intégré à ce que l'on qualifie de néocolonialisme, révèle la logique institutionnelle du Cameroun, qui accorde la primauté à l'administration publique et à la politique sur l'économie ; Autrement dit qui consacre l'existence d'une minorité improductive qui contrôle la production des entrepreneurs camerounais en dehors de toute logique économique d'accroissement des richesses.

En un sens l'on peut dire que Douala porte les stigmates d'un Cameroun exsangue exploité d'abord par les colons puis par leurs successeurs constitutionnels (Loi cadre Defferre) qui comme les premiers et pour le compte de ceux-ci ont privatisé les ressources du pseudo-souverain peuple camerounais trahissant ainsi leur pays et l'idéal nationaliste.

C'est donc structurellement qu'il faut envisager les problèmes de gouvernance du Cameroun, car sa logique de gestion est copiée sur un modèle d'exploitation des indigènes (travail forcé et mal rémunéré) et de leurs propriétés (sol et sous- sol) à la fois par les colons et par leurs affiliés, les citoyens nègres qui par promotion succèderont aux premiers; or, ces autochtones constituaient l'écrasante majorité de la population des colonies.

Ainsi, il n'est donc pas surprenant que les mesures mises à l'œuvre par l'actuel régime ne profitent pas à la majorité de la population, mais seulement et comme autrefois à la minorité qui a simplement changé de couleur.

Il s'agit là d'un problème systémique, puisque le cadre institutionnel et normatif a été conçu pour profiter à une infime minorité par exploitation de la majorité.

Là où le bât blesse encore plus c'est que non seulement le système est défavorable aux pauvres mais pire lorsque ceux-ci décident de « jouer le jeu » pour améliorer leur condition, les règles sont soient ignorées, soit amendées afin de toujours rendre l'avantage aux exploiteurs, qui sont toujours les mêmes ; et de réprimer les exploités , qui eux aussi ne changent pas.

Le tableau prend une coloration tragique lorsqu'en se promenant dans les marchés de Yaoundé ou de Douala l'on est confronté à des scènes de vies surréalistes où des mineurs d'âge, qui devraient se trouver dans les écoles, sont brutalisés par des agents du fisc dûment escortés par des agents de l'ordre qui confisquent les plateaux de marchandises de première nécessité de ces malheureux au motif que ces premiers sont redevables d'obscures taxes auprès du Trésor.

Bref, c'est la loi de la jungle ! Ce qui plus est consternant, c'est que les règles du marché, imposées par l'élite administrative, lorsqu'elles produisent leurs effets, sont détournées au profit de l'exploiteur, résultant en un cercle vicieux pour l'exploité. De sorte que ceux qui produisent les richesses, n'administrent, ni ne possèdent leurs biens.

Or, ce sont eux qui maîtrisent le processus de création de richesses et donc dans un pays où l'extrême pauvreté est aussi accablante, qui devraient être incités à déployer leurs talents pour combattre la misère.

Il ressort donc qu'il est impératif de leur confier des capitaux plutôt que de les racketter, afin de réaliser le rythme de croissance nécessaire à l'atteinte du statut de pays émergent à l'horizon 2035.

Il est question de trouver les bonnes formules fiscales et financières nécessaires à la libération de l'effort économique ; et pas uniquement par l'injection de capitaux frais, mais également par le réemploi efficient de l'excédent budgétaire découlant d'une meilleure gouvernance et de la lutte contre la concussion et les détournements de fonds.

En effet, les pages qui précèdent établissent que le problème fondamental du Cameroun est une question de gouvernance ; défaillante en raison de l'absence de stratégie de développement économique, de l'incohérence des différentes actions entreprises par le gouvernement pour des raisons essentiellement politiques qui défient la raison économique et du détournement de fonds publics à grande échelle subséquent à l'accession au pouvoir du régime du renouveau.

Ainsi, la situation du Cameroun, qui depuis les Indépendances n'a jamais pu dépasser le stade de pays à revenus intermédiaires inférieurs, n'est pas le fait d'un hasard particulièrement acharné à son encontre mais le résultat d'un échec total de gouvernance, dont la preuve est incontestablement établie par le rappel des anciens maîtres au plus fort de la crise économique auxquels le successeur constitutionnel a remis le gouvernail du pays par l'assujettissement total du gouvernement aux institutions de Bretton Woods et l'ouverture du capital des joyaux de l'économie nationale aux étrangers, vassalisant ainsi de fait le pays.

Or, puisque le résultat de cette abdication effective du pouvoir n'est toujours pas significatif comme en témoigne la stagnation économique du pays malgré les allègements gracieux de la dette obtenus en 2006 pour l'essentiel, la question demeure de savoir quelles autres options auraient pu être envisagées.

A cet égard, de toutes celles possibles, la plus pertinente me semble être la valorisation du potentiel national en matière de gestion des affaires publiques, sans doute appuyée par l'extérieur mais de façon accessoire.

En effet, dans un pays aussi culturellement divers que le Cameroun, qui compte tant de communautés aux histoires plus glorieuses les unes que les autres, faites de conquêtes et d'administration de peuples variés, comptant des fils et filles qui se sont illustrés dans le difficile exercice de la gouvernance politique et économique longtemps avant la colonisation, ne pouvait-on pas en trouver qui soient à la hauteur du défi de mettre le Cameroun, cette nation désormais unifiée, sur la voie de la prospérité économique ?

Il est établi que les dérapages budgétaires, l'emprunt mis au service d'exorbitantes dépenses courantes, les détournements de fonds, les investissements dans des structures moribondes servant de caisses noires aux puissants, l'absence de vision, d'anticipation, voire l'insouciance de gouvernants autant illégitimes qu'irresponsables, ont conduit le Cameroun à sa perte.

La fable de la cigale et la fourmi de Jean de la Fontaine, ne peut manquer d'émerger dans nos esprits lorsqu'on se lamente sur le triste sort du Cameroun d'aujourd'hui.

C'est la raison qui le commande ! Car l'on sait que, dans un pays où certaines entreprises réalisent aisément un taux de profit à deux chiffres, la prospérité n'est pas une utopie mais une question de dynamisme.

Ce dynamisme si absent est en réalité simplement embastillé par le « régime », c'est-à-dire le système idéologique et politique qui gouverne le pays depuis son accession aux Indépendances mais plus spécifiquement depuis la transition constitutionnelle de 1982, puisque la première période de gouvernance peut être considérée à juste titre comme une phase de consolidation de la nation encore fragile, notamment en raison du risque d'implosion qui résultait principalement des aspirations nationalistes de certaines factions du pays farouchement anticolonialiste d'abord et anti-néocolonialiste ultérieurement.

C'était d'ailleurs le principal objectif des premiers plans quinquennaux, de sorte que le véritable décollage économique aurait dû résulter de l'avènement d'un « nouveau » régime dirigé par un « technocrate » au curriculum impeccable, ayant reçu de son prédécesseur un pays unifié et pacifié.

Les lendemains déchanteront comme chacun a pu l'observer, mais non pas pour les raisons qui semblent dominer dans l'opinion publique, entendez une sorte de fatalité qui condamnerait l'Afrique subsaharienne à être la région des malheurs conséquemment à la malédiction de « Cham » (cf. photo, infra.) évoquée même par l'intellectuel érudit W.E.B Dubois, dans son ouvrage « The soul of the black folk », mais bel et bien en raison des errements de la politique économique ou plus exactement antiéconomique menée par nos gouvernants successifs qui ont cru que les Indépendances consistaient simplement à se substituer aux maîtres à leurs tables pour festoyer, manger et boire au cours d'une orgie sans lendemain.

Très vite, hélas, l'évidence qu'il n'y en avait pas assez pour tous s'est imposée et il a fallu sélectionner les légataires des biens abandonnés par les colons sur le départ.

Ainsi était posé le problème de la répartition de la richesse, sans que jamais la question de l'augmentation du patrimoine ne soit sérieusement envisagée.

Hélas, trois fois hélas car à cette époque il était déjà possible, avec le recul certes, d'identifier la véritable problématique de gouvernance et d'anticiper les problèmes qu'allait affronter le pays à relativement brève échéance, puisque les relents de la banqueroute se sont manifestés moins d'un quart de siècle après l'heureux évènement.

Ceci posé, il ne fait aucun doute que la situation peut évoluer, mais à la condition qu'il s'opère un retournement complet de la politique suivie jusqu'ici.

Il faut que nos concitoyens comprennent que le Cameroun doit être repensé et réformé au risque de sombrer dans une paupérisation qui nous guette. Nous ne pouvons plus escompter la croissance du PIB sur la seule base de la remise en service d'un puits de pétrole laissé en jachère après une exploitation abusive. Il faut impérativement jeter les bases d'un développement économique durable et cela passe par la redéfinition d'un contexte institutionnel orienté vers la production et la productivité, autrement dit à l'opposé de son obédience actuelle à la bureaucratie administrative.

Il est impératif de mettre au premier plan l'économie et d'affirmer sans ambiguïté sa suprématie sur la politique politicienne, son rôle fédérateur et de vecteur de la paix sociale ; puisqu'il est évident que lorsque cette dernière procède de la politique, elle est artificielle et instable alors que lorsqu'elle dérive de l'économie, autrement dit du marché, elle est pérenne.

En effet, la paix sociale et civile, qui est issue de la politique, des petits arrangements, des faux-semblants, produit des comportements « politiquement corrects », c'est l'officialisation de l'hypocrisie et du double langage dans un domaine très sensible.

On sourit au voisin , la machette en bandoulière ; chacun sait que ça changera et s'y prépare ; tout ça ne tient qu'à un geste du prince et le baril explosera, comme à la fin des années 1980 du reste où les insurrections sanglantes de l'époque donnaient suite à une politique que beaucoup considéraient comme ouvertement tribaliste, du fait du revirement politique du prince au lendemain du coup d'Etat manqué ayant donné prétexte à un repli identitaire.

Le changement d'attitude du chef de l'Etat avait alors sauvé à la fois sa tête et la nation, instaurant un régime du politiquement correct qui cache mal des divisions tribales béantes, entretenues du reste par les élites qui assurent ainsi leur survie puisqu'elles seules se parlent et se comprennent, ce qui les rend indispensables à l'unité de la nation.

D'ailleurs, dans son ouvrage « *pour le libéralisme communautaire* », le président de la République affirmait sans ambages que la démocratie passe par le parti unique qui est le garant de la nation[98], instituant ainsi la politique comme génitrice de la nation, ce qui constitue une erreur fondamentale de jugement puisqu'elle suppose une nation par les textes et l'usage abusif de la force publique pour les implémenter alors qu'il est établi et évident pour tous que c'est le commerce entre les individus qui crée les liens divers aboutissant à une communauté d'intérêt d'abord et plus complexe ensuite.

Autrement dit, la coercition n'est jamais la solution aux insuffisances de la nation et l'histoire du pays à cet égard nous enseigne que l'abolition de la traite des esclaves édictée par les Britanniques au milieu du 19e siècle par traités négociés avec les chefs locaux n'a véritablement atteint ses objectifs que lorsque les autres commerces dont ceux de l'huile de palme et de l'ivoire se sont avérés plus lucratifs pour les intermédiaires indigènes. De sorte que des points de vue différents ont abouti à un compromis assimilable à l'émergence d'un intérêt commun puisqu'en possédant les attributs.

C'est donc sur une erreur fondamentale de jugement, qui disqualifie sa candidature à la gestion d'une démocratie complexe pour le Cameroun, que s'est construite l'action du régime actuel, dont le bilan dans ce domaine comme dans bien d'autres est désastreux.

Une nation par le marché, au contraire, donc par la base et non par le sommet de la pyramide sociale, serait à l'évidence beaucoup plus authentique et pérenne ; c'est d'ailleurs la seule issue, comme en atteste l'origine même du « nationalisme » camerounais, autrement dit de l'aspiration à la résurgence du Kamerun unifié de l'époque du protectorat.

---

98 In *pour le libéralisme communautaire* de Paul Biya p.47.

En effet, ce nationalisme procédait non pas d'un parti politique unique instauré par les Allemands mais bel et bien de la mixité culturelle dans les plantations et sur les différents chantiers infrastructurels de même que dans l'administration ou les diverses activités ouvrières ; en un mot ce nationalisme procédait de la nouvelle économie.

De plus, il est incohérent, toujours en regard de l'histoire du pays, d'essayer de construire la nation par la loi, la force et la politique, puisque ces outils trouvent leur origine dans le soutien à l'économie, comme en atteste la genèse de la justice camerounaise, et notamment la mise en œuvre de la « Court of Equity » à Douala au milieu du 19ème siècle, qui jeta les bases d'un modèle de justice qui survécut au protectorat allemand puis au condominium, mandats et tutelles franco-britanniques, moyennant quelques superficielles modifications.

Dans les pays avancés, le sentiment d'appartenir à une nation a été démocratisé, les individus se déchirent sur bien des choses mais dans un contexte intangible, la nation ; dont l'évocation comme le coup de sifflet de l'arbitre met un terme à toute altercation. Or, qu'est-ce donc que cette notion si ce n'est le patrimoine commun que chacun a le devoir de préserver, autrement dit la quintessence des intérêts individuels, dont la mise en péril ne peut être consciemment acceptée par quelqu'individu que ce soit, autrement dit le produit d'un commerce antérieur qu'on se doit de capitaliser et de préserver par des actions communes spécifiques.

Une simple analyse à la portée de tous établit la corrélation positive entre la prospérité d'un pays et sa cohésion sociale, par sa capacité de mobilisation de toutes les forces vives tendues vers un objectif commun, or, celle-ci passe par l'implémentation d'un cadre institutionnel viable et pertinent de ce point de vue.

Ainsi, nos institutions issues des colonisations, qui elles-mêmes étaient fondées sur l'affrontement et la différenciation claire entre colons exploiteurs et indigènes exploités, ne sont pas adaptées à favoriser l'unité nationale et la création de richesses en abondance suffisante à couvrir équitablement les besoins de tous rendus comme un seul.

La nécessité impérieuse de créer des richesses, qui fait l'unanimité au sein de nos concitoyens qui y trouvent tous un intérêt individuel et collectif, doit naturellement s'imposer comme le dénominateur commun officiel, alors l'intégration par la culture, par le sport et par la force, pierre angulaire de la politique du présent régime, s'imposera d'elle-même au fur et à mesure que les intérêts économiques convergeront.

Le PIB n'est autre chose que la somme des valeurs ajoutées et cache mal les disparités ethniques et régionales dans la création de richesses au grand dam de l'efficience synergétique.

Créer le contexte normatif d'une stratégie économique viable c'est démultiplier les revenus individuels et collectifs, c'est rationnaliser et tirer tout le potentiel du pays en minimalisant les pertes, c'est le management public de l'excellence dans tous les domaines ; non pas uniquement dans les mots mais également et surtout dans les actions concrètes cohérentes menées sur le terrain et recevant l'adhésion des masses par le choc de confiance préalable qui résultera de l'avènement du nouveau régime orienté vers la production exponentielle.

La loi est nécessaire pour créer ce cadre idéal de la gouvernance du pays, mettant au premier plan la démultiplication des chiffres d'affaires là où, dans le contexte actuel, l'administration publique est en tête du hitparade des institutions les plus attractives pour les jeunes chômeurs (65,9%), devant le privé et la création d'entreprises (21,6%)[99], mettant en évidence le retournement nécessaire puisque c'est le secteur improductif, largement perçu comme le coffre-fort de la rente qui recueille la majorité des suffrages des demandeurs d'emploi.

C'est donc que la situation n'a pas changé depuis l'époque précoloniale, une poignée d'élus, de notables entourant le roi, partage comme jadis avec lui la rente et le peuple vaque à ses occupations.

A la différence près que, chacun aujourd'hui, pour peu qu'il possède les diplômes nécessaires, croit, à tort, pouvoir accéder à ce niveau et toucher une pension généreuse et régulière de l'Etat, qu'il pourra

---

[99] *African Economic Outlook*: BAD OCDE PNUD CEA.

d'ailleurs compléter à loisir en privatisant à son compte le service public.

La vérité c'est que les places sont chères et réservées dans un système corrompu jusqu'à la moelle, certes, l'espoir fait vivre mais de grâce arrêtons de gâcher tant d'énergie à espérer que quelques miettes d'un gâteau qui se rétrécit à vue d'œil nous tombent dans le bec.

L'illusion ne prend plus, chacun doit se retrousser les manches et se mettre résolument à la création de richesses, mais ceci ne peut se produire que si l'exemple est donné depuis le sommet ; le coup de sifflet d'une nouvelle partie de football sera ainsi donné, le trophée sera non plus pour les meilleurs élèves, entendez les plus dociles et obéissants suiveurs et laudateurs inutiles mais pour ceux qui, comme « Roger Milla », marquent des buts pour le Cameroun.

Autrement dit, ceux qui produisent la richesse seront mis sur un piédestal et gouverneront effectivement le pays en nouveaux maîtres d'une nouvelle école de stratégie économique, donnant ainsi l'exemple à cette jeunesse nombreuse qui constitue le pays. Ainsi, Douala et Yaoundé seront réconciliées, la seconde étant résolument mise à l'écoute et au service de la première, pour promulguer tous les textes indispensables à son essor.

Définir une stratégie d'urbanisation plus équilibrée

Le développement urbain est une préoccupation majeure au Cameroun qui recense près de 60% de la population actuelle dans cette catégorie, la tendance devant se renforcer dans les prochaines années pour culminer à près de 75% à l'horizon 2035.

Dans ce registre, les villes de Yaoundé et Douala qui constituent les seules métropoles du pays et concentrent plus de 20% de la population totale et près de 30% de la population urbaine. Elles constituent donc les principales références locales en matière d'urbanisation et se posent comme villes phares ou pilotes dans ce domaine.

Point besoin d'une analyse très savante pour observer, comme nous l'avons établi ici même dans les pages qui précèdent, que cette urbanisation se fait essentiellement de façon anarchique, voire complètement sauvage et ce malgré l'existence de plans de développement urbains qui se sont distingués par une sous-estimation des besoins effectifs et de l'attractivité extraordinaire des villes dans un contexte de paupérisation des zones rurales qui concentrent l'essentiel des plus de 40% des pauvres que compte le pays et sont effectivement reléguées au rang de zones d'exploitation agricole.

A cet égard, les taux de croissance effectifs des villes de Yaoundé (5,7%) et Douala (4,7%) ,supérieurs à la croissance de la population établie à 2,7%, mettent en évidence l'exode rural massif, notamment des plus jeunes. Ces deux villes concentrent respectivement 66% et 80% de la population de leurs régions dont les structures de populations établissent qu'elles sont majoritairement urbaines avec respectivement 74,8% pour le Centre et 96,1% pour le Littoral.

L'Extrême-Nord, qui est la deuxième région la plus peuplée du pays avec un peu plus de 3,4 millions d'habitants contre 3,8 millions environ au Centre est essentiellement rural (77,2%), tout comme le Nord (72,1%), ce qui met en évidence la forte disparité qui existe entre les régions, la population urbaine du reste des régions oscillant entre 35% et 45% dans une tendance à la hausse révélée par les taux de croissance positifs et supérieurs au taux de croissance nationale.

Ainsi le problème du développement harmonieux des régions est posé dans le contexte d'un pays qui doit tirer le meilleur parti des ressources disponibles sur l'ensemble de son territoire, alors que le taux de densité moyen stagne autour de 40 hab/km², avec des pics à 142 au Littoral et 129 à l'Ouest, 104 au Nord-Ouest, 100 à l'Extrême-Nord contre 7,4 et 14,7 respectivement à l'Est et au Sud.

Ce qui établit que la répartition de la population sur le territoire doit constituer l'une des priorités du gouvernement puisqu'il est également question de l'exploitation économique optimale du territoire (sol et sous-sol).

D'autant plus que les études montrent que les principaux déterminants de l'urbanisation sont la recherche des opportunités économiques et la scolarisation pour les plus jeunes.

En effet, Yaoundé et Douala concentrent environ 60% des entreprises, 68,4% des emplois formels et 73,8% du chiffre d'affaires consolidé des entreprises et l'économie informelle étant arrimée à l'économie formelle, et tributaire de celle-ci, ces villes représentent les moteurs économiques du pays.

De plus, il est à noter que 160 villes sur un total de 312 comprennent moins de 10.000 habitants, ce qui relativise la notion de ville et amplifie la position dominante des villes de Yaoundé et Douala. Les 7 villes suivantes au palmarès des populations totales comprennent entre 270 et 100 mille habitants, comme illustré ci-dessous ; de sorte que leurs tailles respectives relativement à Yaoundé et Douala en font essentiellement de grands marchés pour la production agricole des villages périphériques.

Ayant donc établi le caractère polarisant de ces deux villes principales, qui peuvent à l'évidence servir d'étalons dans le cadre de l'élaboration d'un plan de développement urbain plus harmonieux, il apparaît également que la solution aux problèmes liés à l'urbanisation que sont l'exode rural massif, l'accès à l'eau potable, à l'électricité, la salubrité et l'hygiène, les transports, l'engorgement de la circulation, l'accès aux écoles, aux hôpitaux, aux lieux de culte et de loisirs, le chômage, le logement décent, etc. passent par une action sur les deux paramètres principaux évoqués ci-dessus, à savoir : l'emploi et la scolarisation ainsi que par un investissement plus important dans la déconcentration des infrastructures, compte tenu de l'expansion planifiée et souhaitable des centres urbains, qui ont tendance à absorber leurs satellites que sont les villes périphériques de bien moindre importance.

A titre d'exemple dans la région du centre qui compte 62 villes, la seconde ville en taille de population est Mbalmayo qui compte moins de 100.000 habitants, tandis que Yaoundé en compte plus de 2000.000 ; le même constat est valable pour le Littoral où la seconde ville qui est Nkongsamba compte juste un peu plus de 100.000 habitants.

Graphique 13. *Taille des villes*

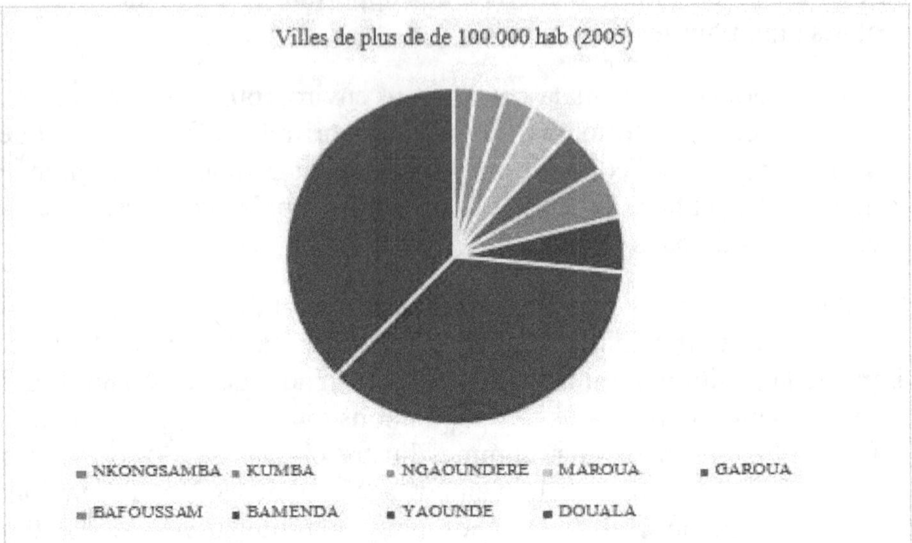

En agissant sur les paramètres en question, autrement dit en distribuant les bassins d'emplois et les zones franches industrielles de manière plus optimale et en accompagnant le développement d'activés productrices de richesses dans les zones en question par les infrastructures adéquates suivant une logique économique évidente et une rentabilité assurée, la question de la concentration excessive de la population dans deux villes uniquement sera résolue tout comme la question de l'occupation harmonieuse du territoire, contribuant ainsi à l'évidence à améliorer les conditions de vie des populations et leur bien-être, notamment par la résolution du problème de la criminalité galopante.

Dans ce domaine également, l'insoutenable situation actuelle dérive de la politique de concentration et de politisation du pouvoir qui, dénuée de toute raison économique, entraîne une inefficience généralisé de tous les marchés, y compris ceux du logement, de l'eau et de l'électricité.

Ainsi, certains se rassemblent là où se trouve le coffre-fort de la rente, et d'autres se rassemblent là où se trouve le service minimum lié à la rente, le reste, éparpillé sur le territoire, vaque à ses occupations.

Avant même d'aborder la question de la stratégie d'urbanisation, il est évident que l'Etat a abdiqué son rôle de régulateur, toujours dans cette logique du laisser-faire pour éviter la remise en question de la légitimité du pouvoir coercitif.

L'Etat est impuissant mais tient la barre, c'est cela le reproche pertinent, pourquoi persister dans une stratégie qui ne marche pas ? Encore une fois, la solution existe mais elle passe par la nécessaire acceptation de l'autorité par les masses, c'est-à-dire par la restauration de la confiance entre gouvernants et gouvernés, qui alors auront le sentiment que les efforts consentis sont orientés dans la bonne direction.

Les actions isolées et ponctuelles, qui caractérisent la politique d'urbanisation actuelle, comme en atteste le dérisoire des solutions apportées, amenant des problèmes qui, quoique prévisibles, arrivent toujours comme des actes de force majeure, dont l'idée de construire 18.000 logements par an à Yaoundé qui compte près de 2000.000 d'habitants et croît à environ 5% en rythme annuel, ont été érigées en stratégie d'actions menant ainsi à des conflits sociaux prévisibles, sans même évoquer les désastres économiques qu'ils susciteront. Il est donc clair qu'il faut d'urgence élaborer une stratégie de développement urbain qui intègre sur le très long terme les besoins infrastructurels liés à une croissance rapide de la population et surtout qui décongestionne les villes à l'évidence surpeuplées, par une meilleure distribution des opportunités sur l'ensemble du territoire.

Il faut pour cela du courage politique afin d'implémenter des réformes difficiles et douloureuses ; aborder les problèmes au demeurant connus de tous, dont ceux des surpopulations dans certaines villes et de leurs corollaires, insuffisance de l'offre infrastructurelle, énergétique, alimentaire, sanitaire, scolaire, ainsi que le chômage de masse ; tous essentiellement dus à la concentration dans quelques lieux seulement de la totalité des commodités dont nos concitoyens sont désormais familiers.

Ainsi, l'absence de développement d'infrastructures supplémentaires en adéquation avec la croissance démographique et surtout l'évolution des standards locaux qui s'alignent sur ceux de Yaoundé et de Douala qui eux-mêmes copient sur l'étranger, auront entraîné le pays dans une spirale de réactions publiques essentiellement politiques mais surtout dérisoires et manifestement incompétentes à solutionner les problèmes véritables dans un contexte de crise économique d'abord, puis de croissance insuffisante ensuite, certes ! Mais n'est-ce pas plutôt l'ingéniosité et le courage de l'action qui manquaient ? Les colons ne subvenaient-ils pas à leurs besoins dans le domaine ?

En effet, avant même que la croissance économique fulgurante que j'appelle de mes vœux ne nous permette d'équiper nos villes de toutes les commodités infrastructurelles modernes, que sont les métros, tramways, périphériques, routes bitumées généralisées, eau et électricité en abondance, matériaux de construction adaptés, système de collecte des déchets, d'évacuation des eaux usées, hôpitaux, écoles, aires de jeux, lieux de culte, etc. nous pouvons déjà, ou aurions dû, dans le cadre d'une véritable gouvernance des populations, mieux équilibrer l'occupation du territoire par des mesures simples, puisqu'il est de toute façon établi que, même pour un régime insouciant la surpopulation, par les problèmes qu'elle génère, a un coût bien réel, qui mieux employé en amont pourrait permettre des économies importantes liées à l'évitement de catastrophes en aval.

Il est clairement question de réorienter les masses vers de nouveaux « eldorados » locaux, cela nécessite du courage et de l'ingéniosité notamment fiscale, puisque la préoccupation majeure ici c'est d'abord l'emploi.

Réconcilier l'économie formelle et informelle

C'est le grand chantier de l'économie nationale qui comme à l'époque coloniale présente une difformité, en ce que l'économie officieuse est au moins 9 fois supérieure à l'économie officielle, caractérisée par le fossé entre les biens et services de luxe d'une part et les biens et services de première nécessité d'autre part. Les premiers étant importés d'Occident pour l'essentiel, tandis que les seconds sont locaux ou issus de la sous-région et par conséquent soumis à des critères de qualité tellement différents, et clairement au rabais pour les seconds que l'hygiène et la santé publique sont mises à mal.

Par ailleurs, l'économie officielle découle de ce marché du « luxe » et se traduit par des mesures fiscales et budgétaires inappropriées déclinées dans des taux nominaux de prélèvement trop élevés au regard de l'unité de production de l'économie officieuse, qui n'est pas prise en compte, mais qui rentre dans le champ d'application des lois fiscales.

Tout ceci se traduit par une incapacité de l'Etat à réaliser les recettes potentielles, eu égard au niveau relativement faible de pression fiscale (environ 14% du PIB hors pétrole), puisque ce biais de départ, résultat du « politiquement correct » dicté par le caractère tabou de la véritable conjoncture, vérité inconvenante, incite « officiellement » à la concussion et donc à l'évasion de capitaux.

Le budget de l'Etat, promoteur par excellence de la croissance, est donc en définitive loin d'atteindre son potentiel réel, précisément parce que ses fondamentaux ne correspondent pas à l'économie réelle, car ils subissent en réalité une inflation destinée à dissimuler l'ampleur des problèmes qui ne seront donc jamais résolus dans une logique de pourrissement par le fond du panier.

Contrairement donc à ce que s'imaginent les autorités, qui à des fins politiques ne poussent jamais assez loin la mesure et l'analyse des problèmes par une économétrie adéquate, les retombées potentielles d'une véritable intégration de l'économie informelle à l'économie officielle seraient inestimables, non seulement en termes d'assainissement de l'économie nationale et donc d'optimisation de la production de richesses, mais également en termes de recettes pour les besoins de l'Etat.

Pareille transparence dans les chiffres officiels ajustés à l'économie réelle requiert du courage de la part des gouvernants et de la confiance de la part des gouvernés ; ce qui nous fait dire que l'actuel régime décrié et suspect aux yeux des populations n'a ni l'autorité, ni la capacité d'instaurer cette nouvelle économie au Cameroun, car alors il s'agirait pour lui de se renier, de manger ses propres excréments, ce qui serait débile !

L'économie de l'illusionnisme, de l'apparence, de la communication publique, de la désinformation visant à la fois à rassurer les bailleurs de fonds et autres investisseurs internationaux et à endormir une population bluffée et atomisée par le sentiment que ça va mieux chez les autres, que la misère apparente elle-même est illusoire, que c'est le « Cameroun ! », permet également de faire passer la pilule des détournements de fonds dans un pays où chacun peut pourtant voir et toucher le dénuement total, exprimé approximativement par le PIB moyen par habitant d'environ 1000 dollars/an, ce qui signifie virtuellement que tous les Camerounais vivent en dessous du seuil de pauvreté ou presque.

Il ne s'agit pas ici de plaider la cause d'un nivellement de l'économie par le bas mais d'affirmer qu'une meilleure compréhension des phénomènes économiques, du marché réel, permettrait de rendre plus pertinentes les décisions et d'atteindre le niveau de cohérence nécessaire à l'efficience maximale dans la création de richesses et la réduction de la pauvreté.

En clair, la politique actuelle de la dissimulation des problèmes réels et de prises de décisions sans pertinence économique, mais mues uniquement par la propagande gouvernementale, mène le pays dans la mauvaise direction, car le pourri du fond du panier contamine jusqu'au sommet qui lui aussi finira tôt ou tard par être en faillite , comme ce fut le cas dans la première moitié de la décennie 1990, marquée au fer rouge par les réductions salariales drastiques dans la fonction publique (jusqu'à 70%) et la dévaluation du franc CFA (jusqu'à 50%). La fuite en avant n'est pas une solution !

Comme sur les marchés financiers, l'inflation des valeurs donne toujours lieu à une correction trop douloureuse qui sera nécessairement facturée aux enfants et petits-enfants de la présente génération.

Alors de grâce, assurons cet équilibre générationnel !

L'obsession de l'accès au niveau de vie occidental par la consommation des biens et services occidentaux, sans contrepartie, autrement dit à crédit, qui caractérise nos élites[100] et déséquilibre la balance des paiements, est le plus grand danger qui menace notre économie ; qui plus est dans un contexte où les économies modèles peinent à croître, ce qui indique qu'elles sont arrivées à maturité et présentent donc dans leurs formes actuelles plus de vices que de vertus.

Là où nos modèles devraient être les anciennes économies occidentales dans leurs périodes de croissance à deux chiffres (golden sixties !), comme la Chine actuelle, ce sont les comportements décadents véhiculés par la télévision privée mais également publique, qui servent de référence ! Confirmant ainsi l'affirmation selon laquelle l'Afrique noire est mal partie[101] ; notamment parce qu'elle se complaît dans le rôle de poubelle d'un Occident en déliquescence morale et donc un peu fou!

Certes, le petit peuple n'y a pas accès, l'électricité, tout comme la télévision, étant un produit de luxe, mais c'est son effort qui est ainsi dissipé après avoir été confisqué par des élites irresponsables.

La financiarisation empêchée de l'économie, la définition des niveaux de prélèvements en inadéquation flagrante avec l'économie réelle, condamnent l'économie camerounaise à se développer dans les souterrains, comme en atteste le fait que seulement environ 13% des entreprises du secteur formel établissent une Déclaration Statistique et Fiscale et qu'à peine 42,9% des quelque 93.969 entreprises tiennent une comptabilité écrite.

---

[100] Un câble diplomatique du 22/04/2009 de l'ambassade des Etats-Unis à Yaoundé, publié par *wikileaks,* relate une conversation entre l'ambassadeur et le président de la République faisant état de ce que ce dernier semble plus au courant de la situation politique en France, que des difficultés économiques et sociales au Cameroun, comme en atteste l'extrait suivant :: « Biya was more tired and rambling than usual and did not seem to be getting fresh information about on-going events in Cameroon. He came across as better informed (through French TV) on POTUS' recent visit to Europe than on the pressing local issues of the day, including Cameroon's struggles to mitigate the loss of jobs and revenue already suffered as a result of the international economic crisis.

[101] René Dumont, Paris, Editions du seuil 1962.

La situation apparaît encore plus consternante lorsqu'on réalise le poids de l'économie informelle qui se déduit de celui crédité à l'économie formelle, qui par les emplois qu'elle assure ne pèse pas plus que 5 points de l'économie totale, puisque les emplois enregistrés dans le secteur formel privé et public s'établissent respectivement à 429.000 et 196.056.

En outre, le politiquement correct, poussé à son extrême, c'est-à-dire jusqu'au choquant, voire au dégoûtant, ressort également du taux de chômage officiel établi à environ 30% et dissimulant ce que les autorités considèrent comme du sous-emploi, qualificatif pertinent pour plus de 70% des emplois informels de leur propre aveu, mais qui en réalité correspond à un niveau d'activité et de revenu individuel indéterminé parce que trop faible ou irrégulier et donc potentiellement inexistant.

Dans pareil contexte, il convient d'affronter une fois pour toutes les problèmes et d'abandonner la politique de l'autruche qu'affectionne le présent régime, parce qu'elle assure sa survie.

Pour sortir l'économie des bas-fonds, l'intérêt de formaliser doit apparaître évident pour tous, et ceci requiert une fois encore la confiance des gouvernés en leurs gouvernants, qui elle-même passe par la transparence totale sur la direction donnée à l'économie et sur les retombées escomptées de la stratégie.

En clair, il faut que le peuple se laisse faire, se laisse diriger, se laisse gouverner et pareille docilité vis-à-vis du pouvoir passe par une adhésion totale aux ambitions portées par le premier des gouvernants, trop souvent perçu comme le magistrat suprême et pas assez comme le manager suprême.

Outre le fait que la culture ancestrale et les traditions de certaines régions du pays, qui ignorent tout de l'organisation économique puisque leurs économies jusqu'à l'époque précoloniale reposaient essentiellement sur la chasse, la pêche et la cueillette, qu'ils n'avaient pas de grenier démontrant ainsi l'horizon simplement quotidien de ces économies, peuvent inspirer le pessimisme quant à leurs capacités à souscrire à l'implémentation d'un cadre structurel universel, ou simplement à intégrer la notion de planification stratégique, à se l'approprier au-delà des mots, il est nécessaire, tout spécialement face au constat d'échec cuisant de la politique poursuivie jusqu'à présent par nos gouvernements successifs depuis les Indépendances, de tenter l'aventure de la formalisation, de la planification et de la rationalisation, si ce n'est par conviction du moins parce que c'est la seule alternative à une politique qui a échoué.

Ceci dit, malgré les disparités culturelles régionales au sein du pays, le constat général, c'est une forte résistance à la formalisation, due pour les cultures qui ne correspondent pas à la description donnée ci-avant, précisément et paradoxalement à leurs traditions de fortes organisations datant d'avant la colonisation (agriculture, élevage, administration, etc.) qui rigidifient leurs modes de fonctionnement, les rendant ainsi inaptes à l'adaptation à la nouvelle économie.

Il existe cependant des raisons de croire au succès d'une meilleure formalisation de l'économie, notamment du fait de la jeunesse relative de la population (l'âge médian est de 18 ans), ce qui laisse supposer qu'une grande partie de la population est depuis quelques décennies sous influence culturelle étrangère et pourrait donc mieux que ses prédécesseurs appréhender l'utilité ou la nécessité de formaliser, de structurer, de planifier, d'intégrer.

En effet, cette flexibilité supposée de la population active actuelle, qui aspire à jouir des produits de la manufacture étrangère, serait probablement l'un des seuls points positifs de l'exposition aux cultures étrangères, notamment occidentales, de la jeunesse urbaine, qui a marqué l'anthropologie camerounaise de ces dernières décennies.

A la clé c'est l'assurance d'une assiette imposable beaucoup plus intéressante que l'actuelle, qui permettra donc de dégager des recettes bien plus importantes même après et surtout en raison de l'alignement des taux sur la réalité économique du pays, donnant ainsi à l'Etat plus de marge de manœuvre dans l'exercice de son rôle de régulateur de l'économie en dernier ressort c'est-à-dire d'ajusteur du marché en fonction des besoins de la macroéconomie, mais également en fonction des valeurs sociales défendues par la nation.

L'avènement du régime au pouvoir depuis 1982 a donné lieu à une débauche morale sans précédent que les arrestations de hauts commis de l'Etat ont exposée sur la place publique au lendemain de l'ouverture du grand chantier de la démocratisation du pays, et plus précisément au lendemain de l'élection présidentielle de 1997 qui a donné lieu à des affrontements fratricides et fait émerger des dossiers dont l'opinion publique soupçonnait l'existence, mais qui n'avaient jusqu'alors pas donné lieu à la moindre réaction officielle ; le chef de l'Etat ayant même tancé l'opinion à ce propos lors d'une interview officielle au palais présidentiel en 1987 où à la question suivante du journaliste Eric Chinje : « M. le président, à quand les sanctions contre la corruption et les détournements de deniers publics dans la fonction publique ? », il répondit, manifestement agacé par la mise en cause permanente de l'intégrité des piliers de son régime et avec une légèreté qui trahissait un déphasage total avec l'opinion publique, qui se traduira d'ailleurs par les insurrections de la fin de cette décennie : « mais où sont les preuves ?», comme si l'initiative en la matière relevait de la population et non pas des pouvoirs publics, attestant ainsi à son insu d'une abdication des fonctions régaliennes de l'Etat, privatisées avant l'heure.

De fait, donc, le peuple s'autogouverne et les autorités encaissent simplement la rente, jusqu'au moment où, trahi par des cadres trop ambitieux de son régime, notamment Titus Edzoa (ex-secrétaire général de la présidence), qui entendait se porter candidat à l'élection présidentielle de 1997, contre le candidat officiel du parti majoritaire qu'il accusait d'enrichissement illicite, ce dernier a entamé une chasse aux sorcières dont personne n'était dupe, puisque même l'opposition avait pris fait et cause pour le baron déchu accusé de détournements de fonds publics, dans un contexte politique trouble.

Certes, Titus Edzoa, tout comme Pierre Désiré Engo et Mounchipou Seïdou, n'est sans doute pas un agneau innocent mais bel et bien dans des proportions qui restent à déterminer un prévaricateur de la fortune publique, un gestionnaire indélicat qui fera des émules, mais l'agenda manifestement politique du président ne faisait aucun doute, il s'agissait avant tout de rivaux gênants, qu'il avait promus ou pire qui l'avaient porté aux cimes et qui souhaitaient s'émanciper du chef.

Ces poids lourds du régime du renouveau tombaient en 1997 à la faveur d'un prétexte qui avait le triple avantage de réjouir les populations en proie à une crise économique sévère mais témoins du faste ostentatoire dans lequel s'extasiaient ces nouveaux riches dont l'origine de la fortune était un secret de polichinelle, ainsi que de rassurer les bailleurs de fonds et les donateurs gracieux qui se doutaient eux aussi de l'origine de ces fortunes soudaines, de ce luxe insolent que par leur arrogance ces apparatchiks ne dissimulaient plus, mais aussi et surtout il permettait au chef de l'Etat d'affirmer son autorité et son leadership d'abord sur ses terres, puisque les premières victimes étaient des siens au sens ethnique.

Ainsi la lutte contre la corruption au Cameroun, qui est menée par la CONAC et l'ANIF auxquelles s'ajoute le Contrôle Supérieur de l'Etat sous autorité directe du président, qui travaillent avec le parquet et le tribunal Criminel Spécial, dédié à ces affaires, n'est pas une priorité du président actuel par souci de développement de la nation mais bel et bien par opportunisme politique de sorte que sa stratégie en la matière apparaît à beaucoup de commentateurs comme une dérive autoritaire de plus, puisque c'est l'arbitraire qui caractérise le mieux les arrestations menées jusqu'ici, que ce soit dans le cadre de l'opération épervier depuis 2006 ou dans sa phase antérieure.

La politique nationale anti-corruption actuelle ne serait donc qu'une récupération habile et une instrumentalisation d'un phénomène de société que les effets conjugués de la pression intérieure de l'opposition et extérieure des bailleurs de fonds et autres organisations de la société civile internationale ont rendu inéluctable.

L'impopularité fondamentale du régime, c'est-à-dire de sa politique, serait ainsi éclipsée par la chute des brebis galeuses, qui tels des boucs émissaires sont désignés à la vindicte populaire et au courroux des bailleurs de fonds et donateurs gracieux, sans que le chef ne soit jamais remis en cause. Or, il existe, depuis les révélations de Robert Messi Messi en 1992, des preuves formelles que l'ex-directeur de la Société Camerounaise de Banque a rendu publiques (Cf. supra) et qui mettent personnellement le chef de l'Etat en cause, notamment par son premier cercle d'intimes et ses proches parents lui imputant ainsi l'origine du mal camerounais qu'il entend combattre.

Le tableau ci-dessous donne une idée de l'ampleur du phénomène en mettant en évidence tous les organes de l'Etat affectés par cette infection sous l'actuel régime, mettant ainsi en évidence le caractère systémique d'un phénomène endémique à un régime dont il ne fait aucun doute que la disparition permettra sans doute d'endiguer de façon significative le mal.

Même si, pour ne pas se faire trop d'illusions, il faut reconnaître que la rectitude morale du prochain régime notamment dans le chef du nouveau président sera déterminante quant à l'éradication du phénomène puisqu'à l'heure actuelle, ce ne sont pas les procédures ad hoc, par ailleurs souvent élaborées avec l'assistance des Partenaires Techniques et Financiers (bailleurs de fonds), qui posent question mais leur mise en œuvre, qui reflète un arbitraire qui dissimule mal une absence de volonté politique ou pire une incompétence compréhensible à débarrasser le pays de ce fléau.

Les récentes inculpations et condamnations d'un ex-Premier ministre, d'un ex-secrétaire général de la présidence de la République et d'un homme d'affaires ayant administré l'une des sociétés publiques les plus prestigieuses du Cameroun, à savoir la Cameroon Airlines, aux côtés d'autres personnalités plus anonymes dans le cadre de l'affaire dite de « l'Albatros », cet avion présidentiel acheté de seconde main et qui n'aura volé que pour mettre en péril la vie du chef de l'Etat, ajoutent à ce caractère arbitraire.

En effet, quoique les malversations des incriminés semblent établies, leur origine dans le contexte d'une inéluctable alternance du fait de l'âge avancé du président dont certains n'imaginaient pas qu'il briguerait un nouveau mandat en 2011, pose évidemment la question du véritable motif de leurs condamnations, qui pourrait être simplement un crime de lèse-majesté, une offense au prince par l'affichage de prétentions au pouvoir suprême qui, depuis 31 ans, n'est plus retourné au grand Nord et que n'ont jamais exercé les Anglo/Bamis avec les Sawa.

De plus la gesticulation politique autour de la corruption, dont le chef de l'Etat se fait le pourfendeur inlassable alors même qu'il est établi comme dit ci-avant qu'il était un des plus sceptiques. Mais ce zèle du néophyte ne trompe personne et la récente publication de comptes bancaires[102] affichant des soldes si ahurissants qu'ils en deviennent absurdes, tant ils sont sans commune mesure avec la réalité économique d'un pays à revenu intermédiaire inférieur, achève de jeter le discrédit sur une politique qui relève en définitive du fait du prince.

En effet, outre le mystère total et complet qui entoure l'obtention des comptes bancaires en cause, il est établi que nombre d'entre eux sont inexistants. Ce qui en fait une affaire « clearstream » camerounaise, distrayant l'opinion publique des véritables détournements de fonds imputables à des intouchables du régime, fidèles au président et détourneurs réputés des deniers publics (Cf. supra câble diplomatique *wikileaks*).

Pour enfoncer le clou, la nomination par décret présidentiel d'étrangers à la tête de la compagnie nationale d'aviation civile rebaptisée CamairCo, alors qu'il existe des managers camerounais de renommée internationale, à l'instar d'André Siaka (fondateur du GICAM), qui dirigent avec succès des entreprises prospères, pourrait-être le fait d'une tentative d'obstruction à la manifestation de la vérité dans le cadre de l'affaire dite de « l'Albatros », si l'on considère le rôle prépondérant joué par cette société et la SNH en tant que sociétés écrans destinées à dissimuler une dépense somptuaire dans un pays en défaut de paiement de sa dette intérieure et ayant bénéficié à titre extraordinaire d'un moratoire sur le service de sa dette multilatérale.

Ainsi, la caisse noire et les prête-noms auront servi à disséminer dans des comptes bancaires, dont tous les bénéficiaires sont loin d'avoir été identifiés, des sommes importantes à l'aune du budget de l'Etat ; donnant ainsi l'impression que la répression vaut uniquement pour ceux qui n'ont pas le droit de s'attabler avec le président au banquet de la République mais qui, tels des pique-assiettes, s'y invitent par des portes dérobées.

---

[102] Œil du Sahel N° 518 du 12 avril 2013.

En effet, la vérité, dans cette affaire comme dans d'autres, pourrait mettre personnellement en cause le chef de l'Etat qui au demeurant était sans doute informé des détails de la transaction ésotérique qui emprunta des circuits financiers obscurs, puisque ses plus proches collaborateurs dans son Etat-major particulier et son cabinet civil sont incriminés, levant ainsi le voile du doute sur la décrépitude morale d'un système (voir tableau ci-dessous) où, à ce jour, seul le chef de l'Etat apparaît intègre ayant fait sauter l'ensemble des fusibles.

Or, même les Camerounais les plus crédules savent qu'il ne peut être la seule brebis égarée au milieu des loups qui tentent de redresser la barre, ce que confirment les révélations de l'ex-directeur général de la SCB (Cf. supra).

Le tableau ci-après donne une idée de la contamination du système par le fléau, ne laissant aucun doute sur la nécessité de changer de régime afin de l'éradiquer.

Institutions de la République et détournements de fonds

Organes de l'Etat	ABB	Ville	Détournement de Fonds
Présidence de la République	PR	Yaoundé	Affaire de l'albatros (2001) impliquant un directeur du cabinet civil, un secrétaire général de la présidence de la République et son successeur et plusieurs membres de l'Etat-major particulier du président de la République (plus de 31 millions USD évaporés).
Services du Premier Ministre	SPM	Yaoundé	Affaire de l'Albatros (2001) impliquant un Premier ministre

Assemblée Nationale	AN	Yaoundé	Plusieurs députés inculpés ou condamnés pour diverses affaires de détournements de deniers publics, dont certains en cavale.
Cour Suprême	CS	Yaoundé	Les résultats de l'élection présidentielle de 1992 publiés par le premier président de la cour suprême auraient été intervertis pour donner l'avantage au candidat malheureux.
Ministère de l'Administration Territoriale et de la Décentralisation	MINATD	Yaoundé	Avant la mise en place de l'Office National des Elections (ONEL) puis ultérieurement d'Elections Cameroon (ELECAM), les scrutins électoraux organisés par ce ministère depuis 1992 ont tous fait l'objet de suspicion de fraudes massives ordonnées au plus haut niveau.
Ministère de l'Agriculture et du Développement Rural	MINADER	Yaoundé	Dans le cadre du programme national d'appui à la filière maïs, plus d'1,2 milliard de francs CFA ont été détournés entre 2006 et 2008, notamment par la création d'organisations paysannes fictives, de

			plus 55 tracteurs offerts par l'Inde en 2006 ont été détournés par des autorités aux plus hauts niveaux de l'Etat.
Ministère de la Communication	MINCOM	Yaoundé	Un ministre accusé de détournement de fonds en 2009 dans le cadre des fonds attribués pour la couverture de la visite papale. Diverses irrégularités dans l'octroi des primes, impliquant l'actuel ministre, font l'objet d'investigations.
Ministère de la Défense	MINDEF	Yaoundé	Arrestation en 2010 d'un ministre dans le cadre de l'affaire de l'hélicoptère (20 milliards de francs CFA) et soupçons de braquages commandités au plus haut niveau.
Ministère de l'Économie et des Finances	MINEFI	Yaoundé	Un ancien ministre écroué en 2008 et condamné à 6 ans de prison ferme pour évasion en 2012 après son inculpation dans une affaire de détournement de fonds.
Ministère de l'Éducation de Base	MINEDUB	Yaoundé	Une ministre condamnée en 2009 pour détournement de plus de 200 millions de francs CFA.

Ministère des Enseignements Secondaires	MINESEC	Yaoundé	Une secrétaire d'Etat inculpée en 2010 dans le cadre d'une affaire de détournement de plus de 250 millions de francs CFA.
Ministère de l'Enseignement Supérieur	MINESUP	Yaoundé	Un directeur inculpé en 2007 pour détournement de plus de 250 millions de francs CFA.
Ministère de la Fonction Publique et de la Réforme Administrative	MINFOPRA	Yaoundé	Un Secrétaire permanent à la réforme administrative et un conseiller technique n°1 inculpés en 2005 pour détournement de plus de 0,5 milliard de francs CFA dans le cadre d'un marché portant sur l'implémentation du système informatique
Ministère des Postes et Télécommunications	MINPOSTEL	Yaoundé	Un ministre arrêté en 1999 pour détournements de fonds dans le cadre de marchés publics irréguliers d'environ 2 milliards de francs CFA.
Ministère de la Santé Publique	MINSANTE	Yaoundé	Un ministre inculpé en 2008 pour un détournement de fonds de plus de 92 millions de francs CFA.

Ministère des Sports et de l'Éducation Physique	MINSEP	Yaoundé	Un président de la plus prestigieuse fédération sportive au Cameroun soupçonné par sa hiérarchie administrative de détournement/rétention de primes perçues par la FECAFOOT pour la participation des équipes nationales aux rencontres internationales s'élevant à plus de 22 milliards de francs CFA entre 1998 et 2005.
Ministère des Travaux Publics	MINTP	Yaoundé	Un ministre, président du comité de pilotage des chantiers routiers, mis en cause dans le cadre d'une affaire de détournement d'environ 10 milliards de francs CFA lié à la rénovation du pont sur le Wouri en 2006. Un autre ministre accusé par la CONAC en 2011 de détournement de plus de 33 milliards de francs CFA dans le cadre du bitumage de la route Ayos-Bonis. La même commission faisant état de détournements se chiffrant à plus de 63 milliards de francs CFA entre 2009 et 2010.

SOCIETES A CAPITAL PUBLIC ET D'ÉCONOMIE MIXTE	ABB	Ville	Détournements de Fonds
Aéroports du Cameroun	ADC	Yaoundé	Un ancien directeur général inculpé en 2010 pour des détournements de plus de 2 milliards de francs CFA.
Cameroon Telecommunications	CAMTEL	Yaoundé	Le directeur général actuel entendu par la police judiciaire en 2011 pour un détournement présumé de 23 milliards de francs CFA en rapport avec un projet d'installation de plus de 3000 km de fibre optique. La titrisation en 2005 des arriérés fiscaux dus à la Camtel donnent lieu à une transaction suspecte d'environ 17 milliards de francs CFA dans le cadre d'un refinancement extrêmement préjudiciable à l'entreprise publique (conflit d'intérêts). 9 cadres licenciés en 2011 pour détournements de plus de 110 millions de francs CFA.

Crédit Foncier du Cameroun	CFC	Yaoundé	Un président du conseil d'administration et un directeur général condamnés en 2008 à 40 ans de prison ferme pour détournement de plus de 13 milliards de francs CFA.
Chantier Naval et Industriel du Cameroun	CNICC	Douala	Un directeur général condamné à perpétuité en 2012 pour détournement de plus de 470 millions de francs CFA.
Cameroon Radio and Television	CRTV	Yaoundé	Un directeur général condamné en 2009 pour prise illégale d'intérêts et fautes de gestion d'un montant de 2,616 milliards de francs CFA. Ce dernier fait également l'objet d'investigations pouvant mener à son inculpation dans les prochains jours pour détournement de plusieurs milliards de francs CFA.

Laboratoire National de Génie Civil	LABO GENIE	Yaoundé	Une enquête du contrôle supérieur de l'Etat en juillet 2012 pourrait aboutir à la condamnation du directeur général pour détournement à hauteur de 4 milliards de francs CFA.
Parc National de Matériel de Génie Civil	MATG ENIE	Yaoundé	Un directeur général traduit en 2012 devant le conseil de discipline budgétaire et financière du contrôle supérieur de l'Etat pour faute de gestion.
Port Autonome de Douala	PAD	Douala	Un directeur général condamné en 2009 pour un détournement de plus de 53 millions d'euros.
Société Camerounaise des Dépôts Pétroliers	SCDP	Douala	Un directeur général condamné en 2012 à 30 ans de prison ferme pour détournement de plus de 2 milliards de francs CFA.
Société d'Exploitation et de Modernisation de la Riziculture de Yagoua	SEMR Y	Yagoua	Un directeur général traduit en 2012 devant le conseil de discipline budgétaire et financière du contrôle supérieur de l'Etat pour faute de gestion.

Société Immobilière du Cameroun	SIC	Yaoundé	Un ancien directeur général condamné à 35 ans d'emprisonnement ferme en 2007 dans le cadre d'une affaire de détournement portant sur plus de 3,176 milliards de francs CFA.
Société Nationale des Eaux du Cameroun	SNEC	Douala	Un ancien directeur général accusé en 2000 de détournement de plus d'un milliard de francs CFA par le truchement de sociétés écrans françaises et suisses via la Bicec.
Société Nationale des Hydrocarbures	SNH	Yaoundé	Caisse noire officielle de la présidence de la République impliquée dans plusieurs transactions occultes dont les 31 millions de dollars de l'affaire « Albatros » en 2001.
Société de Développement du Coton	SODE COTO N	Garoua	Un directeur général traduit en 2012 devant le conseil de discipline budgétaire et financière du contrôle supérieur de l'Etat pour faute de gestion.

Société Nationale de Raffinerie	SONA RA	Limbé	Un directeur général traduit en 2012 devant le conseil de discipline budgétaire et financière du contrôle supérieur de l'Etat pour faute de gestion puis limogé et incarcéré en 2013 dans le cadre d'un détournement pouvant se chiffrer à plus de 45 milliards de francs CFA.

ETABLISSEMENTS PUBLICS ET ORGANISMES PUBLICS	**ABB**	**Ville**	**Détournement de Fonds**
Agence de Régulation des Marchés Publics	AR MP	Yaou ndé	Un directeur général traduit en 2012 devant le conseil de discipline budgétaire et financière du contrôle supérieur de l'Etat pour faute de gestion puis limogé la même année.
Caisse Autonome d'Amortissement	CAA	Yaou ndé	Un directeur général condamné en 2012 pour tentative de détournement de plus de 59 milliards de francs CFA et pour complicité de détournement de plus d'1 milliard de francs CFA. L'actuel directeur général pointé du doigt pour gestion indélicate.

Cameroon Airlines	CAMAIR	Douala	Un directeur général et son successeur intérimaire condamnés pour le premier dans le cadre de l'affaire « Albatros » (2010) de détournement d'environ 31 millions USD ainsi que pour détournements divers dans le cadre d'achats d'aéronefs pour un montant de plus de 69 milliards de francs CFA ; et pour le second dans le cadre d'un abus de biens sociaux (2009).
Caisse Nationale de Prévoyance Sociale	CNPS	Yaoundé	La titrisation en 2005 des arriérés fiscaux dus à la CNPS donne lieu à une transaction suspecte d'environ 17 milliards de francs CFA dans le cadre d'un refinancement extrêmement préjudiciable à l'entreprise publique (conflit d'intérêts). La gestion du directeur général est régulièrement décriée dans la presse.
École Nationale d'Administration et de Magistrature	ENAM	Yaoundé	Des soupçons de corruption dans le cadre du recrutement des étudiants alimentent régulièrement la presse locale.
Fonds Spécial d'Équipement et d'Intervention Intercommunale	FEICOM	Yaoundé	Un directeur général condamné en 2007 à 50 ans de prison ferme pour détournement de fonds de plus de 19,8 millions d'euros.
General Certificate of Education Board	GCE BOARD	Buéa	Un directeur général traduit en 2012 devant le conseil de discipline budgétaire et financière du contrôle supérieur de l'Etat pour faute de gestion.

Office du Baccalauréat du Cameroun	OBC	Yaoundé	Des soupçons de corruption, notamment dans l'octroi des diplômes, sont régulièrement relayés dans la presse.
Université de Douala	UDLA	Douala	Un directeur général traduit en 2012 devant le conseil de discipline budgétaire et financière du contrôle supérieur de l'Etat pour faute de gestion, puis limogé dans la foulée. Son frère, contrôleur financier dans ladite institution ayant été condamné pour détournement de plus de 850 millions de francs CFA.
Université de Yaoundé II	UYII	Yaoundé	Un directeur général traduit en 2012 devant le conseil de discipline budgétaire et financière du contrôle supérieur de l'Etat pour faute de gestion, puis limogé dans la foulée.

Rationaliser la contribution de la diaspora

La diaspora vue du Cameroun, ce sont d'abord ses transferts de fonds réalisés essentiellement dans le cadre du soutien familial aux parents pauvres laissés au pays. Selon les données de la balance des paiements, ceux-ci pourraient s'élever à environ 59,4 milliards de francs CFA en 2011, contre 66,3 milliards d'APD.

Certes, du point de vue de la diaspora, dont la contribution au développement du pays excède ces viatiques accordés aux proches parents, puisqu'elle comprend également une assistance technique au développement, une réflexion critique sur la gouvernance du pays ainsi qu'un investissement dans l'économie formelle et informelle ; mais c'est précisément sur ce dernier point qu'il y a lieu de s'attarder car il est difficile d'en mesurer l'impact et d'en optimaliser le rendement.

C'est donc là qu'il y a lieu de trouver des moyens d'organiser la contribution de la diaspora, qui fait à ce jour uniquement l'objet d'une supervision du ministère des relations extérieures alors que son poids dans la balance des transferts, qui n'a cessé de croître entre 2006 et 2008 atteignant 204,10 milliards de francs, s'est infléchi de 65 points à 70,1 milliards en 2009 perdant de nouveau plus de 14% l'année suivante, ce qui est de nature à poser la question de la régularité et de la pérennité de ces flux positifs de fonds, qui, à défaut de contribuer à la croissance du pays, y soulagent la misère de beaucoup.

Cette solidarité de la diaspora était notamment plus ostensible en 2007 et 2008, au plus fort de la crise financière, où ses contributions ont notablement surpassé les APD qui représentaient alors respectivement 80 puis 25% de l'effort des Camerounais de l'étranger.

A cet égard, la question de leur nationalité effective se pose, puisque, malgré les promesses du président Biya lors de sa visite officielle à Paris en 2009, la double nationalité n'est toujours pas d'actualité au Cameroun, ce qui pose un certain nombre de problèmes administratifs à nos concitoyens qui ont, pour des raisons principalement économiques ou professionnelles, sollicité et obtenu une autre nationalité de même que la progéniture ou les enfants issus de mariages mixtes.

Un dénombrement approximatif permet de les chiffrer à quelque 4 millions dont 2 millions au Nigéria et plus de 700 mille aux Etats-Unis, la France en accueillant plus de 40.000 fin 2010, la Belgique 12.000 et l'Allemagne plus de 20.000 C'est donc une population importante qui pèse environ 20% de la population camerounaise métropolitaine et qui se distingue dans des domaines variés tant en faveur de leurs pays d'accueil que de leur pays d'origine dont ils ne peuvent se prévaloir administrativement en raison du déni de double nationalité.

C'est ainsi que plusieurs organisations socioprofessionnelles ont vu le jour à l'étranger et contribuent au rayonnement du Cameroun même si certaines, qui ressortissent plutôt du domaine politique, s'illustrent par une critique acerbe du régime au pouvoir, faisant ainsi de la diaspora un élément-clé de l'opposition si ce n'est le bastion de l'opposition au régime étant donné qu'au pays celle-ci a été virtuellement neutralisée, de sorte que l'alternance politique pourrait venir de la diaspora.

En effet la défiance, au demeurant réciproque, de celle-ci vis-à-vis du régime est révélée par le fait que seule la promesse du droit de vote à l'élection présidentielle, faite comme dit ci-avant en 2009, a sorti ses effets en août 2011, permettant enfin à nos nombreux concitoyens de jouir pleinement de leurs droits civiques, tandis que celle de la double nationalité est toujours mise entre parenthèses.

Au demeurant, le fait que les scrutins soient gérés à l'étranger par les représentations diplomatiques (35) et les postes consulaires (5) tandis qu'au pays c'est un office « indépendant » qui organise les élections pose évidemment la question de la crédibilité des résultats, problème amplifié par le nombre réduit des représentations camerounaises à l'étranger, leur mauvaise couverture des pays où ils sont accrédités ainsi que la fiabilité des registres électoraux.

Ainsi, malgré les discours officiels généralement favorables à une certaine diaspora, qui, à l'unanimité, est réputée contribuer au rayonnement du pays dans le monde avec quelque 8000 cadres publics et privés en France, dont un préfet, quelque 7000 cadres et cadres supérieurs dans les multinationales allemandes, sans doute bien plus aux USA qui, après le Nigéria comptent la plus nombreuse communauté camerounaise en terre étrangère[103], sa contribution réelle est encore loin d'atteindre son potentiel en raison du cadre administratif restrictif auquel elle est sujette, ce qui compromet également le retour et l'intégration d'une partie de celle-ci au sein de l'économie camerounaise, alors même que l'impact des titulaires de diplômes, obtenus dans les plus grandes institutions universitaires et assimilées du monde au sein du milieu socioprofessionnel camerounais, est indéniable, que ce soit en qualité d'indépendant ou de salarié dans des domaines aussi variés que la Banque, le pétrole et l'énergie, les mines, la métallurgie, l'agriculture et les agro-industries,

[103] Le nombre de travailleurs camerounais au sein des pays membres de l'OCDE était estimé à 57.600 en 2005 dont 42% de hautement qualifiés : in *Dumont / Lemaître 2005* (gtz 2007).

le commerce, la santé, l'éducation ; apportant ainsi une valeur ajoutée à l'économie et une complémentarité vis-à-vis des diplômés locaux.

Mais, malgré ces gratifications attribuables à la diaspora de retour ou demeurée à l'étranger, dans des domaines aussi pointus que l'énergie solaire ou les transferts d'argent, la politique officielle semble être de les tenir relativement éloignés des affaires publiques en les maintenant dans un statut de « quasi étranger » bénéficiant d'une certaine sympathie qui n'est pas désintéressée puisqu'elle vise les portefeuilles réputés garnis de devises étrangères.

Or, une meilleure intégration de la diaspora à la gouvernance du pays passe non pas par la seule récupération politique d'initiatives isolées, telles que le « Cameroon Business Forum » issu de la communauté camerounaise d'Allemagne et que le gouvernement a repris à son compte depuis 2009, mais par l'implémentation d'un cadre légal véritablement favorable aux initiatives multiformes qu'elle apporte au pays et qui va au-delà des quelque 650 USD/an[104] par bénéficiaire d'aide qu'elle accorde et dont environ 224 USD sont épargnés et donc disponibles pour le réinvestissement dans diverses activités économiques.

Promouvoir l'émergence sur la scène mondiale d'un ensemble économique et politique africain

L'Afrique entière contribue pour moins de 3% aux échanges commerciaux mondiaux, et le Cameroun ne pèse pas plus de 0,03% de cet agrégat. Or, compte tenu du potentiel économique du continent, notamment lié à ses ressources naturelles et humaines, il y a fort à parier que ce niveau de participation aux échanges mondiaux pourrait se développer significativement pour atteindre des sommets insoupçonnables.

Outre l'effort camerounais spécifique nécessaire à son émergence individuelle, tel qu'explicité ci-avant, il va de soi qu'une meilleure

[104] *FIDA 2008.*

intégration sous-régionale au sein de la CEMAC ou de la plus large CEEAC, voire à l'échelle du continent, pourrait générer des synergies extrêmement intéressantes pour chacun des pays ainsi que pour le collectif, par le jeu de la mutualisation des ressources d'investissement destinées à des projets de très grande envergure qu'un seul pays pourrait difficilement assumer ou encore par les économies d'échelle notamment dues à l'existence d'un marché plus vaste, pour ne citer que ces avantages.

Cette réalité est incontestée, tant par les experts en relations internationales et géostratégie, les économistes, les politologues que par les politiciens et gouvernants actuels, mais elle tarde à se matérialiser.

En effet, malgré la création de l'Organisation de l'Unité Africaine en 1963, et surtout la mutation de cette structure au profit de l'Union Africaine en 2001, ainsi que l'existence d'une banque de développement et d'un fonds d'investissement, les projets concrets sont quasiment inexistants et la libre circulation des biens et des personnes n'est toujours pas une réalité et ceci notamment en raison de l'absence d'infrastructures de communication voire de télécommunication, à tel point qu'il est parfois plus aisé à partir d'une région donnée du pays considéré, généralement située sur la côte, de commercer avec le reste du monde qu'entre les régions à l'intérieur même de ses frontières ou avec des pays limitrophes.

Ces entraves à la bonne intelligence entre les nations africaines sont aggravées par l'existence des nouvelles technologies de communication qui permettent à une part sans cesse croissante des citoyens du continent d'avoir accès à un marché virtuel mondial en l'espace d'un « clic » de souris, ce qui naturellement déplace le centre de gravité du continent vers les pays plus riches, même pour des activités socioculturelles, alors que, même si le commerce avec le reste du monde est dérisoire à l'échelle mondiale il reste très significatif pour l'Afrique et au sein des pays qui la composent le poids du commerce extérieur à la sous-région d'appartenance et au continent est supérieur à celui des échanges intra-sous-régionaux et intracontinentaux.

Ainsi, la preuve de l'utilité effective et non pas uniquement théorique d'un ensemble souverain africain doit encore être apportée et c'est à l'évidence le rôle de l'Union Africaine, qui, par ses initiatives, pourrait susciter un intérêt populaire pour la question qui n'est plus une des préoccupations majeures des populations singulièrement plus de 5 décennies après les Indépendances, qui, grâce à l'émulation intellectuelle et politique qu'elles suscitaient et aux nécessaires solidarités transfrontalières entre organisations politiques officielles, simplement tolérées ou complètement clandestines, qu'elles imposaient, puisque l'oppresseur, lui, était unique, à savoir l'Occidental, qu'il soit français ou anglais principalement.

C'est ainsi qu'au sein des ensembles francophones qu'étaient l'AEF et l'AOF auxquels il faut rajouter les îles, se sont notamment créées, dès la fin de la Seconde Guerre mondiale à laquelle les Africains prirent une part active et, sur bien des fronts, décisive, diverses organisations transnationales mues par des velléités indépendantistes et marquées par des divergences sur la question du rôle des puissances coloniales après la transition.

La conférence de Bamako en 1946 donnera ainsi le jour à un parti unique fédérant l'ensemble des organisations politiques nationales, à savoir le Rassemblement Démocratique Africain.

De plus, chacun sait aujourd'hui la contribution de Nkwame Nkrumah du Ghana à l'avènement de l'Organisation de l'Unité Africaine, démontrant par son activisme que le fédéralisme qu'il appelait de ses vœux et qui n'est toujours pas une réalité est aussi et d'abord une question de volonté politique forte, même si elle n'est pas en soi autosuffisante, puisque, quoique reposant sur de solides fondements idéologiques, dont l'existence d'une histoire commune (la colonisation parfois mise en parallèle avec l'esclavage des fils et filles du continent en d'autres lieux), de langues communes (le français et l'anglais, principalement) et au-delà des différences ethniques et tribales, de cultures intégrables et de peuples similaires dont les conflits anciens avaient été neutralisés dans le cadre de la pacification des territoires pour les besoins de la colonisation, elle devait encore faire la preuve de sa viabilité économique.

Cependant, l'instabilité politique souvent imputée au néocolonialisme perturbera la convergence continentale et le transfert de souveraineté à un ensemble intégré, notamment en raison de la posture ambigüe de certains chefs d'Etat ayant basculé dans des dérives dictatoriales soutenues par les grandes puissances pour qui une telle intégration aurait pu provoquer un basculement du continent dans le bloc communiste sous couvert des non-alignés dans un contexte de guerre froide.

En effet, les affinités entre des leaders du panafricanisme, doctrine qui sous-tendait la création de l'Organisation de l'Unité Africaine, et le communisme ou plus exactement dans certains cas le marxisme étaient établies et de nature à compromettre l'intégration.

C'est dans ce contexte géopolitique de tensions idéologiques fortes sur le continent et dans le monde qu'ont été imposés aux jeunes Etats des chefs fantoches et généralement impopulaires dont les régimes souvent militarisés et parfois issus de putschs reposaient essentiellement sur la terreur entretenue par des Etats policiers veillant à contenir les poussées communistes et à neutraliser les leaders potentiels d'un nouvel ordre politique sur le continent qui serait défavorable aux intérêts occidentaux.

Ainsi disparurent du paysage politique africain dans la violence et/ou dans le sang, Nkwame Nkrumah, Sylvanus Olympio, Barthélémy Boganda, Patrice Lumumba, Thomas Sankara, et en dernier lieu Kadhafi dans des conditions indignes, pour ne citer que quelques chefs d'Etats, mais sans oublier les leaders upécistes camerounais au premier rang desquels Um Nyobe, Félix Roland Moumié, Ernest Ouandié, Ossende Afana.

En outre, les disparités économiques entre les pays du continent ne sont pas de nature à favoriser l'intégration des économies et plaideraient plutôt pour le maintien des structures actuelles, constituées de communautés économiques et/ou monétaires à la carte. Or, la question du panafricanisme qui est essentiellement idéologique ignore totalement l'aspect économique, ce qui peut se défendre dans la mesure où un nivellement est toujours envisageable mais demeure risqué et donc nécessite d'être exhaustivement étudié.

On pourrait donc presque résumer le problème de l'intégration africaine comme étant essentiellement le conflit entre l'idéologie et le marché et, comme nous l'avons expliqué ci-avant, les structures du commerce extérieur de la plupart des pays africains accordent une place prépondérante au commerce avec le reste du monde et notamment l'Occident, au détriment du commerce sous-régional ou plus largement intracontinental.

A cet égard, la suspension dans les années 1990 de la convertibilité entre le franc de la Coopération Financière en Afrique Centrale (XAF) et le franc de la Communauté Financière d'Afrique (XOF) est instructive, d'autant que les deux monnaies, quoiqu'arrimées d'abord au franc français puis ultérieurement à l'euro par la banque de France, appartiennent à des espaces économiques différents (CEMAC, UEMOA) ; donnant ainsi une preuve supplémentaire que l'intégration suit d'abord la convergence des intérêts économiques et que, dès que ce fondement est compromis, elle devient un luxe bien peu commode.

D'autres entraves ou inconvénients peuvent également être mentionnés, tels que le terrorisme islamiste d'Al-Qaeda ou de Boko Haram, qui pourrait, à la faveur d'une meilleure intégration africaine, notamment infrastructurelle (transcamerounaise, transafricaine, transsaharienne, etc.), se répandre à la vitesse de la lumière dans un continent pauvre où une partie significative des populations (plus de 50% au sud du Sahara) vit en dessous du seuil de pauvreté et n'a rien à perdre ; ou encore la criminalité transfrontalière, liée aux trafics d'armes issus de conflits qui affectent de nombreux pays dont la RCA et le Tchad parmi nos voisins, qui pourrait connaître un essor considérable et mettre en péril l'intégrité territoriale des nations, de même que la menace bien réelle d'une expansion des guerres civiles endémiques à certaines régions d'Afrique centrale, notamment celle des grands lacs où la République Démocratique du Congo voisine de l'Angola elle aussi durement affectée jusqu'à un passé récent est située, tous deux faisant comme le Cameroun partie de la CEEAC.

Ceci dit, de manière générale, l'utilité socioéconomique d'une intégration dans les conditions optimales n'est plus à démonter, mais son succès passe par une harmonisation préalable d'ensembles qui ont connu des fortunes diverses depuis les Indépendances caractérisées par de fortes disparités infrastructurelles ainsi que des niveaux de développement humain très différents ; la mondialisation socioculturelle et économique ayant affecté différemment les Etats africains, dont, malgré l'activisme de la Lybie de Kadhafi dans la transition vers l'Union Africaine en 2002 et son lobbying en faveur du fédéralisme que certains considéraient comme une tentative d'impérialisme arabe sur le continent, le Maghreb à titre d'exemple est de plus en plus assimilé au Moyen-Orient dont il est un satellite dans le cadre de la ligue arabe notamment, tandis que l'Afrique du sud, qui contrôle une bonne partie de l'Afrique australe, est membre du G20 et de plus en plus assimilable à un appendice de l'Occident anglo-saxon en Afrique.

A cet égard il est intéressant de noter pour le déplorer que l'Union Africaine, contrairement à l'Union Européenne, n'est pas représentée au G20.

Ainsi, la restructuration inéluctable des relations internationales, compte tenu de l'évolution des moyens et technologies de communication ainsi que du rapprochement culturel des peuples du monde, passera donc peut-être par un meilleur regroupement au niveau mondial dicté par le « coefficient » de convergence des intérêts économiques au sein du marché mondial (OPEP, Alliance Cacaoyère, etc.) avant de se formaliser dans le cadre d'un fédéralisme raisonné et non plus simplement idéologique.

Ceci dit, l'existence du géant nigérian (plus de 160 millions d'habitants), presque 3 fois la population de la CEMAC, et son relatif succès économique vis-à-vis des autres pays d'Afrique subsaharienne démontrent à l'évidence qu'un grand ensemble subsaharien, voire un pays-continent, n'est pas condamné à l'échec.

Il convient donc de soutenir et de poursuivre les politiques d'intégration sous-régionale et continentale avec la prudence dictée par les impératifs économiques propres à chaque ordre politico-juridique dans une logique de convergence évidente mais conditionnée.

D'autant plus que, contrairement à la situation coloniale qui imposait une solidarité transnationale des indigènes dans la conquête des

Indépendances, la situation géopolitique et économique mondiale actuelle est marquée par une polarisation suivant un axe Occident-Orient, au sein duquel deux superpuissances seulement dont l'une économique et militaire et l'autre exclusivement économique mais potentiellement militaire assurent, au sein du conseil de sécurité des Nations Unies ainsi qu'à l'OMC, la supervision militaire et économique du monde, de sorte que les conflits interafricains ne peuvent à eux seuls justifier la nécessité d'un fédéralisme, contrairement à l'Union Européenne qui s'est rendue indispensable après les deux conflagrations successives qui ont marqué son histoire au 20ème siècle.

En effet, l'Afrique est sous le contrôle et la « protection » des superpuissances surarmées possédant des bases militaires sur le continent et disposant d'une puissance de feu dont la bombe nucléaire ainsi que d'une technologie militaire si avancée qu'elle ne nécessite, pour obtenir des résultats impressionnants, qu'un minimum de soldats sur le terrain, voire uniquement des espions locaux et étrangers disséminés dans la population qui fournissent les informations nécessaires aux frappes chirurgicales de drones téléguidés par satellite interposés depuis des centres de commandement très éloignés des théâtres d'opérations.

En conséquence, l'utilité du fédéralisme, ce n'est clairement pas la paix à l'échelle continentale qu'il pourrait d'ailleurs compromettre par l'expansion du terrorisme, de la criminalité et des guerres civiles ethniques facilitée par la fluidification des échanges transnationaux et ce n'est pas non plus un panafricanisme idéologique dans un contexte mondial où l'évolution des relations humaines et politiques interraciales a vidé de sa substance l'essentiel des revendications identitaires ethnico-raciales du siècle dernier (négritude, anti-ségrégation, etc.) qui se sont muées en revendications simplement sociales (Affirmative Action aux Etats-Unis ; Black Empowerment en Afrique du Sud, ingérence moins ostensible dans les affaires des Etats africains, malgré quelques inculpations controversées, voire ridicules à la CPI).

Dès lors, la principale utilité d'une intégration, si elle existe, est quasi exclusivement économique du moins en l'état actuel du monde , en espérant cependant que l'Afrique au 3ème millénaire s'affirme comme une puissance mondiale à part entière dans le concert des nations, capable d'apporter une contribution décisive dans toutes les déclinaisons des relations internationales allant de la diplomatie au soutien économique et/ou à la guerre, et ayant siège permanent au conseil de sécurité des Nations Unies.

C'est notre vision pour contribuer, dans les limites de notre marge de manœuvre, à l'avènement de cette Afrique.

Assurer l'accès universel à l'eau potable et l'électricité

La situation énergétique au Cameroun est marquée par un paradoxe déroutant ; d'une part le pays possède des ressources hydrauliques phénoménales connues depuis la fixation de ses limites au début du siècle dernier, d'autre part aucune mesure n'a jamais été prise pour assurer la satisfaction des besoins des populations dans le domaine.

Ainsi l'eau potable et l'électricité posent toujours en ce début de troisième millénaire des problèmes criants sur l'ensemble du territoire et singulièrement dans nos métropoles de Douala et Yaoundé, alors que la consommation moyenne en Afrique subsaharienne est estimée à moins de 10 litres d'eau par jour et par ménage contre environ 150 litres à l'échelle mondiale.

Cette incongruité de pénurie d'énergie dans un pays qui compte plus de 34.000 km^2 de plaines fluviales, plus de 18.000 km^2 de lacs, plus de 2.800 km^2 de réservoirs, plus de 19.000 km^2 de cours d'eau et environ 120 milliard de m^3 (soit plus de 1700 ans de consommation au niveau de population actuel) d'eau conservée dans son sous-sol et régulièrement alimentée par la forte pluviométrie du pays, spécialement au sud du pays (4.000 mm/an en moyenne), est symptomatique de l'incapacité à transformer les ressources en commodités couvrant les besoins des populations, qui caractérise nos économies.

Or étant donné la priorité à l'échelle mondiale mise sur l'accès à l'eau potable pour les populations de la planète indépendamment de leurs ressources financières, il est parfaitement incompréhensible que les investissements nécessaires à l'exploitation de ce gigantesque potentiel hydraulique n'aient pas été effectués en temps opportun, c'est-à-dire depuis les Indépendances, puisque les besoins en eau potable et en électricité des colons et de leurs usines, notamment Alucam, avaient donné lieu à la création d'infrastructures adéquates (barrages d'Edéa 1, 2 et 3).

Malheureusement depuis lors, toujours en raison de l'incompétence manifeste de nos gouvernants que j'ai évoquée plus avant, ceux-ci se sont contentés de conserver les infrastructures prévues pour couvrir des besoins très limités sans se soucier de la croissance de la population et partant de la croissance de la demande énergique.

L'offre a donc stagné alors que la demande progressait de façon fulgurante. La culture et les modes de vie ancestraux, qui avaient cours dans nos campagnes où se concentrait une forte proportion de la population locale, contribuaient à contenir la demande qui s'est envolée avec l'exode rural et l'urbanisation ultrarapide mais prévisible puisque c'est l'Etat qui récompensait d'une part la fertilité féminine (médaille pour les familles nombreuses) et qui encourageait l'urbanisation par la concentration dans une ville seulement de l'essentiel des infrastructures administratives et universitaires et dans une autre l'essentiel de l'industrie.

C'est donc une sous-estimation des besoins, convenant très bien dans un contexte d'immobilisme gouvernemental ou de manière plus préoccupante d'insouciance, qui est à la source des difficultés que nous connaissons aujourd'hui.

Les habitudes de consommation des Camerounais ayant évolué pour s'aligner sur les standards mondiaux, ceux-ci, contrairement à leurs ascendants qui vivaient sur des modes ancestraux dans les campagnes, considérant dans des proportions sans cesse croissantes les commodités que sont l'eau potable, voire courante, et l'électricité comme des biens de première nécessité auxquels ils ont droit et que l'Etat leur doit, une pérennisation de la présente situation, caractérisée par une volatilité excessive de l'offre toujours insuffisante, pourrait à terme provoquer des insurrections d'une ampleur beaucoup plus importante que les émeutes de la faim de février 2008.

En conséquence, l'Etat doit apporter une réponse suffisante à ce problème qui est clairement d'ordre public, au-delà des mots et des licenciements de dirigeants de sociétés publiques, boucs émissaires désignés ou autrement dit « fusibles » du président de qui relèvent en dernier ressort les problèmes de cette nature.

A cet égard, ces problèmes mettent à nu la politique effective de gouvernance qui consistait à l'évidence à prendre possession des infrastructures abandonnées par les anciens maîtres pour les affecter à l'usage privé d'une poignée de privilégiés en dehors de toute idée de démocratisation de l'accès à un certain confort d'existence, autrement dit un véritable retour aux modes de gouvernance ancestraux qui prévalaient dans les villages du pays d'où était issue la nouvelle élite nationale promue dans le cadre du néocolonialisme aux prestigieuses fonctions de conservateurs de la rente, dans un musée à ciel ouvert de l'histoire coloniale.

Les relents de cette politique sont encore perceptibles aujourd'hui, puisque la Camwater, qui gère le réseau d'infrastructures hydraulique pour compte de l'Etat depuis le décret présidentiel du 31 décembre 2005, a comme champs d'action les milieux urbains et périurbains, tandis que l'Agence d'Electrification Rurale s'occupe des campagnes, ce qui signifie clairement qu'il n'a jamais été question d'harmoniser l'accès à ces commodités sur l'ensemble du territoire ; phénomène faisant donc des ruraux les pauvres désignés du régime, ce qui amplifie l'exode rural et sature les villes.

Le constat est sévère mais bien réel ; toutefois, retourner la situation est possible même si le retard accumulé exige des efforts exorbitants qu'il conviendra de mesurer, puisque la priorité doit être donnée à la relance économique dans les investissements publics de l'Etat.

Là également, la mise entre parenthèses de certaines dépenses publiques pourrait permettre de dégager les investissements nécessaires à l'amélioration significative de l'offre énergétique, mais, une fois, encore cela exige du courage politique et l'adhésion des masses, c'est-à-dire précisément ces vertus qui font défaut à un régime largement vécu comme illégitime et donc sans marge de manœuvre pour réformer.

En effet, dans un contexte de transparence gouvernementale, de dialogue social et de légitimité du pouvoir, ce n'est pas tant le coût des investissements au demeurant dérisoires qui poserait problème, vu que l'ensemble des projets de la Camwater concentrés sur Douala et Yaoundé s'élèvent à moins de 2,5 milliards de francs CFA et en incluant l'ensemble des projets en cours ou à l'étude dans les villes principales du pays hors les métropoles, l'enveloppe totale s'élèverait à peine à 60 milliards de francs CFA, soit environ la contribution annuelle de la diaspora.

En zones rurales, puisque la politique actuelle c'est l'entretien et le forage de puits aménagés et accessoirement ou sporadiquement la construction de bornes fontaines, nous conviendrons que la migration de ces régions vers une couverture universelle en bornes fontaines à proximité des habitations ne pourrait d'aucune manière ruiner l'Etat avant même d'affirmer que l'eau courante en zone rurale n'est pas une utopie mais une question d'investissements judicieux.

Ces observations valent également, mutatis mutandis, pour l'électricité, qui nécessite certes des investissements plus importants, notamment pour la valorisation du potentiel hydraulique dans le cadre de la construction de barrages hydroélectriques entraînant ainsi un cycle plus long d'investissements avec, comme horizon, la couverture universelle des villes, campagnes et des populations, mais dans l'intervalle, l'exploitation de notre fort taux d'ensoleillement par la généralisation des panneaux photovoltaïques pourrait à la fois soulager les populations et préserver l'environnement dans un contexte où la principale source d'énergie est la biomasse ; outre le fait qu'il contribuerait à équilibrer la production électrique entre le Nord et le Sud du pays par valorisation du fort potentiel solaire pour l'un, dans une zone de savane et de steppe au climat soudano-sahélien, et par valorisation du fort potentiel hydraulique, dans une zone de forêt au climat équato-guinéen.

A cet égard, la généralisation des centrales thermiques à forte consommation d'énergies fossiles n'est ni économique, ni écologique et de toute façon est insuffisante à couvrir les besoins de la population au-delà des clientèles politiques ou des privilégiés, de sorte que la désinformation gouvernementale à ce sujet relève ni plus ni moins que de la démagogie.

Alors que, sans même envisager le recours à l'énergie nucléaire que seule l'Afrique du Sud possède sur ce continent et qui ne fournit d'ailleurs que 5% de sa consommation électrique grâce à deux stations de production ayant une capacité de 900 MW chacune, le coût de construction d'un barrage hydroélectrique ayant une capacité comprise entre 10 et 20 MW, tel que le petit barrage hydroélectrique de la Mekin sur le Dja dans le fameux département présidentiel du Dja et Lobo, serait d'environ 64 milliards de nos francs, financés sur fonds chinois, ce qui laisse subodorer le caractère politique des investissements en question, davantage mis en relief par le fait que le potentiel de production d'énergie hydraulique du Cameroun est estimé à environ 115 TWh/an alors que la production effective est à peine 2.423 KWh[105] (soit près de 0,002% du potentiel), or, à titre de comparaison, le Nigéria, qui possède un potentiel de 32 TWh/an soit moins du tiers du potentiel camerounais, produit 6.986, soit un peu moins du triple de notre production. Phénomène qui met en exergue la sous-exploitation de nos capacités de production dans un contexte de crise énergétique permanente, principalement dans nos métropoles où la consommation sans cesse en baisse est estimée à 271 KWh / habitant, soit environ le tiers de la consommation gabonaise moyenne par habitant.

Ainsi, il peut être remédié à la pénurie actuelle marquée par des délestages permanents qui ont déjà coûté la vie à quelques-uns de nos concitoyens à Douala et à Yaoundé par des investissements que le Cameroun peut se permettre dans un contexte où cette insuffisance de l'offre énergétique pénalise nos industries et l'activité économique en général, compromettant ainsi la croissance tant escomptée.

---

[105] *Enquête sur les ressources énergétiques 2001*, Conseil Mondial de l'Energie.

Quant à la question de la couverture des zones rurales, qui du reste n'est pas uniquement sociale, le photovoltaïque actuellement en gestation semble effectivement être une solution appropriée du point de vue coût/rendement, même si la rentabilité économique devra justifier l'effort consenti.

Ce sera notre politique de faire de la couverture énergétique universelle l'une de nos priorités et d'y consacrer autant de ressources budgétaires que notre stratégie économique le permettra, puisque le potentiel existe comme illustré ci-dessous.

Graphique 14 : *Comparatif de l'exploitation des ressources hydrauliques*

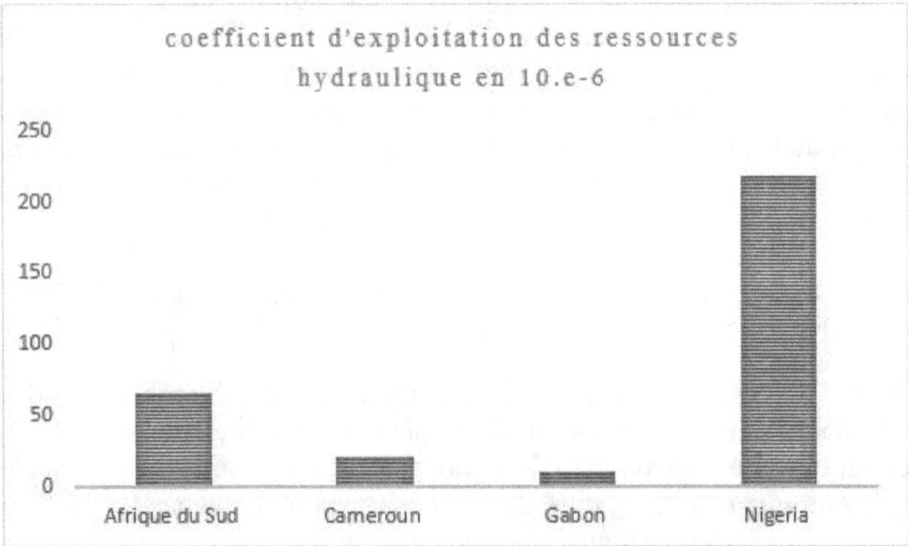

Conclusion

Le coût d'opportunité lié au « faire-faire » sans doute induit par la volonté de dissimuler et d'éluder la mode de la transparence à tous crins imposée par la communauté internationale est indéniablement le principal problème du pays ou en tout cas celui qui est le plus instructif quant à la situation économique du Cameroun.

Ce mode de gouvernance, souvent assimilé à du parasitisme, qui repose sur les concessions, dont les critères d'attribution posent souvent question, dont les bénéficiaires appartiennent à un cercle restreint de privilégiés, pour éviter les fuites d'informations, conserver une forme de confidentialité, favoriser les copains, et qui assure la rente, est le plus révélateur de la pesanteur économique d'une classe gouvernante dénuée du sens de l'entrepreneuriat et de toute logique économique.

Du reste, ceci n'est en l'occurrence pas l'apanage du régime actuel, puisque dès l'origine du pays c'est l'activité étrangère, qu'il serait peut-être enfin temps de nationaliser, qui apportait au pays les devises et leurs corollaires, les produits manufacturés, qui rendirent fous les chefs tribaux, et transformèrent durablement les coutumes du Kamerun.

A cet égard, le paradigme de la spéculation foncière du début du 20ème siècle, qui procédait uniquement de l'intérêt que portaient les immigrants occidentaux à des espaces de brousse ou de forêts aux fins d'exploitation agricole ou infrastructurelle et ultérieurement pour l'urbanisation et auxquels les indigènes n'attribuaient antérieurement aucune valeur, est éloquent.

Dans un pays comme le nôtre où tant de choses sont à faire et où tellement de personnes savent les faire, c'est clairement la vision et la volonté politique qui sont délibérément incompétentes à réconcilier les deux.

De fait, le potentiel économique inexploité du Cameroun d'aujourd'hui est sans doute à bien des égards comparable à celui de la période d'après le mandat où le Cameroun oriental a connu un quintuplement de son PIB en 15 ans passant de 96 millions de francs français à plus de 467 millions[106] , soit un taux de croissance annuel entre 1922 et 1938 (période où le pays disposait déjà d'un nombre important d'infrastructures, sortait de la récession subséquente à la Première Guerre mondiale, et précédant la récession induite par la Seconde Guerre mondiale, autrement dit l'âge d'or de l'économie camerounaise) équivalent à plus de 33% !

Loin de moi, en conclusion de cet ouvrage, l'idée d'affirmer que je possède seul la science infuse appropriée à l'émergence économique du Cameroun ; ma seule prétention, comme en atteste l'exercice de rédaction auquel je me suis prêté, c'est d'avoir la farouche volonté et la folle passion d'infléchir la courbe de la paupérisation en l'espace d'un septennat. C'est un mandat clair du peuple dont vous êtes que je sollicite en vue de réformer le pays et de faire bouger les choses.

Il est aujourd'hui évident, je l'espère pour tous et tout spécialement au terme de la lecture de cet ouvrage, qu'au-delà des mots et des multiples documents pseudo-stratégiques que le gouvernement produit en quantité industrielle, c'est l'immobilisme qui fonde sa véritable politique économique, c'est le service minimum lié à la rente qui constitue l'essentiel de son action ; que sa fiscalité, sa coercition et la dégradation de la situation économique et sociale dénoncent sa politique.

Ainsi, si l'on admet que son bilan, après 31 années de régime du renouveau, c'est un échec cuisant, alors l'on reconnaît qu'il faut une alternative et que celle-ci passe par l'alternance véritable, et non pas simplement par une nouvelle transition constitutionnelle.

J'affirme que les Camerounais d'aujourd'hui, cette jeune génération dont l'âge médian est d'environ 18 ans, savent mieux que leurs pères et mères, malheureusement toujours aux affaires (l'âge moyen des personnalités occupant les fonctions stratégiques au sein de l'Etat est d'environ 70 ans contre une espérance de vie d'à peine 52 ans !),

---

[106]In *The Cameroons: from mandate to independence* p.118 from Le Vine.

comment orienter le pays et créer de la richesse, précisément parce qu'ils ont toujours vécu dans une certaine société qui formule un vœu sans équivoque, celui de posséder les richesses qu'elle aperçoit à travers les écrans de télévision, grâce à internet et épisodiquement dans son environnement, mais aussi rarement que l'eau et l'électricité.

C'est sur cette aspiration que j'entends capitaliser, autrement dit c'est sur ces fondations que j'entends bâtir des richesses pour le Cameroun.

C'est un « new deal » que je propose à nos concitoyens, qui, à la façon d'une thérapie de choc, consiste dans un premier temps à prodiguer une médecine dure, l'austérité, pour, dans un second temps, propulser la croissance économique à son paroxysme.

C'est la seule voie pour accéder à cette terre promise que nos parents ne connaissaient pas mais dont nous avons reçu la révélation. Nous pouvons y arriver mais au terme d'une véritable traversée du désert car la politique que j'entends mener ne sera pas une politique de réduction de la pauvreté mais une politique de création de richesses et donc de démultiplication des valeurs ajoutées par l'effort de tous et de chacun.

Comme les douleurs de l'enfantement que nos compatriotes féminines connaissent, c'est le prix de notre autosuffisance alimentaire, énergétique, infrastructurelle et de manière générale de notre souveraineté économique et financière qui devra être payé à plein tarif au péril de la pérennisation de la stagnation-paupérisation que nous subissons depuis trop longtemps, même si l'illusion épisodique du confort économique subventionné à crédit a quelquefois réussi à nous faire croire qu'il existait au Cameroun une classe moyenne.

La singularité de ma démarche est donc double, car il s'agit d'une part de changer radicalement de stratégie et d'autre part d'affirmer et de démontrer que la vision d'un Cameroun prospère est crédible, là où l'essentiel de mes contradicteurs et le gouvernement actuel dans sa démarche ont rendu les armes et accepté de fait la fatalité de la misère qui sévit tel un mauvais diable dans nos régions.

Les preuves de cette reddition totale et sans condition de nos gouvernants et de « leur » opposition, qui s'est totalement compromise, ont été extensivement apportées ci-avant, mais qu'il nous suffise pour achever de persuader d'affirmer que la mise sous tutelle délibérée du Cameroun, par l'abdication de la stratégie et de la gouvernance économique du pays aux institutions internationales diverses et variées qui prônent une thérapie sociale et de réduction de la pauvreté, nous enfermant ainsi dans un cycle de mendicité, est la marque de l'impuissance totale du présent régime dont l'action dérive simplement des OMD.

Or, c'est une voie complètement inédite que je propose ici, une alternative claire de changement radical du logiciel d'économie politique qui après une fermeture de la parenthèse sociale, sortira ses effets en amenant une prospérité robuste et durable en l'espace d'un septennat et non dans une trentaine d'années ; par transmission à l'économie et à la société dans son ensemble du rythme de la haute finance, dynamisant ainsi l'industrie et fluidifiant les échanges commerciaux et sociaux.

A cet égard, la lecture de l'unique ouvrage attribué au président du renouveau ne rend que plus détestables les choix de gouvernance de ce dernier qui ont mené le pays dans l'état que chacun sait, tant l'exposé liminaire semble pertinent du point de vue de la compréhension générale de la situation du Cameroun lors de son accession au pouvoir suprême ; ce qui amène nécessairement le lecteur à déduire que c'est le passage de la formulation littérale des problèmes à la mise en équation qui a échoué, probablement, comme il nous apparaît clairement aujourd'hui, par incompétence morale et intellectuelle à solutionner les problèmes évidents pour tous, de sorte que le prestidigitateur suprême du Cameroun, habile de ses mots, a instauré un régime de jonglerie littéraire et de mystifications pseudo-intellectuelles, rythmées par les mouvements d'humeur des Camerounais ; ainsi, le pays a reçu en héritage un philosophe là où il avait besoin d'un technocrate pragmatique, comme en témoigne la naïveté de l'exposé de sa vision du monde dans un contexte où la « realpolitik » semble appropriée.

A contrario, c'est un effort intense mais ponctuel, sans précédent et souhaitons, le définitif, car structurant, que je sollicite de votre part dans le cadre d'un mandat pour réformer le pays à la plus haute et la plus prestigieuse fonction.

Il est peut-être temps d'enfin cesser de faire-faire pour simplement laisser-faire !

Bibliographie

« Biens mal acquis » : Paul Biya visé à son tour / Le Nouvel Observateur 24/06/2009

2ème enquête sur le suivi des dépenses publiques et le niveau de satisfaction des bénéficiaires dans les secteurs de l'éducation et de la santé au Cameroun/ INS 2010

« Affaire des 2000 tonnes de cacao refoulées »: Fumée ou accident climatique? / Ouest Littoral/ Douala, 24 Janvier 2013

Africa Atlases / Cameroon : Les Editions du J.A.

Analyse des politiques agricoles mises en œuvre au Cameroun depuis 1960 / OCDE Mai 2006

An Assessment of the October 1992 elections in Cameroun by the National Democratic Institute for International Affairs

Aviation Civile Au Cameroun / Cameroon Civil Aviation Authority

Bilateral trade profile between United States and Cameroon / 2009-2012

Booms et crises du cacao: les vertiges de l'or brun/ François Ruf

Cadre de Stratégie de la Coopération Cameroun-Union Européenne 9ème FED / Yaoundé 16 juillet 2011

Cameroon Factsheets of Health Statistics 2010 / World Health Organization / Regional Office for Africa

Cameroon 2012 article IV consultation / IMF Country Report No.12/237

Cameroon Health Profile 2010 / World Health Organization / Regional Office for Africa

CAMEROUN - Programme d'appui à la réforme des Finances Publiques/ (PARFIP) 2009/021-326

Cameroun vision 2035 / MINEPAT février 2009

Cameroun : la banque agricole annoncée à la fin de ce mois d'août / Investir au Cameroun 07/08/2012

Cameroun Analyse du secteur du logement / Office de l'habitat/ Agence pour le développement international: 26 août 1974

Cameroun : Document de stratégie pays 2010-2014/département régional centre (orce) 2009/ BAD

Cameroun : états des lieux et perspectives d'avenir / Bernard Puepi : L'Harmattan

Cameroun : L'empire Fotso se déchire / Jeune Afrique 07 février 2012

CAMEROUN/2008 / AFRISTAT – Observatoire Économique et Statistique d'Afrique subsaharienne

CAMEROUN: Balance des paiements résumée / 1999-2009 / BEAC

Cameroun: Exécution budgétaire - Les comptes de l'Etat affichent une hausse / Mutations 08/01/2013

Cameroun: le PIB par habitant estimé à 700 USD / Office National des Zones Franches Industrielles

Consommation d'électricité (KWh par habitant) / Banque Mondiale

Crise des dettes souveraines et leçons pour l'économie camerounaise/ Cameroon Economic Outlook Octobre 2011

Culture and Customs of Cameroon/ John Mukum Mbaku

Défaut Souverain / Wikipédia

Des bâches distribuées aux producteurs pour sécher le cacao / Cameroun Tribune 24 Janvier 2013

Deuxième enquête sur l'emploi et le secteur informel au Cameroun (eesi 2) / INS 2011

Document de Stratégie pays de la Coopération Cameroun-Union Européenne 2008-2013

Document Stratégique pour la Croissance et l'Emploi 2009 / République du Cameroun

Doing Business 2012 Economy Profile: Cameroon/ The International Bank for Reconstruction and Development

Dossiers Noirs de la Politique Africaine de la France N°7 / Agir ici – Survie : L'Harmattan

*Economic growth and demand for commodities - natural rubber and cocoa / Kees Burger, Head Economic Research **Hidde P. Smit, Managing Director Economic and Social Institute, Free University De Boelelaan 1105 1081 HV Amsterdam The Netherlands*

Enquête sur les ressources énergétiques 2001, conseil mondial de l'énergie

Évaluation de la gestion des migrations de travail au Cameroun : politiques, législation et pratiques/ Organisation Internationale pour les Migrations et Union européenne / 2011

Évaluation de la mise en œuvre de la déclaration de Paris au Cameroun / ECETRAP Décembre 2010

Fiscalité et parafiscalité au Cameroun : réalités et enjeux / dîners - débats du Gicam 02 octobre 2008

Fonader / Economie Rurale N°219/ Janvier-Février 1994

Gratuité des services bancaires: Aucune banque ne respecte l'arrêté du ministre des Finances/ Nouvelle Expression 28/12/2012

http://rainforests.mongabay.com/20cotedivoire.htm

Insertion des cadres de la Diaspora dans les entreprises au Cameroun: Enjeux et Défis / ADRH APAVE juillet 2012

Journal des projets par région (détail des opérations)/ Région Sud / MINEPAT 2011

L'emploi au Cameroun / ambassade de France au Cameroun service Economique Régional / Août 2012

L'Office camerounais des produits de base restructuré : Grandeur et décadence d'un office agricole africain/ David Ndachi Tagne 01/01/1990

La chaîne des transports au Cameroun / AFD juin 2000

La Chine devient la première puissance commerciale mondiale / L'Expansion.com avec AFP - 11/02/2013

La dévaluation des francs CFA et l'approche de la balance des paiements : Le cas du Gabon/ Les Cahiers du SISERA 2000/2

La diaspora camerounaise en Allemagne Sa contribution au développement du Cameroun/ GTZ 2007

La France et le Cameroun / Ministère français des Affaires Etrangères janvier 2013

La population du Cameroun en 2010 / INS

La production d'énergie solaire photovoltaïque / http://www.planetoscope.com/

La restitution des biens mal acquis : un état des lieux / CCFD Terre Solidaire

Le banquet du diable / Germinal, n°004, 04 juin 2008

Le Cameroun champion du monde de la corruption/ Slate Afrique 22 Nov 2011

Le Cameroun dans la zone CEMAC / Annuaire Statistique du Cameroun 2010 / Institut National de la Statistique

Le Cameroun dans le Monde / Annuaire Statistique du Cameroun 2010 / Institut National de la Statistique

Le comportement d'investissement privé au Cameroun : un resserrement de la contrainte financière? / Cahiers SISERA - 2002/1

Le marché de la bière africaine monte en pression/ Jeune Afrique/ 21 juillet 2008

Le pipeline Tchad-Cameroun a rapporté au Cameroun 6,53 milliards FCFA de droit de transit en 2012/ http://www.agenceecofin.com/energie /

Le régime camerounais de sécurité sociale / CLEISS 2011

Le système de santé camerounais / adsp n° 39 juin 2002

Les échanges transfrontaliers entre Le Cameroun et le Nigeria rapport final de l'observatoire OCISCA Février 1995

Les élections au Cameroun / Samuel mack-kit / Recherches internationales, n° 80, octobre-décembre 2007, pp. 23-36

Les grandes familles du Cameroun / Jeune Afrique/ 12 juillet 2011

Les importations des produits provenant du Cameroun : Quels problèmes économiques pour le Congo à l'horizon 2010 ? / Chambre de Commerce, d'Industrie, d'Agriculture, et Métiers de Po inte-Noire

Les Partenaires de l'ARMP/ ARMP

Les tracteurs de la misère / Association Citoyenne de Défense des Intérêts Collectif 29 fev 2012

Loi des finances 2013: Quelques chiffres-clés du budget 2013 / Repères/ Yaoundé, 23 Janvier 2013

Macroéconomie & Développement / Novembre 2012 N°6 / AFD

Modélisation d'un système de prévision des recettes budgétaires du Cameroun/MPATNA H/ E.NDONG NGUEMA/ Université de Yaoundé1 26/10/2007

Note de Conjoncture Régionale / CEMAC Novembre 2012

Note de Conjoncture sur le Secteur Financier Camerounais / DGTCFM MINFI N° 002 Octobre 2012

On construit des chemins de fer au Cameroun / Billard Pierre / Revue de géographie alpine. 1966, Tome 54 N°4. pp. 611- 620.

Perspectives économiques en Afrique 2002 / BAD, OCDE

Perspectives économiques en Afrique 2006 / BAD, OCDE

Perspectives économiques en Afrique 2008 / BAD, OCDE

Perspectives économiques en Afrique 2012 / BAD, OCDE, PNUD, CEA

Perspectives économiques et financières des pays de la zone franc / Projections Jumbo 2005-2006 / Avril 2005 / AFD – DIAL

PIB par habitant ($US constant 2000) Cameroun / Perspective Monde / Université de Sherbrooke

Plan d'action national de gestion intégrée des ressources en eau (pangire) / ministère de l'énergie et de l'eau Cameroun 2009

Planification urbaine au Cameroun: Cas de la Ville de Yaoundé / CUY

Port en eau profonde de Kribi: Les Chinois se plaignent des délais de dédouanement : Le Messager DOUALA - 24 JAN. 2013

Pour Le Libéralisme Communautaire/ Paul Biya : Pierre-Marcel Favre

Pour une mobilisation patriotique de la diaspora camerounaise/ MINREX / Journal du Cameroun 17/03/2010

Programme d'appui à l'amélioration de la compétitivité de l'économie camerounaise (PACOM)/ FED et ONUDI CM/FED/22938

Projet d'électrification rurale décentralisée dans la zone de Rumpi / Coopération Cameroun – Union Européenne 2011

Projet Rio Tinto Alcan d'aluminerie de Kribi / Août 2009

Projets d'Infrastructures Stratégiques – Répertoire des fiches signalétiques / République du Cameroun – Services du Premier Ministre – Secrétariat Général/ Janvier 2008

Pyramide des âges au Cameroun / Perspective Monde / Université de Sherbrooke

Rapport annuel de la Zone franc • 2009/ Banque de France

Rapport annuel de la Zone franc • 2010 / Banque de France

Rapport annuel de la Zone franc • 2011 / Banque de France

Rapport d'activités pour l'exercice 2009 / comité de suivi de la mise en œuvre des recommandations de la commission de réforme fiscale /ministère des finances

Rapport d'état du système éducatif national camerounais / Coopération française et Banque Mondiale 2002

Rapport national de progrès des objectifs du millénaire pour le développement / INS Cameroun et PNUD 2010

Rapport National sur les OMD 2010 / PNUD Cameroun

Rapport sur l'état de la lutte contre la corruption au Cameroun/ 2011 Commission Nationale Anti-Corruption

Rapport Zone franc • 2008 / Banque de France

Recensement Général des Entreprises en 2009 / INS 2010

Recensement Général des Populations Humaines 2005 / INS

Recueil de textes relatifs aux établissements de crédit, aux établissements de micro-finance et jurisprudence annotée de la cour de justice communautaire de la CEMAC/ Édition 2012

République du Cameroun : Un espace budgétaire renforcé pour la croissance et la réduction de la pauvreté/étude économique pays/ département par pays région centre/ BAD décembre 2008

Rice Importation : Increasing Trends Can Stop / Cameroon Tribune 22/11/2012

Shared Growth and Spatial Considerations in Cameroon / Banque Mondiale et la Coopération Allemande GTZ /Janvier 2009

Stratégie de Développement du Secteur Rural au Cameroun/ 'Inter-réseaux Développement Rural 2002

Stratégie nationale de lutte contre la corruption (snlcc) / Cameroun 2015

Surliquidité des banques dans la CEMAC et rationnement du crédit aux PME : que faire face à ce paradoxe ? / BEAC - Université de Ngaoundéré (Cameroun) 19/06/2008

Taux Marginal d'Imposition Effectif au Cameroun / Université de Yaoundé II Cameroun / Rapport de Recherche du FR-CIEA N0. 10/12

The Cameroons from Mandate to Independence/ Le Vine

Trade Indicators for Cameroon – Nigeria – France – Germany – UK - China – USA – Malaysia – India - Japan / WTO 09.2012

Travailleurs migrants et transferts de fonds vers l'Afrique / FIDA Janvier 2010

Typologie ANIF Cameroun en 2009 / Agence Nationale d'Investigation Financière

Typologie ANIF Cameroun en 2010/ Agence Nationale d'Investigation Financière

Typologie ANIF Cameroun en 2011 / Agence Nationale d'Investigation Financière

Une Arrivée et un Nouveau Départ: Partenariats au Cameroun après le Point d'Achèvement PPTE / Overseas Development Institute / Mai 2006

Une banque agricole au Cameroun / La voix du Paysan 14/04/2011

US Secretary of State's Cameroon Report 2012.

Victor Fotso : le milliardaire Camerounais Self Made Man / Next-Afrique 27/08/2010

Wikileaks cable 09YAOUNDE867, CAMEROON'S DISORGANIZED OPPOSITION SDF

ZONE BEAC : Balance des paiements résumée/ 1998-2010 / BEAC

Le Cameroun aux éditions L'Harmattan

Dernières parutions

INTELLIGENCE (L') ÉCONOMIQUE CAMEROUNAISE (IEC)
Azeumo Steve William - Préface de Francis Moaty et Olivier Cardini - Postface d'Abdoulaye Ndaw
L'intelligence économique intervient aujourd'hui comme un outil efficace pour analyser le développement de l'Afrique, dans la mesure où elle intègre les facteurs culturels et environnementaux liés à chaque pays. L'auteur s'est penché sur le cas du Cameroun, afin de promouvoir auprès des gouvernements, des institutions, des entreprises, la prise en considération de l'intelligence économique dans l'élaboration de leurs différentes politiques économiques et stratégies de développement.
(Coll. Harmattan Cameroun, 12.00 euros, 94 p.)
ISBN : 978-2-343-01199-8, ISBN EBOOK : 978-2-296-53932-7

REPÈRES (LES) CLÉS DE LA GESTION D'UNE ENTREPRISE EN AFRIQUE
Structures organisationnelles et établissements de microfinance
Pony Lucas
Ce livre cerne avec clarté les repères clés de la gestion d'une entreprise, qui diffèrent des repères classiques liés aux états financiers qualifiés de bilan, livre journal, balance et autres. Il centre ainsi la préoccupation sur les structures organisationnelles telles que l'organigramme, les structures divisionnelles, la structure fonctionnelle, comme éléments pouvant permettre de prévoir les signes de faillite d'une entreprise.
(Coll. Harmattan Cameroun, 16.50 euros, 158 p.)
ISBN : 978-2-343-00886-8, ISBN EBOOK : 978-2-296-53946-4

CHIMIE (LA) DANS LES GRANDES ÉCOLES ET CLASSES SCIENTIFIQUES PRÉPARATOIRES
Chimie générale, chimie minérale et mathématiques
Mbang Théophile, Ndem Mbang Thierry Stéphane, Onaina Mbang Didier Arnaud
Cet ouvrage est conçu pour guider l'étudiant dans son apprentissage de la chimie. Il y trouvera de nombreuses bases de chimie générale, de chimie minérale et des mathématiques appliquées à la chimie. De nombreux exercices corrigés et commentés illustrent le cours et permettent l'assimilation des notions et des différents raisonnements exigés en fin de premier cycle. Le cours, simple, complet et très clair, est illustré de nombreux exemples.
(Coll. Harmattan Cameroun, 26.00 euros, 250 p.)
ISBN : 978-2-343-00717-5, ISBN EBOOK : 978-2-296-53823-8

LANGAGE, LITTÉRATURE ET ÉDUCATION AU CAMEROUN – Language, Literature and Education in Cameroun
Sous la direction de Clément Dili Palaï et Michael Etuge Apuge
Cet ouvrage réactive le débat relatif aux bases éducatives fondées sur les connaissances endogènes, devant la multitude de pistes de réflexion qui s'offrent à nous en ce début de troisième millénaire. La douzaine de contributions réunies convergent autour du déploiement linguistique, de la dynamique littéraire et des projections didactiques et pédagogiques devant l'actualité des NTIC. Il s'agit de lectures nouvelles des dialogues culturels et interculturels dans le contexte négro-africain en pleine métamorphose.
(24.00 euros, 232 p.)
ISBN : 978-2-343-00136-4, ISBN EBOOK : 978-2-296-53852-8

CAMEROON RADIO TELEVISION, UN GRAND MALADE ?
Diagnostic fonctionnel de l'audiovisuel public
Minlo Raoul Simplice - Préface de Florent Etoga Eily
Voici grandement ouvertes les portes de la cuisine CRTV. Dans cet environnement obsolescent, fait de menaces, de tabous, de lignes de conduite, de vérités et de paupérisation de ses membres, les journalistes, à leur corps défendant, fabriquent des informations prédigérées à servir au bon peuple, sous les regards inquisiteurs des tenants du pouvoir. Dogme des journalistes, extrême inféodation au gouvernement... Nombreux sont les dysfonctionnements qui font de cet organisme un grand malade.
(Coll. Harmattan Cameroun, 21.00 euros, 212 p.)
ISBN : 978-2-336-30091-7, ISBN EBOOK : 978-2-296-53662-3

CULTURE (LA) À L'ÉCOLE PRIMAIRE CAMEROUNAISE
L'enseignement dans les sociétés plurilingues
Ndibnu-Messina Ethe Julia
Préface d'Edmond Biloa - Postface de Jean-Claude Mbarga
Comment enseigner des langues et des cultures dans des sociétés plurilingues ? Quelles insertions pour les langues et les cultures minoritaires dans le système scolaire ? Quelle est l'influence des parents et de l'école sur l'acquisition/apprentissage des langues et cultures africaines par l'enfant ? Quelles sont les évolutions des approches didactiques en la matière, notamment l'interculturalité, l'audiovisuel ? L'approche par compétences et par l'action ?
(Coll. Harmattan Cameroun, 23.00 euros, 224 p.)
ISBN : 978-2-343-00600-0, ISBN EBOOK : 978-2-296-53599-2

KAMÉ SAMUEL AUX FONDEMENTS DU RÉGIME POLITIQUE CAMEROUNAIS
Bouopda Pierre Kamé
Kamé Samuel a été l'un des plus proches collaborateurs du président Ahmadou Ahidjo durant toute la durée de sa présence à la tête du Cameroun (1958-1982). Ce livre est consacré à l'analyse des convictions et de l'œuvre politiques de Kamé Samuel, lesquelles ont incontestablement contribué, pour une part non négligeable, à façonner le régime politique camerounais.
(Coll. Etudes africaines, 26.00 euros, 250 p.)
ISBN : 978-2-343-00723-6, ISBN EBOOK : 978-2-296-53582-4

ÊTRE ENSEIGNANT EN AFRIQUE AUJOURD'HUI
Héritage, défis, perspectives
Mvondo Mvondo Fleur Nadine - Préface d'Alain Capo Chichi
Etre enseignant ne fait plus rêver. Elle est loin, l'époque où l'enseignant était adulé, craint et respecté. Qu'en est-il de la réalité ? Tout le monde peut-il, du jour au lendemain, devenir «éducateur» ? Pourquoi tant de malaise dans un corps qui ne demande qu'à redorer son blason ? Enseigner est le plus beau métier du monde, mais on entend au loin les cris des enseignants. Quelle est la cause de leur chagrin et d'où viendra leur salut ?
(Coll. Harmattan Cameroun, 20.00 euros, 198 p.)
ISBN : 978-2-343-00272-9, ISBN EBOOK : 978-2-296-53493-3

URBANISATION ET DÉCENTRALISATION AU CAMEROUN
Essai d'analyse historique de la gestion urbaine (1900-2012)
Tassou André - Préface du Pr Daniel Abwa
Depuis le milieu des années 1990, la décentralisation est devenue une réalité dans nombre de pays africains au sud du Sahara. L'auteur propose une mise en perspective des temporalités, des modalités et des rationalités qui préparent la mise en acte institutionnel de la décentralisation au Cameroun. Plusieurs villes sont étudiées : Maroua, Ngaoundéré, Foumban, Douala, Yaoundé, afin de disséquer le phénomène de décentralisation qui n'a pas atteint sa phase de maturation au Cameroun.
(Coll. Etudes africaines, 23.00 euros, 220 p.)
ISBN : 978-2-343-00365-8, ISBN EBOOK : 978-2-296-53396-7

DÉCENTRALISATION ET CENTRALISATION AU CAMEROUN
La répartition des compétences entre l'État et les collectivités locales
Kouomegne Noubissi Hilaire - Préface de Maurice Kamto et Michel Verpeaux
La décentralisation est au cœur des mutations juridiques et institutionnelles en cours dans les États africains depuis plus de deux décennies. Selon l'auteur, sous la décentralisation camerounaise, perce un centralisme administratif dont les origines ne sont pas récentes. Loin d'amplifier le projet nouveau de décentralisation affirmé par les pouvoirs publics, le dispositif normatif de la répartition des compétences reflète plutôt une organisation administrative dont la centralisation est une empreinte persistante.
(Coll. Études africaines, 48.00 euros, 502 p.)
ISBN : 978-2-336-00946-9, ISBN EBOOK : 978-2-296-53232-8

POUVOIR MONARCHIQUE ET CHANGEMENTS POLITIQUES DANS LE NOUN (CAMEROUN)
Njoya Oumarou
Dans la société bamoun de l'oralité, les mots ont un pouvoir. Les classes dominantes ont compris que la suprématie durable repose sur le pouvoir magique des mots, tandis que les classes dominées ont puisé dans leur tréfonds culturel des stratégies multiples pour promouvoir la culture du débat contradictoire en pays bamoun. Cette dynamique de lutte des gouvernés a entraîné des bouleversements sociaux, des mutations précises et des altérations de comportement.
(Coll. Harmattan Cameroun, 34.00 euros, 530 p.)
ISBN : 978-2-336-00935-3, ISBN EBOOK : 978-2-296-53098-0

RIVALITÉS ETHNIQUES MIMÉTIQUES EN AFRIQUE
Déficit démocratique et sous-développement au Cameroun
Toko Jérémie
L'Afrique est le terrain d'une double rivalité destructrice : celle des rivalités ethniques mimétiques et celle des rivalités théoriques mimétiques. Les rivalités ethniques mimétiques, issues d'un état d'esprit de repli identitaire et d'un désir d'infliger en retour le mal reçu, conduisent à des explosions de violence. Les rivalités entretiennent les divisions et bloquent le développement. Or la société a besoin du préalable de la confiance pour se développer, afin qu'émerge un *leadership* du rassemblement.
(Coll. Études africaines, 29.00 euros, 276 p.)
ISBN : 978-2-336-29748-4, ISBN EBOOK : 978-2-296-53113-0

URBANISATION ET ESPACES PÉRIURBAINS EN AFRIQUE SUBSAHARIENNE
Pratiques à l'Ouest-Cameroun
Yemmafouo Aristide
Cet ouvrage est une invitation au débat sur les espaces périurbains en Afrique, à partir du cas du Cameroun. Le périurbain est désormais un tiers espace intercalé entre le rural et l'urbain ; il est indispensable de lui accorder plus d'attention si l'on ne veut pas rater le tournant de l'urbanisation du XXIe siècle. Il y a une réelle nécessité pour les États de l'institutionnaliser et d'y instruire des projets de territoires.
(Coll. Harmattan Cameroun, 28.00 euros, 270 p.)
ISBN : 978-2-336-00925-4, ISBN EBOOK : 978-2-296-53213-7

HYDROCARBURES (LES) DANS LE MONDE, EN AFRIQUE ET AU CAMEROUN
Nguini Effa Jean-Baptiste
Cet ouvrage offre un accès singulier à la compréhension des mécanismes de commercialisation et d'évolution des prix et à l'appréhension des termes et techniques du raffinage et de la pétrochimie. Il propose également une réflexion poussée sur le fonctionnement des marchés et les enjeux de l'après-pétrole. Voici une sorte de bible des hydrocarbures !
(Coll. Défense, Stratégie et Relations Internationales, 46.50 euros, 472 p.)
ISBN : 978-2-336-29277-9, ISBN EBOOK : 978-2-296-53038-6

INGÉNIERIE (L') PROCRÉATIQUE ET L'ÉMERGENCE D'UNE GÉNÉRATION BÂTARDE DES DROITS DE L'HOMME

Tsala Mbani Andre Liboire

La génération émergente des droits de l'homme, notamment celle qui est induite par la dynamique biomédicale, n'est fondée ni sur la raison ni sur le droit naturel : elle est donc bâtarde. Il en est ainsi du droit de manipuler génétiquement un embryon humain revendiqué par les partisans de l'ingénierie de la procréatique. Contre ce « biojuridisme nihiliste «, une thérapie éthique de choc s'impose.

(Coll. Harmattan Cameroun, 19.50 euros, 198 p.)

ISBN : 978-2-343-00049-7, ISBN EBOOK : 978-2-296-51605-2

CAMEROUN (LE) FACE AU DÉFI DU DÉVELOPPEMENT

Atouts, obstacles et voie à suivre

Fodouop Kengne - Préface de Jean-Louis Chaleard - Postface de Benjamin Steck

Le Cameroun est un pays doté de multiples atouts favorables à son développement. Exploités à bon escient, ils en feraient un pays qui pourrait garantir à ses habitants de meilleures conditions de vie. Mais le Cameroun accédera à un véritable développement si ses dirigeants politiques et ses citoyens renoncent au tribalisme et privilégient l'intérêt général, si l'État applique les règles de droit et de justice, si les intellectuels camerounais s'impliquent dans la lutte.

(Coll. Racines du Présent, 35.00 euros, 360 p.)

ISBN : 978-2-336-00545-4, ISBN EBOOK : 978-2-296-51288-7

CAMEROUN, LE TEMPS DES INCERTITUDES

Espace de risque et dynamique de populations

Mbiaga Cyrille

Le Cameroun est en crise depuis son indépendance, et cette crise a conduit à l'émergence de grandes injustices. Le Cameroun subit des influences externes et souffre de ses influences internes. La dynamique des populations camerounaises montre une aspiration au bien-être et au progrès social dans un environnement tapi de risques et d'incertitudes. Ce livre décrit les déterminants qui accélèrent ou qui freinent le développement.

(Coll. Points de vue, 21.00 euros, 218 p.)

ISBN : 978-2-296-99825-4, ISBN EBOOK : 978-2-296-51457-7

JEUNESSE AFRICAINE ET DYNAMIQUE DES MODÈLES DE LA RÉUSSITE SOCIALE

L'exemple du Cameroun

Manga Jean-Marcellin

Voici une lecture des imaginaires de la réussite sociale de la jeunesse urbaine camerounaise contemporaine. Quelles sont les voies et les figures les plus significatives de la promotion sociale pour les jeunes de la capitale camerounaise ?

(Coll. Sociétés africaines et diaspora, 24.00 euros, 244 p.)

ISBN : 978-2-336-00188-3, ISBN EBOOK : 978-2-296-51333-4

PENSÉE POLITIQUE DE PAUL BIYA

Amougou Bernard - Préface de Jacques Fame Ndongo

Ce livre tente de clarifier et d'expliquer la pensée politique de Paul Biya. L'auteur cible bon nombre d'idées structurantes du «Renouveau» et aborde les idées que sont : le libéralisme communautaire, la moralisation, la liberté d'entreprendre, le devoir de solidarité, la démocratie, les droits de l'homme, les devoirs du citoyen, l'intégration nationale, l'État fort, la justice sociale, la nation, le spiritualisme culturel, la diplomatie et la croissance.

(Coll. Harmattan Cameroun, 15.50 euros, 148 p.)

ISBN : 978-2-336-00038-1, ISBN EBOOK : 978-2-296-51329-7

L'HARMATTAN ITALIA
Via Degli Artisti 15; 10124 Torino

L'HARMATTAN HONGRIE
Könyvesbolt ; Kossuth L. u. 14-16
1053 Budapest

L'HARMATTAN KINSHASA
185, avenue Nyangwe
Commune de Lingwala
Kinshasa, R.D. Congo
(00243) 998697603 ou (00243) 999229662

L'HARMATTAN CONGO
67, av. E. P. Lumumba
Bât. – Congo Pharmacie (Bib. Nat.)
BP2874 Brazzaville
harmattan.congo@yahoo.fr

L'HARMATTAN GUINÉE
Almamya Rue KA 028, en face du restaurant Le Cèdre
OKB agency BP 3470 Conakry
(00224) 60 20 85 08
harmattanguinee@yahoo.fr

L'HARMATTAN CAMEROUN
BP 11486
Face à la SNI, immeuble Don Bosco
Yaoundé
(00237) 99 76 61 66
harmattancam@yahoo.fr

L'HARMATTAN CÔTE D'IVOIRE
Résidence Karl / cité des arts
Abidjan-Cocody 03 BP 1588 Abidjan 03
(00225) 05 77 87 31
etien_nda@yahoo.fr

L'HARMATTAN MAURITANIE
Espace El Kettab du livre francophone
N° 472 avenue du Palais des Congrès
BP 316 Nouakchott
(00222) 63 25 980

L'HARMATTAN SÉNÉGAL
« Villa Rose », rue de Diourbel X G, Point E
BP 45034 Dakar FANN
(00221) 33 825 98 58 / 77 242 25 08
senharmattan@gmail.com

L'HARMATTAN TOGO
1771, Bd du 13 janvier
BP 414 Lomé
Tél : 00 228 2201792
gerry@taama.net

Achevé d'imprimer par Corlet Numérique - 14110 Condé-sur-Noireau
N° d'Imprimeur : 100000 Dépôt légal : mars 2011 *Imprimé en France*

www.ingramcontent.com/pod-product-compliance
Lightning Source LLC
LaVergne TN
LVHW011315061026
849535LV00005B/1572
* 9 7 8 2 3 4 3 0 1 8 8 3 6 *